ZEN AND
JAPANESE CULTURE

D.T.SUZUKI

禅
与
日
本
文
化

[日本] 铃木大拙 著

译林出版社

图书在版编目（CIP）数据

禅与日本文化／（日）铃木大拙著；钱爱琴，张志芳译.
—南京：译林出版社，2017.2（2020.11重印）
书名原文：Zen and Japanese Culture
ISBN 978-7-5447-6469-8

I.①禅… II.①铃… ②钱… ③张… III.①禅宗－
宗教文化－文化研究－日本 IV.①B946.5 ②G131.3

中国版本图书馆CIP数据核字（2016）第147919号

禅与日本文化 [日本] 铃木大拙／著　钱爱琴　张志芳／译

责任编辑　陈　锐
装帧设计　水玉银文化
校　对　梅　娟
责任印制　单　莉

出版发行　译林出版社
地　址　南京市湖南路1号A楼
邮　箱　yilin@yilin.com
网　址　www.yilin.com
市场热线　025-86633278
排　版　南京展望文化发展有限公司
印　刷　江苏凤凰新华印务集团有限公司
开　本　880毫米×1230毫米 1/32
印　张　12.125
插　页　20
版　次　2017年2月第1版
印　次　2020年11月第4次印刷
书　号　ISBN 978-7-5447-6469-8
定　价　58.00元

目录

本书最早于 1938 年由京都大谷大学东方佛教徒协会在日本出版，原书名为《佛教禅宗及其对日本文化的影响》。

之后，由于我对书中所讨论的问题又有较深入的了解而萌发了重写的念头。然而，依我目前境况，并不具备重写所需的时间与精力等条件，于是就在原材料上作了些修订，并增补了一些我后来感兴趣的主题，如剑道、茶道及俳句等。这样，书上一些地方难免会有重复之嫌，敬请读者见谅！希望读者不会觉得重复太过明显，影响了本书的连贯性。

本书大部分内容源于我 1936 年在英、美两国一些不同场合的演讲。"自然之爱"这一部分内容是我于 1935 年在日本给一群西方人士的演讲，发表于京都的《东方佛教》（1936, VII：1）。

承蒙下列机构允许我引用其著作版权的部分内容，特此致谢！它们是：《大西洋月刊》、哈考特布雷斯出版公司、费伯出版社、哈珀兄弟公司、麦克米兰公司、新美国图书馆、多德米德公司、约翰穆雷（伦敦）公司。

在此，我还要感谢波林根系列编辑部，特别是威廉·麦奎尔夫妇，他们帮忙润色本书，并就书本的编辑技巧给予我许多建议。

铃木大拙

纽约，1958

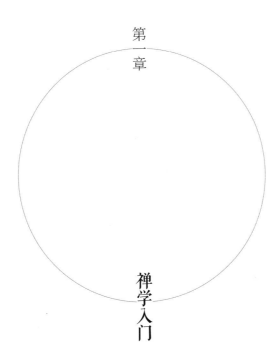

第一章

禅学入门

一

关于日本人的道德、修养以及精神生活，众多公正明理的国内外权威都一致认为，禅宗在日本人的性格塑造方面起着极其重要的作用。我本人也在本书中引用了目前最为权威的两位外国学者著作中的相关论述，一部是查尔斯·艾略特（Charles Eliot）的《日本佛教》，一部是乔治·桑索姆（George Sansom）的《日本文化简史》。但在我开始讲述禅宗对于日本文化的影响之前，鉴于大多数读者可能对禅宗还不太了解，我想，在此对什么是禅宗略作一些介绍是适当的，也是必要的。但，这并非一件容易之事。对于没有读过或听说过禅宗、缺少禅宗相关概念知识的人来说，要理解它是很困难的。因为禅宗要求超越理论和语言的解释，而且迄今为止，禅也绝非普通读者所能够接近的。因此，我希望对禅宗特别感兴趣的人能够阅读一下本人之前有关禅宗的著作。在此，本人将对禅宗的大致情况只略作阐述，望读者能够对禅宗给日本人的性格及文化所带来的影响多多少少有所了解。

禅学入门

简而言之，禅宗是中国思想与印度思想碰撞之后的产物之一，是公元 1 世纪时通过佛教教义这一媒介传入中国的。来到中国之后，其形式中一些佛教方面的思想并没有受到当时人们的热忱欢迎。例如，它提倡漂泊不定的生活，它的超验主义，以及出世和否认生命的倾向等。但同时，它的深奥哲学，它的奥妙的辩证法，它的鞭辟入里的分析和思索，还是激发了中国的思想家们，尤其是道教思想家的兴趣。

与印度人相比较，中国人不是很有哲学头脑。他们更注重实际，致力于世俗事务；他们依附于土地，他们不是空想家。中国思想虽然深受印度式思想的激发，但它从未失去与大多数事物的接触，也从未忽视日常生活中实践性的一面。这种国家性的或民族性的精神习性，使得印度佛教转变成为了禅宗佛教。

初唐时期，即 8 世纪时，禅宗作为佛教形态之一得以在中国发展起来，但其真正的开端则是 6 世纪初由南印度来到中国的菩提达摩发起的。禅宗的教义与大乘佛教的一般教义并无二致。当然，其宣教场所亦与普通佛教相同。但是，无论是印度、中亚还是中国，禅宗的目的都是要去除因发展而堆积在创建者教义周围的一切表面的见解，而宣扬佛陀自身的根本精神。这些"表面的见解"是礼仪性的、教典式的，甚至可以说是源于民族心理的特殊性的东西；而禅宗则是要直接看清佛陀的精神。

那么，这种精神是什么呢？佛教的真髓又是什么呢？那就是"般若"（智慧）与"大悲"。般若可解释为"超越的智慧"，大悲可解释为"仁爱"或者"怜悯之心"。通过般若，人可以超越事物表象而看清其实质。因此，获得般若，我们就可以洞彻生命与世界的根本性意义，而不会因个人私欲和苦痛而烦恼。大悲在此时则自由发挥作用。也就是说，"仁爱"可以不受个人私欲的羁绊而恩泽万物。佛教认为，仁爱甚至可以沐浴无生命之物，相信一切存在皆为现在的生存状态，无论处于何种形态，仁爱一旦渗透进它们，成佛终将为定数。

禅宗就是要唤醒被"无明"和"业"之密云所包围而沉睡于我们心中的般若。"无明"和"业"缘于无条件地屈服于理智，而禅宗则反对这种状态。理智的作用诉诸理论和语言，而禅宗是蔑视理论的。禅在必须表现自身时，是处于无言状态的。知识的价值是在把握事物的真髓之后才能够理解的，而禅在唤醒我们的大智慧（般若）之际，是以与普通认识过程相反的特别方法来锻炼我们的精神的。

禅宗在中国首先完成的一件事就是，一旦获得力量，并强壮到足以使自己站立起来时，它将建立一个特殊的、不同于以往的修道制度。禅院成为一个自治的主体，这个主体被分为了许多部门，每一个部门拥有它自己服务于社区的办事处。这个机构有一个值得注意的特点，那就是完全的民主原则。长者自然受到尊重，所有成员平等地从事体力劳动，例如收集柴火、耕种土地、采摘茶叶。甚至连大师自己也参与这些劳动，在与他的徒弟们一起劳动时，引导他们正确地去理解禅。

这种生活方式将禅院与早期印度佛教的僧伽兄弟会明显地区分开来。禅僧们不仅民主，而且愿意投入到一切生活实践活动当中，因此也就具备了经济的和政治的头脑。

在形而上学方面，禅宗吸收了很多经佛教思想修饰过的道教教义；但在其生活实践活动中，它完全无视道教的先验论和印度佛教对实践生活的疏远。当禅师被问到将来的生活会是什么样时，他会毫不犹豫地回答说："让我成为一头驴或一匹马，为村民们服务吧。"

禅宗摆脱了陈旧的僧侣修行方式——无论是基督教、佛教还是其他任何宗教的。禅僧既不总是忙于祷告和忏悔，或履行其他所谓的虔诚事迹，也不阅读或背诵典籍、讨论其内容，或在禅师门下进行单独的或集体的学习。除了参与各种体力的、卑贱的实践性事务，禅僧所做的就是听禅师的偶尔说教，这些说教短而神秘，往往是提出问题并获得答案。然而，答案相当离奇且难以理解，而且总是伴随着直接行动。

我将引用这样一个例子——可能是一个极端的例子。尽管它没有发生在禅师和僧侣之间，而是发生在僧侣自身之间，但它能够说明，在其早期，即接近唐朝末期时所流行的禅宗精神。一个禅僧，来自临济门下的寺院，遇见属于另一寺院的三个结队游历的僧侣，其中一个大胆的僧侣向禅僧问道："禅河有多深？"由于他们是在一座桥上不期而遇，所以才提及禅河的，而且那个禅僧刚刚完成他与临济的问答，临济因诉诸直接行动而不诉诸语言解释而闻名。于是，禅僧说："你自己去找答案吧。"接着，欲将那个大胆提问的僧侣扔下桥。幸运的是，他的两个朋友代为求情，请求禅僧宽容，才挽回了局面。

禅并不是必须无视语言，而只是充分意识到，语言总是容易使自己脱离现实，沉溺于概念当中；而这种概念化正是禅所反对的。刚才引用的禅僧的故事可能是一个极端的例子，但这体现了禅宗的精神。禅坚持亲身处理事情，而不是依靠一个空洞的抽象概念。出于这个原因，禅无视阅读和吟诵佛经，忽略对抽象主题的谈论。就广泛意义来讲，这是禅吸引喜欢实际行动者的一个原因。通过他们的实践思想，中国人对禅产生了极大的兴趣，从一定程度上来讲，日本人也是如此。

禅学入门

二

禅就是般若的修行。般若意味着解放。解放不仅仅是自由。如今，我们经常谈论各种自由，政治的、经济的，还有其他的，但是这些自由一点也不真实。我们所畅谈的自由和解放，只要是处于相对的层面，就绝不会成为真实的。真正的自由是般若的结果。当一个人意识到这一点，他就会发现无论自己处于什么样的境况，在他的精神生活中总是很自由的，因为他追求属于自己的活动方式。禅是自由（"自我依靠"）和自在（"自我存在"）的宗教。

般若占据了一切佛教派别教义的中心点——小乘佛教和大乘佛教，"自力"和"他力"，圣道和净土。这些佛教教义都是起始于般若经验，在大约两千五百年前的印度北部地区。因此，每个佛教徒都有可能获得般若，或者在这个世界上，或者在他未来的生活中。如果没有般若——无论是以某种方法、于某时、在某处已经实现了的还是尚未实现的——也就不会有佛教的存在。禅也不例外。事实上，是禅产生了大部分的般若或者悟。

为了实现悟，禅通常为我们开辟了两条途径：语言的和行动的。

首先，禅的语言是禅的一大特征，尽管它是如此不同于语言学哲理或辩证法，以至于将"语言"这个词用于禅也许是根本不正确的。但是，众所周知，如果没有语言，我们人类就不能够生存，因为我们是被如此创造出来的，以至于我们只有在集体生活中才能够维持生存。爱是人类的本质，爱需要某些事物来施予自身；为了过一种互爱的生活，人类必须生活在一起。为了清楚地表达爱，需要一种交流方式，那就是语言。鉴于禅是最有意义的人类经验之一，一个人必须依靠语言去向别人和自身阐述它。但是，禅语有着它自己的特征，这些特征违背了语言科学的一切规则。在禅中，经验和表达是一体的。禅的语言表达了最具体的经验。

例如，一位禅师在他的会众面前拿出他的禅杖，并且声称："如果你不叫它禅杖，那你将怎么称呼它呢？"一个人从听众中走出来，拿走了他的禅杖，一折两段，并将它扔掉了。这一切就是禅师不合逻辑的点化的结果。

另外一个禅师，举起他的禅杖，说道："如果你有，我将把我的给你。如果你没有，我将拿走你的。"这其中毫无理性可言。

还有一位禅师宣教时曾经这样说道："当你知道这个禅杖是什么时，你就知晓了一切，你也就完成了禅的修行。"未加进一步的评论，他便离开了大殿。

这就是我所说的禅的语言。禅宗哲学就是起源于它。但是，这种哲学并不关心对所有这些语言难题的阐释，而是关心对思想本身的触及，它自然地、不可避免地显露或隐藏它们，正如云从山峰升起一样。在这里，与我们相关的不是显露的或隐藏的物质，而是词语和语言，但是，有某种东西在那儿徘徊，尽管我们不能准确地对它定位，并且说，"在这里！"若称它为思想，则远离经验事实；它是一个无法命名的"X"。它不抽象，它足够具体、直接，正如眼睛看到的太阳，但是不能将它归纳为语言学范畴。一旦我们尝试着这样做，它就消失了。因此，佛教徒称之为"可望而不可即的"、"无法掌握的"东西。

正因为如此，禅杖是禅杖，但同时又不是禅杖，抑或禅杖为禅杖仅是因为它并非禅杖。语言是不会脱离事物、事实或者经验的。

禅宗大师们有句名言："但参活句，莫参死句。"死句是那些再也无法直接、具体且密切地传达给经验的语言。它们被概念化，被切断了生命的根源。因此，它们已经不再能从内部、从其自身来唤起我的存在。它们不再是大师口中所说的"一字箴言"，而理解了"一字箴言"，便可以立即明白大师们所说的成百上千个其他语言的意义。禅语通常与"活句"打交道。

三

第二种到达般若经验的修行途径就是行动。从某种意义上来讲，语言也是行动性的，它是具体的、个人的。根据我们的感觉证明，它是被包含于我们称之为"躯体"的行动中的。当临济被问及佛教教义的本质是什么时，他直接从他的座位走下来，拽住提问者的僧袍前襟，打了他的脸，然后让他离开。那个提问者目瞪口呆地站在那里。旁观者们说："为什么你不鞠躬行礼呢？"这使得他从遐想中醒悟过来，当他打算向临济鞠躬行礼时，突然开悟了。

马祖（卒于788年）与百丈（马祖的一个弟子）一起走着，发现一群野鸭在飞。他问道："它们飞向哪里？"百丈回答说："它们已经飞走了。"马祖转身，然后捏住百丈的鼻子。百丈大叫道："疼啊，师父！""谁说它们已经飞走了？"师父反问道。这使得百丈意识到，他们根本不是在谈论那消失在云中的概念化的鸭群。师父的目的是想唤起百丈注意那些活生生的鸭子，它们正随着百丈自身一起移动——不是在他的外部，而是在他的内心。

这个人就是临济所说的"赤裸的、进出于你的感觉中的真实的人"。我想知道，这是否就是"第三人"的象征，即通常被一些现代作家称之为"走在你身旁的人"，或者"在你另一边的人"，抑或"在你身后的人"。

我们可能会说这是一堂实践课，言传身教，从实践中学习。这大概就是运用行动的方法来获得般若。但是，禅宗中的直接行动具

禅学入门

有另一层意思。它有着更深层的意图，包括唤醒弟子脑中某种与现实的脉动相协调的意识。接下来的故事在风格上有所不同，它简单地阐明了，在没有任何外界援助的独立实践情境中去掌握诀窍是多么重要。它例证了"依靠自己"的禅宗精神的教育方法论。这与佛陀及其他大师的教义完全一致："不依赖他人，亦不依赖阅读佛经和论注，做你自己的明灯。"

下面是宋代五祖法演（卒于 1104 年）所讲的一则故事，这则故事表明禅宗的精神是超出于智力、理论和文字语言的。

若有人问我禅为何物，也许我会回答，习禅如习夜盗之术。有一夜盗之子见父亲已经年迈，心想：若父亲干不了了，除己之外就无养家糊口之人了，我必须学会夜盗本领。他将自己的想法透露给了父亲，父亲也表示同意。一日夜间，父亲带他来到一座豪宅，破墙入屋后，便打开了一长方形大箱子，命其入内盗窃衣物，儿子刚爬进箱内，父亲便将箱子牢牢锁住，拔腿跑到院内，大呼有贼，并敲门叫醒了全家，而自己则悠哉游哉地从刚才进来的围墙墙洞扬长而去。这户人家全家一片哗然，起身点烛，却已不见盗贼踪影。话说被牢锁箱内的儿子，十分怨恨父亲的无情。正在极其烦恼之际，他忽然灵光一闪，计上心头。于是作鼠啮声。家人一听，便命女仆秉烛查箱。箱盖刚一打开，只见这个被困在箱内的盗贼便跳将出来，吹灭灯火，撞倒女佣，夺路而逃。身后众人追来，他见路旁有口井，于是抱起巨石，将其投入井中。众人围聚井边，皆以为盗贼投井亡命了。而其间，盗贼已安然到家。他愤慨父亲的无情，说当时的情况真是千钧一发。

父亲说道："嗯，先别恼，且告诉我你是如何逃生的？"于是，儿子便将冒险的情形一五一十地告诉了老父。老父听完，说道："这就对了。夜盗之术，你已深得其中三昧了。"

五祖法演通过这一严苛的夜盗术的传授方法，阐释了禅的方法论，意在说明，就般若经验而言，语言性教育和概念性陈述的无用性。禅悟应该是一个人内心生活的结果，而非来自外界的语言灌输。在习禅时，若弟子向师父请教，师父则会一巴掌打去，大喝一声："咄，你这懒汉！"此外，倘若有僧侣来到师父身旁说："我对使人们从烦恼之中解脱出来的真理有一点疑问。"那么，师父则会将该僧带到法堂众人面前发话道："众位，这儿有个心存疑问的家伙。"并将这个可怜的僧人从自己面前推开，而僧侣则狼狈不堪地仓惶退回自己的禅房。心存疑问就好像是犯罪一样。即便不至于

禅学入门

此，也会让人觉得，在这种一切开放的、适合自由地自我反省的场所，这个僧侣却反而徘徊不定，好像是迷途的羊羔一样。若有弟子问师父是否懂得佛法，师父会立即回答："否，老夫什么都不懂。"若再进一步问师父："那么，谁懂佛法呢？"也许师父会手指书斋前的柱子吧。

如果说禅师的举止有时像理论家，那么这是完全颠倒了普通的推理法和评价标准的表现。莎士比亚曾经借其戏剧中某个人物之口说过，"美即是丑，丑即是美"。不仅如此，更有甚者说，"汝即我，我即汝"，就是所谓的事实被忽视，价值观被颠倒。

四

唐朝早期的一位禅师说过一句著名的话："道"只不过是一个人的日常生活经验。当大师被问及他这样说的意义为何时，他回答说："当你饿的时候，你就吃；当你渴的时候，你就喝；当你遇见朋友时，便与他打招呼。"

有些人可能会认为，这只不过是动物的本能或社会习俗，其中并没有什么可称之为"道"的东西，更不用说是精神的了。如果我们称之为"道"，有些人也许会认为，"道"竟是如此微不足道之事！

那些没有深入到意识深处的人，包括有意识和无意识，很可能抱有刚才所说的那种错误观念。但是，我们必须记住，如果"道"是某种高度抽象的、超越我们日常生活经验的东西，它将脱离生活现实。我们的生活并不关注归纳概括。因为如果是这样，智力将成为一切，哲学家将成为最有智慧的人。但是，正如克尔凯郭尔所指出的，哲学家建造了一座美丽的宫殿，但是他注定不能住在里面——在为供别人和自己瞻仰而建造的宫殿旁，他有一间自己的棚屋。

孟子所说的"道在迩而求诸远"，也说明"道"就是我们的日常生活本身。实际上，正是由于这个事实，"道"才如此难以领会，如此难以指明。多么难以捉摸、难以掌握啊！"道可道，非常道。"

虽然动物的本能和社会习俗也包含在"道"中，但是，"道"远不只是这些。它深深根植于我们每个人，客观存在于众生的有意识和无意识之中，它要求有一些与所谓的科学分析完全不同的东西。它蔑视我们的智力追求，因为它太过具体、太过熟悉，超出了可定义性。它横亘在我们面前，但毫无疑问它并不突兀和可怕，如同珠穆朗玛峰之于登山者一般。

"什么是禅？"（这等同于问"什么是道？"）

"我不明白。"一位大师回答道。

禅学入门

"什么是禅？"

"丝扇给了我足够凉爽的微风。"另一位大师回答道。

"什么是禅？"

"禅。"又一位大师回答道。

也许老子的描述比那些禅宗大师更接近于我们大多数人。

> 道之为物，惟恍惟惚。
>
> 惚兮恍兮，其中有象；
>
> 恍兮惚兮，其中有物。
>
> 窈兮冥兮，其中有精，
>
> 其精甚真，其中有信。
>
> 自今及古，其名不去，以阅众甫。
>
> 吾何以知众甫之状哉？
>
> 以此。

禅修的目的，包括让我们意识到，禅是我们的日常经验，而不是从外界加进来的一些东西。天皇道悟（748—807）对待他的一个新徒弟的故事，极有说服力地说明了这一点。而一位不知姓名的日本剑师更是从他的专业特性的角度，以一种令人震惊的方式证明了这一点。

天皇道悟的故事情节如下：

道悟有一个徒弟叫崇信。当崇信作为徒弟被道悟接纳时，也许很自然地希望自己像一个学生在学校接受教育一样，能够从他的师父那里学习禅的知识。但是，道悟并没有给他上禅学方面的什么特殊课程，这使崇信感到困惑和失望。一日，崇信问道悟："自从我到这里来，从未听过你为我指示禅的要义。"

道悟说："自从你到这里来，我时时刻刻都为你指示禅的要义。"

崇信追问："你哪里有指示呢？"

道悟说："你奉茶来，我接纳；你送饭来，我领受；你行礼时，我点头。怎么说我没有为你指示呢？"

崇信低下头，对师父的这番话思考良久。

道悟说："见道当下便见道，一旦你用大脑去思考，便有偏差。"

而那位剑师的故事则是这样的：

有一位热心的弟子想要学习剑术，便来到了一位大师的身边。隐居山中草庵的前辈不得已答应了他。但是，该弟子每日的工作只是帮助师父收集柴火，去溪边汲水，砍柴，生火，烧饭，打扫禅房和庭院之类的日常家务活。师父并没有正规地教过他什么剑法。随着时日的流逝，这位年轻的弟子开始感到不满。心想自己并不是为

禅学入门

了当杂役来到师父身边的，而是为了学习剑术才来的。于是有一天，他来到师父面前，对师父讲出了自己的不满，并请师父教他剑术。师父回答说："好，那我就教你吧。"结果，这位年轻的弟子再也不能够安心地做任何事情了。原来，每当这位弟子开始煮早饭时，师父便会出现，拿着棍棒冷不防地从其背后向他打来。在打扫庭院时，也同样不知道棍棒会在什么时候、从什么方向向他袭来。年轻人心神不宁，完全失去了心中的平和，因为他必须随时眼观四方，注意周围。就这样过了几年之后，他才做到无论棍棒从何处飞来都能够躲闪自如。但即便如此，师父对他的修行还不是很满意。一日，弟子看到师父在灶前自己做饭菜，觉得绝不能错过这个大好机会，便拿起一根大棍棒，向师父头上打下去。虽然此时师父正弯腰面朝锅灶，搅拌锅内食物，但是弟子的棍棒却被他用锅盖接住了。这时，弟子才顿悟到自己一直以来未能领会到的剑道之真谛。他也由此真正体味到了师父的良苦用心。

完美剑术的奥秘，存在于创造一个能够随时对外界刺激做出快速反应的精神框架或者结构。虽然技术训练非常重要，但这毕竟是人为地、有意识地、审慎地附加和获得的东西。除非有益于剑术技能的精神以某种方式使自己与极具流动性或者机动性的状态相调和，否则任何获得或附加的东西都会缺乏自然成长的自发性。当精神被唤醒通往"悟"的时候，这种状态将会占据优势。那位剑师旨在使他的徒弟达到这种意识。这是不能通过为某种目标而特别设计的体系来传授的，它必须单纯地产生于内在。从某种意义上来讲，剑师的体系真的不是体系，但在其表面的狂热中有一种"自然"的方法，他成功地唤醒了年轻徒弟的精神，这种精神触发了掌握剑术所需的机制。

道悟禅师并没有时刻拿着禅杖敲打他的徒弟；剑师的目标则更加明确，并且被限制在剑道方面。道悟想通过到达存在的源头来进行施教，一切构成我们日常经验的事物都出自于这一源头。因此，当崇信开始思考道悟对他所讲的话时，道悟告诉他："无须思考。当你想看什么之时便立即去看。一旦迟疑（亦即只要出现理智的解释或者思考），整个情况就会发生偏误。"这意味着，在禅的研究的方面，一定要去除概念化，只要我们仍旧徘徊在这一层面，我们永远无法到达禅所存在的领域。当一个人最终承认理智是死胡同时，般若经验之门将会自行打开。

其实，这其中隐藏着禅的修炼方法的特别之处，那就是，无论真理是什么，都应切身体验，而不是诉诸理智的作用和系统的学说。后者拘泥于技术的细枝末节，其结果只能是肤浅的，到达不了核心事实。理论化的东西也许在打棒球、建造工厂、生产各种工业

禅学入门

产品时是相当有用的，但在创作直接体现人的灵魂的艺术品，或者在该技术已经非常娴熟、想要获得正确的生存之道时，并不是能够行得通的。事实上，与真正意义上的创作相关的事物，无论是什么，其实都是"难以言传"的，是超越了以理论为主体的智力的界限的。因此，禅宗的主张是"不立文字"。

在这一点上，禅宗与科学或以科学为名的一切事物是相反的。禅是体验性的，而科学是非体验性的。非体验性的东西是抽象的，对个人的经验并不关心。体验性的东西则是完全属于个人的，若不以个人的经验为背景就失去意义。科学意味着系统化，而禅正好相反。科学和哲学需要借助语言，而对禅来说，语言则会成为羁绊。因为语言是象征性的东西，并非实质本身。在禅宗中，唯有实质才会得到最高评价；即便需要语言，其价值也不过是类同于买卖中的货币而已。人不可能穿戴货币以御寒，也不可能饮食货币以充饥。货币应该是在实际的食物、羊毛、水等对生活具有实际价值时，能够用来换取这些物质的东西。但人们总是忘记这一熟知的事实，不停地攒钱。像这样，人们总是死记语言，玩弄概念，自认为很聪明。的确是很聪明，但这种聪明在处理人生的各种实际事情时是毫无益处的。若有益处，现在不正是应该拥有黄金时代千年王国的最佳时机吗？

当一个人试图通过概念或理智去抓住真理的、现实的或上帝的不可靠之处，或者难以捉摸之处时，那将如同试图用葫芦去捉一条鲶鱼一样。15 世纪左右的一位日本画家如拙对此作出了恰当的说明。我们的插图中有一幅他非常出名的画作的复制图，我们可以注意到，画作的上半部分填满了当时著名的禅师们所创作的诗歌。

五

概言之，知识分为三类：

第一类知识，是通过所读所闻而获得的知识。我们记住这些知识，并将它们作为自己重要的财富。通常所说的知识，大部分属于此类。我们不可能走遍地球进行密切的调查，因此，对于大千世界的知识，我们只能依赖于他人为我们准备好的"地图"。

第二类知识，是通常被称之为科学的知识，它是通过观察和实验、分析及推理得出的结果。与前者相比，它具备更坚实的基础，或许是因为它在一定程度上存有体验性和经验性。

第三类知识，是通过直觉理解的方法而获得的。注重第二种形态知识的人，认为直觉知识实际上不具备确切的基础，因而觉得不可绝对信赖。然而事实上，所谓的科学知识并非完美无缺。科学知识有其自身的局限性，所以在出现突变时，尤其是个别性突变时，

禅学入门

科学和理论所储存的知识和计算就无用武之地。只凭记住的知识也是起不了作用的，因为在这种情况下，由于过于突然，精神不可能唤起过去储存的一切记忆。与此相对，直觉性知识构成了一切信仰尤其是宗教信仰的基础，是最能够有效应对危机的。

禅所欲唤醒的正是第三类形态的知识，与其说它深深地渗透到我们存在的基础，不如说它出自我们存在的深处。

以上只是涉及了枝叶，关于佛教精神的自觉，从禅对理性作用所持的根本态度来看，我们可以知道，在禅宗世界中，对于世间事物通常存在某种特殊的思想和感受。现在，我们可以或多或少地以概括的方式对禅作一些阐述，那就是：

（1）禅的修行在于获得般若（在日本称作"悟"）。

（2）悟，发现了迄今为止隐藏在日常具体而特殊的经验（比如吃、喝或各类活动）中的意义。

（3）所揭示出来的意义，不是一些外部附加的东西，而是存在于其自身，即指事物的"本然"，现实存在于"本然"之中。

（4）也许有人会说："单纯的存在不可能有任何意义。"但这不是禅所持的观点，因为根据禅的观点，存在就是意义。当我洞察到这点时，就像我清楚地看到自己映在镜子里一样，我清晰地看到了它。

（5）8世纪时，有一个在家的禅门弟子庞居士说："这是多么神奇，多么神秘！我携带柴火，我汲取水。"携带柴火和汲取水本身，除了功利主义以外，充满意义，因此神奇，因而神秘。

（6）因此，禅不会沉溺于抽象或者概念化。在禅的语言中，也许有时候显示出很多抽象和概念化的东西，但这是一个被那些根本不懂禅的人最频繁地拿来娱乐的错误。

（7）悟是一种解放，包括道德的、精神的和智力的。当我身处本然之时，完全消除了智力的沉淀，我拥有最初意义上的自由。

（8）当正处于本然状态——而用禅宗语言来说并非是本然——因而不受各种智力的复杂性和道德的依附性所影响的意识，审视至为多样的感觉世界时，它发现了迄今为止隐藏在视野之下的各种价值。这为艺术家打开了一个充满惊奇和奇迹的世界。

（9）艺术家的世界是自由创造的世界，这只能直接来源于直观经验，并立即从事物的本然升华，不受感觉和智力的限制。他在无形无声中创造了形式和声音。就此而言，艺术家的世界与禅的世界不谋而合。

（10）禅与艺术的不同之处在于：艺术家们需要凭借画布、刷子或机械仪器，抑或是其他一些媒介来表达他们自己，而禅除了"躯体"之外不需要这些外在的东西，禅师可以通过"躯体"来表达自己。从绝对角度来讲，这不是十分正确，我这么说，只是向世俗的说法做出妥协而已。禅所做的只是在时间和空间的无穷画布上勾画自己，就像飞翔的野鸭无意识地在水面投掷它们的阴影，而水面也会自然地、无心地映照出野鸭的影子。

（11）就这个意义来讲，禅师是一个艺术家。就像雕刻家雕刻出一个深埋在大量无生命物体中的伟大雕塑一样，禅师把自己的生活转化成一个创造性的工作，正如一个基督徒可能会讲的那样，它生存于上帝的心中。

以上内容姑且作为铺垫，接下来我将从日本的艺术、武士道的发展、儒教及一般教育的研究和普及、茶道的兴盛、俳句的创作等方面，探讨禅宗在日本文化和日本人性格的形成方面所起的作用。其他方面的问题也将在行文中随时涉及。

第二章

禅与日本的艺术

一

关于禅宗所体现的基本思想，我已经在第一章里作了简要介绍。下面，我将对禅宗在日本文化形成中所作的贡献作进一步的思考。禅宗以外的佛教各派给日本文化所带来的影响，似乎仅仅局限于日本人生活中的宗教方面，而唯有禅宗超越了这个界限。禅对日本国民文化生活的方方面面都有着深刻的影响。

然而在中国，情况却未必相同。虽然禅宗与道教的信仰和实践，以及儒教的道德说教广泛结合，但它并没有能够像在日本一样深刻地影响中国国民的文化生活。（禅宗之所以被日本人热心地接受，并渗透到生活的各个方面，这或许可以归因于日本人的民族心理。）当然，在中国有一点是不容忽视的，那就是，禅宗促进了宋朝的中国哲学及某些绘画流派的发展。在镰仓时代初期，这类绘画由频繁往来于中日两国的禅僧们传入日本。南宋的绘画就是这样在大海彼岸的国土赢得了众多热忱的赞美者。这些绘画现已成为日本的国宝，相反在中国本土却鲜有发现。

禅与日本的艺术

在对此作进一步深入考察之前，我想就日本艺术的一大特点略作介绍。它与禅宗的世界概念密不可分，也是可以从禅宗的世界概念中推论出来的。

日本人艺术才能的一大显著特征就是"一角式"，它发端于南宋最伟大的画家之一马远。从心理上来看，"一角式"与日本画家所谓的"减笔体"，即在丝绢或纸张上以尽可能少的线条或笔触描绘事物形象的传统笔法是密切相关的。两者均与禅宗精神极其一致。微波荡漾的江面上漂浮着的一叶扁舟（《寒江独钓图》，马远），这足以唤醒人们对大江的空旷无垠以及内心的和平与满足的感受——"孤绝"的禅意。乍一看去，一叶扁舟孤独无助地漂浮于江面，其构造极其原始，既无保持船身稳定的机械性加工，亦无可以乘风破浪的船舵和足以应付各种天气的科学仪器。总之，与现代的万吨巨轮形成了鲜明的对比。但是，孤独无助正是这叶扁舟的独到之处，与此相对，我们对包围着小船和整个世界的"绝对"感到不可思议。再看这样一幅枯枝孤鸟图（《叭叭鸟图》，牧溪），一条线、一抹影、一团墨均恰到好处，向我们充分地展示了秋日的寂寥，日头渐短，大自然开始再次收起奢华夏日草木的华丽展示。画中意境多少会让人有些伤感，却给予了人审视自己内心生活的机会。而且，当内省之眼充分张开时，蕴藏其中的丰富宝藏将毫不足惜地全部展现在我们面前。

其中，我们欣赏的是多样性中超脱的孤绝——在日本文化用语辞典中称之为"侘"。"侘"的真正意义是"贫困"，消极地讲就是"不在时代潮流中随波逐流"。所谓贫困，即不依赖于世俗事物——财富、权力、声名，而且在内心感受到某种超越时代和社会地位的具有最高价值的事物的存在——这是构成"侘"的本质的东西。若用日常生活语言来表达，"侘"就是满足地居住在两三张榻榻米大小的、如同梭罗的小木屋一样的屋中，饥时从屋后的田地里摘一盘蔬菜即可果腹，闲时则侧耳倾听潇潇春雨的嘀嗒声。关于"侘"，在后面还将作进一步的论述，在此仅想陈述一下"侘"的审美观深入渗透到日本人文化生活中这一事实。事实上，"贫困"的信仰或许是最符合日本这样的国度了。虽然现代生活中西洋的奢侈品和生活娱乐品入侵日本，却难以断绝我们心中对"侘"的审美观的憧憬之情。在精神生活方面亦是如此，既不追求观念的丰富，也不追求花哨浮躁的思想条理和哲学体系的构建。静心安居于对神秘"自然"的思索之中，与世界融为一体，并因此感到满足，这对于我们或者至少是我们中的一部分人来说，可谓是心满意足的一桩乐事。

即便我们是在相当"文明化"的人工环境中成长起来的，但在内心深处，还是会本能地憧憬与自然的生活状态相接近的原始的纯

禅与日本的艺术

朴。因此，人们会在夏季去森林野营，去沙漠旅行，去开拓人迹未至的道路。因为人们都想回归大自然的怀抱，直接感受大自然的脉动，哪怕是片刻也好。打破一切人工形式，确切地把握隐藏其背后的精神实质，这是禅宗的精神习惯。禅宗的这种精神习惯，帮助日本人不仅牢记大地，而且时刻与大自然亲近，品味那种不加雕饰的质朴单纯。禅与存在于生活表面的复杂是无缘的。其实，生命本身就是极其单纯的，如果用理智来衡量，它在分析的眼光中将会呈现出无比错综复杂的姿态。即便使用一切支配科学的手段，我们现在也仍然无法测知生命的奥秘。尽管生命外表看上去具有无限的多样性和错综复杂性，但是，一旦投身于生命的波涛之中，我们是可以理解它的奥秘的。或许东方人最独特的秉性在于，不是由外而是由内去把握生命。正是禅宗，挖掘出了这种秉性。

尤其在绘画中，当过度注意、强调精神的重要性时，往往会忽视形式。其实，无论是"一角式"还是"减笔体"，都是从常规法则中产生孤绝效果的。在通常希望有一条线、一团墨或是平衡元素出现的地方它们并没有出现，却由此在我们心中唤起了一种意想不到的愉悦。虽然是很显然的不足或是缺憾，却令人感觉不到。事实上，正是这种缺憾构成了一种完美的形式。不言而喻，美不一定是指形式的完整。通过不完整的甚至应该说是丑的形式来表现美，这正是日本的艺术家们所擅长的绝技之一。

当这种不完整之美伴随古雅和原始性时，则会出现日本的鉴赏家们所欣赏的"寂"之美。古雅和原始性也许不是现实性，但一件艺术作品只要表面能显示出历史时代感，"寂"就会存在其中。"寂"存在于纯朴自然和原始粗犷的不完整之中，存在于表面的单纯和漫不经心的工作状态之中，存在于丰富的历史遐想之中（即便不是现实存在也无妨）。最后，"寂"还包含了将上述那些事物提升到艺术品时的难以说明的要素。一般认为，这些要素来自于对禅的鉴赏。例如，茶室内所使用的很多道具都具备这样的特性。

从字面来讲，"寂"是"孤绝"或"孤独"之意。茶道大师曾通过下面一首诗歌对构成"寂"的艺术要素作了定义。

举目四顾，
不见花艳枫红。
滩上茅屋，
兀兀独立秋暮。（藤原定家）

孤绝实际上诉诸沉思，而绝不会做出惊人的展示。它看上去极其凄凉，没有意义，催人怜悯。在西式或是现代化设备面前，这种

禅与日本的艺术

感觉尤会加深。在既没有旗帜飘扬，又没有烟花绽放的地方，孤零零地只身一人时，又或者在瞬间万变的事物形式或色彩缤纷的景色之中时，它则是一种不堪的寂寥。我们可以试想一下，如果在欧美的美术馆里挂上寒山、拾得等人的水墨画，那将会在观赏者心里产生什么样的效果。孤绝的概念是属于东方的，只有在孕育它的环境中才会备感亲切。

孤绝所渲染出来的不尽是秋日黄昏的渔村，也有早春的嫩绿。后者更能表现出"寂"和"侘"的概念。正如下面诗中所表达的那样，这种嫩绿显示出了肃杀的严冬里也会有生命的脉动。

瘦雪含嫩绿，

山间悄然春。

欲把此讯息，

传将待花人。（藤原家隆）

这首诗是一位老茶师所作，它完整表达了茶道的指导四原则之一的"寂"的审美观。诗中借小草的形象表达了微弱生命的萌发。眼尖者会很容易发现荒凉积雪下的春的生机。也许有人会说，打动人的只不过是一种暗示，但其实同时也是生命本身，而不仅仅是它微弱的暗示。对艺术家来说，与田野铺满绿色、开遍鲜花一样，积雪下的小草也充满了生命力。这可以说是艺术家的神秘感吧。

日本艺术的另一个显著特点就是非对称性。这种观念很显然是来自马远的"一角式"。最典型的例子就是佛教寺院建筑的平面图。山门、法堂、佛殿等主要建筑呈一条直线，但是次要的或附属的建筑，有时甚至连重要的建筑，也不是对称地陈列于主轴线的两侧；后者根据地势特征，呈不规则分布。如果拜访日光的社寺等山间寺院，就会很容易明白这一点。可以说，非对称性是日本这类建筑的一大特色。

另外，你也可以参照一下茶室的构造来了解这一特点。让我们来看看那些至少由三种形式构成的天井，以及茶道的道具、庭院踏脚石的铺法和放鞋石板的摆法吧。我们可以从中找出很多非对称的、不完整的或是"一角式"的例子。

日本的一些道德家们认为，日本的艺术家们喜好非对称性地构建事物，并有排斥各种常规（更准确地说是几何学）艺术法则的倾向。而且解释说，这是因为日本人已经习惯了谦逊卑躬、不突出自己的道德观，而这种自我毁灭的心理习癖，自然而然地就表现在了艺术创作之中，譬如说绘画的中央部分虽然是重要的空间，但日本的画家们却会让此处成为余白。我认为这种理论大错特错。日

禅与日本的艺术

本的艺术天才们之所以那样做，那是因为他们受到了禅宗方法的启发，禅宗在将各个事物自身视为完美的同时，也将它们视为归属于"一"的总体属性的具体性。我想，这种解释应该更为可靠吧。

即使是脱俗的唯美主义，也远不如禅的美学那样具有根本性。因为艺术冲动要比道德冲动更为原始，是一种与生俱来的东西。艺术的力量可以直入人性。道德属于规范，而艺术则属于创造。一个是外部的强加，一个是内心难以抑制的表现。禅无论如何都是与艺术紧密结合而与道德无缘的。禅可以是非道德的，但不可以是非艺术的。当日本的艺术家们创造出从形态的角度来说并不完整的作品时，或许会将其艺术动机归因于当代的道德观念，但是我们可以不必理会他们为了附和一些评论家而作出的解释。因为，人的意识终究是不能成为可靠的判断标准的。

总之，非对称性的确是日本艺术的一大特点。而且，这也是随意和易接近构成了日本艺术另一显著特点的原因之一。对称虽然可以给人优美、庄严、厚重的感觉，但这与前面所述的逻辑形式主义和抽象理念的堆积毫无区别。一般认为，日本人缺乏理智和哲学，是因为理智性没有充分渗透到他们的普遍文化之中。我想，这种批评与日本人喜好非对称性多少有些关系。理智本是追求平衡的，而日本人因为有喜好不平衡的倾向，所以稍稍不注意就会忽视理智。

不平衡、非对称、"一角式"、贫乏、单纯、寂、侘、孤绝等等，都是作为日本艺术和日本文化最显著特点的同类观念，而这些观念都是从对"多即是一，一即是多"的禅宗真理的认识中得来的。

二

禅，激发了日本人的艺术冲动，禅的独特思想也赋予了那些艺术作品奇光异彩，其原因可归于以下各种事实：在镰仓、室町时代，禅院是学问、艺术的殿堂；禅僧们一直都有机会与外国文化接触；普通老百姓，尤其是贵族，将禅僧尊奉为教化的宣传者；禅僧自身就是艺术家、学者、神秘的思想家；他们受到当时当权者的鼓励，从事商业，并将外国的艺术品和工艺品传到日本；日本的贵族阶层和政治统治阶层是禅门的后援者，他们乐于进行禅的修行；等等。这样，禅不仅直接影响了日本人的宗教生活，也影响了日本人的一般文化生活。

天台、真言、净土等佛教宗派，为佛教精神深入渗透到日本人中作出了很大的贡献。在佛德具现的宗旨下，他们促进了日本的雕刻、绘画、建筑、纺织和金工的发展。但是，天台宗的哲学由于过于抽象繁琐而不为大众所理解；真言宗的典仪费力复杂，对于老百姓来说花费过高。真言和天台创作了雕刻、绘画及其他日常信仰中所使用的艺术器具。日本最富声誉的国宝中很多是出自奈良、平安这两个时代。在这个时期，真言和天台这两个宗派繁荣发展，并与日本文化阶层有着密切的联系。净土宗则主张极其庄严的极乐净土，认为引领诸菩萨跟随其后的无量光佛陀就在其中。日本的艺术家们从中获得感悟，画出了一幅幅庄严的佛教绘画，至今还保存在日本各个寺院里。另外，日莲宗和真宗培育了日本人的宗教心理。不过，日莲宗并没有给予我们什么艺术上或文化上的促进，而真宗有些过度倾向于偶像破坏，除了亲鸾上人的《和赞》和莲如上人的《御文》，真宗并没有在艺术、文学方面留下什么值得一提的作品。

继真言、天台宗之后，禅宗传入了日本，并立即受到了武士阶层的支持。说禅宗是反贵族僧侣阶层的，那其实是出于某些政治历史原因。当初，贵族对禅怀有反感之情，甚至利用政权加以排斥。因此，说起日本的禅宗史，其初始阶段其实是避开京都而在镰仓北条一族的庇护下兴起的。当时，幕府所在地镰仓成为修禅的根据地，来自中国的众多僧侣定居于此，并得到了北条时赖（1227—1263）、北条时宗（1251—1284）及其后继者和家臣们的强烈支持。

中国的禅师们曾给日本带来了很多的艺术作品和艺术家，在中国学成归国的日本僧侣们也带回了很多中国的艺术和文学作品。夏圭、牧溪、梁楷、马远等画家的作品就是这样来到日本的。中国著名禅僧的书法墨迹也被日本的禅院所收藏。东方的书法与水墨画一样是一种艺术，中国古代的知识分子阶层都很普遍地具备这方面的修养。由于禅画和书法中所蕴含的禅的精神给日本人带来了很大的感触，所以他们就直接拿来作为范本。这些绘画和书法中体现了一种男性气质的刚正不屈的精神。统治前朝的温雅优美的风格——应称为女性风格，亦为当代雕刻和书法中所体现的男性风格所替代。关东武士刚毅果敢的特征几乎是无人不知、无人不晓，这与京都朝臣们的优美风雅形成了鲜明的对照。武士气质强调神秘思想和脱俗的孤绝，并诉诸意志力。从这一特殊之处来看，禅与武士道精神是相辅相成的。

禅的修行，或者更确切地来讲，在禅践行其教义的僧院生活中，还存在其他特殊之处。因为禅院通常设在山林之间，所以身居其中的禅僧们与大自然有着亲密的接触。自然而然地，他们怀着亲近之感和同情之心向大自然学习。他们观察不为市井中人所注意的鸟兽、岩石、溪流等大自然中的事物。他们的观察深刻地反映着他们的哲学，或者更应该说是反映了他们的直觉。僧人们的观察不是单纯的博物学家式的观察，他们必须深入到所观察事物的生命本质中去。因此，无论画什么事物，都必定是表达了他们的直觉，能够让人感受到作品中脉脉流淌的"山云之精神"。

只要对艺术持有感受性，禅师们通过修行所获得的直觉就一定会激发他们的艺术本能。由于直觉很明显地与艺术情感密切相关，所以禅师们通过直觉创造了美。他们通过丑的或者是有缺陷的东西来体现完美。在禅师当中，即使不能成为杰出的哲学家，也能成为优秀艺术家的人为数不少。而且，他们的技艺也通常是一流的，他们擅长表现某种独特的、独创性的东西。其中，吉野—室町时代的梦窗国师就是一个很好的例子。梦窗国师（1275—1351）是一位著名的书画家，同时也是一位伟大的造园家。他在自己滞留过的日本各地设计了出色的庭园，其中有些庭园虽然历经岁月变迁却至今依然保存完好。14世纪和15世纪的著名禅宗画家，还有吉山明兆（1352—1431）、灵渊（室町时代中期画僧，生卒年不详）、可翁仁贺（南北朝时期画僧）、如拙（南北朝至室町时代中期画僧，生卒年不详）、周文（室町时代中期画僧，生卒年不详）、雪舟（1421—1506）等。

《中国的神秘思想与近代绘画》一书的作者乔治·迪蒂（Georges Duthuit）对禅的神秘思想的精神有着深刻的理解，他这样讲道：

中国艺术家绘画的关键，就是思绪集中，且随意志的去势一气呵成。他们的传统通常是，在作画之前，将事物作为一个整体去观察，更确切地说，是作为一个整体去感受。"思散神驰则沦为事物表象之奴隶。"……深思熟虑而后专心于运笔之人，将背离作画之道。（这种方法看上去就好像是一种无意识的书写）。十年画竹，人竹如一，画竹时忘却与竹相关的一切。当然，这必定是已经掌握了绘画的技能，所以只需委心于天来之兴。

画竹时，化身成竹，甚至忘记自己，与竹融为一体，这便是竹的禅境，是与蕴含于画家自身和竹之内部的"精神律动"的互动。作为画家，所需做的就是牢牢把握这种精神，并且又不意识到这一事实。这绝非易事，需要历经漫长的精神修炼后才能达到如此境界。自从文明发端之日起，东方人就一直受到这样的教育，即，要想在艺术和宗教领域获得什么成就，首先要专心于这种精神修行。事实上，禅的"一即是多，多即是一"就反映了这种境界。当这句禅语获得充分理解时，才会出现创造性的天才。

在此，对"一即是多，多即是一"这句话的含义作些适当的解释是极其重要的。因为有些人认为这意味着泛神论，而且非常遗憾的是，现在的禅学研究者中就有人附和这些批评家的说法。其实，泛神论与禅相差十万八千里。而且，现在有些艺术家对自己工作的理解也是远远不够的。禅师们所讲的"一即是多，多即是一"，并非指"一"和"多"各自存在，而是相互存在于其中。若不弄清"一即是多"的含义，禅就很容易被想象成泛神论。在禅宗中，"一"也好，"多"也好，并不是相互独立的。"一即是多，多即是一"，应理解为是对绝对事实的完整叙述，而不是对事实加以分析，并进行概念的构建。见月知月，这就足够了，这种体验是绝对的。对此加以分析并企图建立什么认识论的人，此时已经不再是禅之学生了。即便是禅学家，一旦采取分析学家的分析手法，那就意味着此时他已经放弃禅学家的资格了。禅，只尊重自身的经验，拒绝与任何体系的哲学相妥协。

即使禅有时沉湎于思考，也会避免泛神论式地去解释世界。换句话说，禅在讲"一"时，是不会承认它的存在的。即使有时看上去好像承认它的存在，那也只不过是对我们日常使用习惯了的语言文字表示敬意而已。对禅宗的学生来说，始终是"一即是多，多即是一"。两者始终保持同一性，而不应该将"一"和"多"明确区分开来。用佛家的口头禅来说，万物姿态皆为真如。所谓真如就是无，即万物存在于无之中，出于无，而又入于无。真如即无，无即真如。

下面的一则公案，也许能帮助我们说明禅对于泛神论世界观的态度。唐代有一僧人，向投子和尚（大同禅师）请教。

僧问："一切声皆是佛声，是否？"

投子云："是。"

僧云："和尚莫屎沸碗鸣声？"

投子便打。

僧又问："粗言及细语，皆为第一义，是否？"

投子云："是。"

僧云："唤和尚作一头驴，得么？"

投子便又打。（《碧严录》）

对这个公案，我想有必要作一个浅易的说明。我想，认为一切声响、声音皆来自一个"实在"的源泉——"唯一神"——的观点就是泛神论。"自己倒将生命、气息和万物，赐给万人"（《使徒行传》，17：25）。又，"我们生活、动作、留存，都在乎神"（出处同上，17：28）。照这样讲，禅师嘶哑之声听上去也会成为从佛陀金口中流淌出来的抑扬顿挫之声；将杰出的和尚讽为驴子，也应该看作讽刺里蕴含了一定的真谛；一切恶，都或多或少地体现了真、

禅与日本的艺术

善、美，因此，它们为实在的完成作出了贡献。进一步具体说来，就是恶即善、丑即美、伪即真、残缺即完美，反之亦然。其实，这些观点都是认为万物之中皆有神的人容易陷入的推论。一直以来，也有人批评说，禅的解释中也有此类倾向。

但是，投子却直接排斥了这种理论性的解释，给予了僧人当头一棒。而那位僧人认为自己的话是从最初得到肯定的判断推理而来，大师理应不会加以反驳。投子大师与所有禅师一样，知道对这样的僧人作语言性的解释是无益的。因为语言的诠释只会从一种复杂走向另一种复杂而永无止境。要让方才那样的僧人彻悟概念理解的虚伪，唯一有效的方法就是给他当头一棒，并且让他自己体验"一即是多，多即是一"的含义。对这位僧人来说，需要从理论的梦游症中觉醒。因此，投子大师才采用了这种看似粗暴的方法。

雪窦曾用一首诗对此作了评价：

可怜无限弄潮儿，
毕竟还落潮中死。
忽然活，
百川倒流闹聒聒。（《碧严录》）

这里需要的是顿悟。通过顿悟，可以到达对禅的真理的自觉，这种真理既不是超越论，也不是内在论，也不是两者的结合。

关于禅的真理，投子曾作如下解释。

僧问投子："何为佛？"

投子云："佛。"

僧问："何为道？"

投子云："道。"

僧问："何为禅？"

投子云："禅。"（《碧严录》）

投子和尚鹦鹉学舌般一一作答。他自身就是一种回应。要照亮此僧之心，除了断定地告诉他一切事实皆为最后的体验事实之外，别无他法。

为了解释这一点，再举一例。

一僧人问唐代禅师赵州。

僧云："至道无难，唯嫌拣择。如何是不拣择？"

州云："天上天下，唯我独尊。"

僧云："此犹是拣择。"

州云："田厍奴。什么处是拣择？"

僧无语。

禅师赵州所言拣择之意为：不是如实地接受事实，而是对其加以反省、分析，形成概念，并发挥理性作用，结果陷入循环论。赵州的断定是决定性的，不容遁辞、不容争论的，是必须全盘接受并因此而满足的。当我们不能完全理解它时，必须暂时搁置，到别处寻求自身的启发。这位僧人由于未能理解赵州置身何处，故不断追问"此犹是拣择"。从事实上来看，心存"拣择"的是这位僧人而非赵州。因此，"唯我独尊"此时就成了"田厍奴"。

前面也已经有所谈及，"一即是多，多即是一"这句话，并不是先将它分析为"一"和"多"这两个概念，然后在两者之间加上"即"。此处不可以发挥"拣择"的作用，应该原样接受它，顺从它，这才是需要做的一切。和尚之所以棒打或是责骂弟子，并不是出于胡乱生气或性急，而是出于想将弟子们从陷阱中救出的恳切之心。在此，一切讨论都是无益的，任何言语的说服都是白费的。只有大师知道让弟子们走出理论的死胡同，为他们开辟新道路的方法。正因为如此，他们只需跟随大师的指引即可。跟随大师，他们都将返回"本住地"。

反映对事实的直觉性或是经验性理解的"一即是多，多即是一"，是任何佛教宗派所传授的佛法真义。用般若经中的话来讲，就是"空即是色，色即是空"。"空"是"绝对"的世界，"色"为特殊的世界。禅中最常用的一句话就是"柳绿、花红"。因为是对特殊世界的直接解释，所以在这个世界里，同样也会有竹直、松曲。各种经验事实直接为我们所接受。禅并不是虚无主义，也不是单纯的实证主义。但同时，特殊世界的各种经验事实不是相对意义而是绝对意义上的"一切皆空"。绝对意义上的"空"，不是通过分析性的理论方法达成的概念，而是指竹直、花红这种经验事实本相，是如实接受直觉或知觉的事实。当我们的心不是将注意力朝向理性作用这一外在的东西而是朝向内部时，我们就会感悟到一切皆出于空，一切又归于空。若将此说成是"往返"的话，虽然看上去好像存在"往"和"返"两个方向的运动，但其实它只是一种运动。这种动态的同一作用，是我们经验的基石，一切生活活动皆展示于其上。禅启迪我们应该深刻挖掘，直至到达这一基石。之所以有人问"何为禅"时，禅者回答说"禅"或是"非禅"，其实正是出于这个原因。

现在，我们知道了水墨画的原理发源于这种禅的体验，知道了东方水墨画中所体现出来的直接性、单纯性、运动性、精神性、完美性等种种特征皆与禅有着有机的联系。与禅一样，水墨画中是不存在泛神论的。

第二章

禅与儒教

也许看上去有点相矛盾，或者是具有讽刺意味，实际上拒绝一切学问和文字重构的禅宗，在日本是鼓励儒教研究的，而且成了推动印刷术发展的动因。因为禅僧们不仅印刷佛教书籍，他们也印刷儒教和神道文学类的书籍。通常认为，镰仓时代（1185—1338）和室町时代（1338—1568）是日本历史上的黑暗时代，但事实未必如此。就在这个时代，禅僧们将中国文化带回了日本，为日后的同化开辟了道路。而且，我们现在所认为的独特的日本文化，在这个时期正处于孵化的过程中。例如，俳句、能乐、戏剧、造园、插花、茶道等的起源就可以追溯到这个时期。在此，我想对受禅僧影响的日本儒教的发展情况作一点介绍。当然，在这之前，首先需要简单地讲一讲中国的宋学。

从政治上来讲，宋朝（960—1279）在中国历史中是一个多劫难的时代。"中央帝国"屡受北方侵扰，后来被迫渡过淮河迁移到淮河以南，最终，于1126年不得不屈从于北方民族的统治。这预示着北宋（960—1126）的灭亡。宋高宗继承皇位，迁都长江以南

禅与儒教

的临安，建立南宋（1127）。而南宋又于1279年遭到蒙古人的侵略而灭亡，元的势力遍布整个中国。但在思想和一般文化领域中，南北宋尤其是南宋在历史上留下了光辉的一页，这其中就包括了诗人、艺术家、儒教哲学家、佛教思想家及禅师。

哲学在南方获得了奇迹般的发展。在汉代及其后续王朝期间曾遭受禁锢，并或多或少受到强势的印度思想压制的中国本土思想的冲动，在这个时代尽管处于夷狄政治势力的压迫下，却爆发般地呈现了出来。正确地讲，那应该称之为"中国"哲学的兴起，不仅是原来中国固有的思想，而且包括所有外来思想在内的一切思想倾向都得到了融合，并以中国思想为基础登上了殿堂。宋学可谓是中国思想的精华。

给予中国思想如此成果卓著的刺激的强有力因素之一，就是禅宗思想。禅，总是不断地给予刺激并让思想火花迸发出来，因为禅宗无视思想上的上层建筑，而直奔事实的本源。当儒教转向单纯的仪礼学、世俗的道德实践和各派注释者的文本批判时，可以说它已经处于崩溃和最后灭亡的边缘，已经不再是创造性的思想源泉了。这时，就需要一股新的力量将它唤醒。而另一方面，与儒教相对立的道教，由于一直深深地埋藏于世俗、迷信的框架之下，故缺乏为儒教输入新鲜血液的活力。如果禅宗在唐代没有能够触及中国人的思想深处，那么宋代人也许就不会对自己的哲学燃起新的兴趣，并对其加以改革和发扬光大。几乎所有的宋代思想家，一生中至少有一次隐身于禅林。无论他们是否从寺院中获得了顿悟，他们都必须重新审视在自己的土壤中成长起来的他们自己的哲学。宋学便是他们精神冒险的成果，在对佛教和佛教徒的思索方式进行批判的同时，他们也畅饮了以禅这种更容易消化的形式奉献给大家的印度之泉。

另一方面，禅僧也同样是儒教的学徒。作为中国人，他们也只能这样。儒学家与禅师的唯一区别就是，儒教徒是将自己国家的思想体系作为其哲学基础，而禅僧是固守佛教体系却采用儒教的语言。事实上，禅僧经常使用儒教语言来表达自身经验。两种体系的不同之处在于着重点的不同。禅僧对各种儒教原著作了印度式的注解，这多少带了点理想主义色彩，同时，他们也不反对以儒教的观念对自己的佛典施加注释。

他们来到日本时，将禅学和儒教这两种学问都带了过来。同样，漂洋过海到中国学习禅宗的日本僧人们，在自己回国的行囊中也都装满了禅学及儒教、道教方面的书籍。他们在中国时，师从禅儒兼修的师匠门下，不仅学习了禅，还学习了大量的儒教知识。在宋代，尤其是南宋时期，中国有许多禅儒兼修的师匠。

关于中国的禅与儒教、禅与道教的相互关系，我不想深入细述。我只想讲的是，禅宗其实是对以佛教为代表的印度思想的一种中国式响应，因此，就好像它发展于唐代而兴盛于宋代一样，禅宗只不过是中国人思想倾向的反映。也就是说，禅宗脱离了印度思想的形式，极富实践性和伦理性。从这一点来讲，禅宗带有儒教色彩是有充分可能性的。但在禅宗史的初期，其哲学是印度式的，即佛教性质的。因为在儒教的传统教义中并无与此相当的内容，不知后来的儒学家们是有意识还是无意识地将这一要素体现在了自己的思想体系中。换言之，禅宗从儒教中获得了实践性；而儒教通过禅宗教义（虽然从某一点来讲是间接的）吸收了印度式的抽象思维习惯，其结果是，禅宗成功地为孔子一派的教义提供了形而上学基础。为此，宋代哲学家们极力强调四书在儒教研究中的重要性。对在四书中发现的思想主张，他们精心加工，从而建立起了自己的思想体系。这自然为禅和儒教之间的和解开辟了道路。

这样一来，禅僧自然成为佛教徒之外的儒教的宣传者。严格意义上讲，禅宗没有自己的哲学。其教义将焦点置于直觉的经验，这种经验的知识性内容可以由其他思想体系提供，而未必局限于佛教哲学。对于某个解释，如果禅师们觉得那样更方便，也许他们会建立自己的哲学体系，而不必固守传统的解释。禅宗教徒有时是儒教教徒，有时是道教教徒，甚至有时还是神道教教徒；禅的经验也可以通过西方哲学来解释。

在14世纪和15世纪，京都的五山不仅是禅宗书籍，还是儒教书籍的发行所。有些早期的儒、佛书籍，包括13世纪的，至今还能找到，它们是获得极高评价的东方木活字印刷品之一。

禅僧们不仅编修、印刷儒教和佛教原典，还编撰普及版，供那些为了提高知识和文化修养而聚集到寺院的人们使用。"寺子屋"这一词就是这样流行开来的。寺子屋体制是封建时代唯一的大众教育机构，直到后来1868年的明治维新，才被现代教育体制所代替。

禅僧的活动并不局限于日本中央地区，地方大名们还聘请他们负责家臣们的教育。他们是儒佛兼修之人，其中萨摩藩（九州西南部地区）的禅僧桂庵（1427—1508）便是最著名的例子之一。他的专业是根据朱子的注释解说四书。当然，由于是禅僧，他也不忘将禅宗与儒教结合起来，极力主张禅宗教义。心性论是桂庵修炼的指导精神。他还对学徒们讲解了以中国古代统治者的伦理布令为内容的五经之一的《春秋》，给萨摩藩留下了深远的精神影响。在远道而来求学的弟子中，岛津日新斋闻名遐迩。虽然桂庵并没有亲自教导过他，但他的母亲和他的老师们与桂庵私交甚密，整个家族都非常尊敬和崇拜这个有学问的僧人。日新斋出生于岛津家族，其长子后来继承了本家，统一了位于日本西南部的萨摩、大隅、日向三州。日新斋的道德影响通过其儿子在其统治下的封建领土上得到了广泛传播。明治维新之前，日新斋作为最伟大的人物之一，一直深受藩民们的尊敬。

五山的禅师中，梦窗国师、玄慧（1269—1350）、虎关师炼（1278—1346）、中严圆月（1300—1375）、义堂周信（1321—1388）以及其他的禅师们，都是按照禅宗精神推动了儒教的研究。皇室和将军们也都效仿这些禅师，他们热忱地参习禅宗，同时也参加儒学讲座。花园天皇（1308—1317 在位）将其行宫（洛西花园）赐予关山国师（1277—1360），而关山国师就是洛西花园妙心寺的开山鼻祖，妙心寺是京都西部临济宗最重要的一个分支。天皇认真学习宋学并热心参禅，在这一点上，他远远超越了浅薄涉猎的境界。他留给皇储的遗训非常有名，是一部体现了天皇聪明才智的文献。身着僧衣，端然结跏趺坐的天皇雕像，现在还依然保存在他在世时经常冥想静坐的妙心寺的一间居室内。天皇的《御日记》是一部重要的史料。

我还想补充说明的是，在江户时代即 17 世纪初期，儒学家们像僧侣一样剃发是常见的。从这一事实当然可以推测到，在僧侣尤其是禅僧们中间，儒学的研究并没有中断，即使当这种研究在知识分子中间独立进行的时候，其传授者也只是遵循了旧习而已。

与此相关联，我想对镰仓、室町时代禅在国民精神涵养方面所扮演的角色作一点补充。从理论上讲，禅与民族主义没有任何关联。只要是宗教，其使命都含有普遍性，其适用范围未必限于国民性方面。但从历史的角度来看，它受到了偶发事件和特殊化的影响。禅刚开始传入日本时，就与深受儒教和爱国精神影响的人们联系在了一起，所以自然而然地就带有了那些色彩。也就是说，在日本，禅并不是以一种脱离一切事件影响的纯粹形式为人们所接受的。非但如此，日本的参禅者欣喜地接受了一切与禅相伴随的东西，只是后来，附属于禅的偶发性内容脱离了本体而独立出来了。而且，两者原本非常密切的关系甚至看上去变为敌对关系。虽然日本思想史中的这种过程不属于本书所涉及的范畴，但我想指出的是，若尝试追寻其足迹的话，甚至可以追溯到中国的思想运动。

正如我在其他地方所谈及的那样，中国民族的哲学智慧，到主要兴盛于南宋的朱学时达到了巅峰。朱子（朱熹，1130—1200）是中国最伟大的思想家，他按照中国国民本来的心理倾向创建了中国思想体系。虽然在他之前，他的国人中也有超越他的伟大哲学家，但他们的思想与自己国家本来的思想倾向有点相反，是按照印度人的思想方向而行动的。因为这些原因，这种哲学没有像南宋哲学那

禅与儒教

样直接给国民带来影响。但是，若没有这些佛教徒先驱者，那么南宋哲学也就不可能存在，这一点是不容置疑的事实。我们必须知道"理学"是如何在宋代发展起来的，这样，我们才可以理解禅宗对日本人的思想和情感的特殊影响。

中国思想有两种潮流，一是儒教，一是纯粹的道教（即不为民众信仰和迷信所影响的道教）。儒教代表了中国人心理的实践主义和积极主义，而道教象征着神秘主义和思索倾向。起初，佛教在东汉时代（公元 64 年）传入中国时，被发现与老庄思想有很大的相似之处。但在最初，佛教在中国思想界并不怎么活跃，而是在原典的汉译方面花费了很大精力。中国人也不是很清楚如何将佛教融入到自己国家的思想和信仰体系中去。但通过翻译的佛教经典，他们一定明白了佛教哲学的深远广大这一事实。自公元 2 世纪《道行般若经》的汉译本问世后，深受感触的思想家们对其进行了极其认真的研究。虽然他们还不能明确掌握"空"的观念，但已经知道它与老子的"无"的观念多少有些相近。

六朝时代（386—587），道教研究兴盛，甚至连儒教原典也以道教的观点来解释，在这期间，鸠摩罗什于 401 年从西域来到中国，并翻译了许多大乘佛教经典。他不仅是伟大的翻译家，同时也是伟大的独创性思想家，为人们对大乘佛教的理解作出了很大的贡献，在中国，他的弟子们以最为适合民族心理的方法，孜孜不倦地致力于发展他的思想。三论派就是由吉藏（嘉祥大师，549—623）在中国确立的，而吉藏的哲学则是以龙树的教义为基础的。这是在孔子和老子的国度里首次获得势力的伟大思想体系。可以说，这一学派的创造者还处于印度思想的影响之下。吉藏的思想与印度思想相同，所以他未必以中国的方式来思考。他是中国的佛教徒这一点毫无疑问，但同时也是佛教学家。如果是这样，那么他是从佛教徒的角度来思考的，而不是作为中国人。也就是说，在他的思想里，还有与之紧密相连的印度思想的存在，还没有完全地中国化。

继承三论派的是隋唐两朝时期的天台、华严、唯识等。天台以《法华经》为基础，华严以《华严经》为基础，而唯识是以无著和天亲的唯心主义教义为基础的。华严哲学可以说是中国佛教思想的极致，显示了中国佛教精神所到达的宗教思想的最高峰，是迄今为止东方人千辛万苦建立起来的最引人注目的思想体系。《华严经》包含了《十地经》和《入法界品》，毫无疑问，这显示了印度人创造性想象力的最高峰，但其中蕴含的思想、情感对中国人的心理来说完全是异国他乡的东西。然而，像杜顺、智俨一样，对这种印度式的东西和完全不同的想象力所产生的东西加以吸收，并有智慧、有体系地加以消化，这实在是中国佛教徒的伟大智力成就。华严宗历经几个世纪的佛教教育和反省，证实了中国宗教意识的深邃。由此，中国的思索精神从漫长的沉睡中觉醒，并受到强烈的刺激，宋学才得以开花结果。

当华严宗代表了中国佛教徒的智慧时，出现了有一定势力、更密切地把握中国人心理的派别——禅宗。禅，有一部分是诉诸中国人心理的实证性倾向，有一部分是诉诸中国人心理对神秘的渴望。禅宗蔑视文字知识，倡导确定的直观理解，修禅者相信，禅是把握终极实在的最直接有效的手段。事实上，经验主义、神秘主义以及实证主义也是极其容易携手前进的，因为三者均是追求经验事实本身，而不愿在事实的周围构筑知识结构。

但是，作为社会性存在的人类，并不满足于单纯地拥有经验，他们还需要将这种经验传达给自己的同类。换言之，直观并不停留于直观，而必将在其他方面显示其内容、观念和知识性重构。为了保持这种直观性理解，禅竭尽最好的办法，并充分利用意象、象征和诗歌的技巧（并非一个高贵的词）。可以这样说，禅宗必须要诉诸知识作用时就成为了华严哲学的好伴侣。禅与华严哲学的合金作用绝不是有意识进行的，但两者之间的这种关系却是因华严宗的集大成者同时也是禅宗参习者的澄观（738—838）和宗密（780—

841）等人而备受瞩目的。由于两者之间的这种接近，禅宗对宋学家的儒教思想带来了很大的影响。

唐代则为"理学"的勃兴铺好了道路。我想，理学产自于包含华严、禅、孔子和老子学说在内的中国民族心理大熔炉，是最宝贵的中国本土的产物。

朱熹之前有先驱者周敦颐（1017—1073）、张横渠（1077—1135）、程明道（1085—1139）、程伊川（1107—1182），他们都想纯粹地在中国式心理基础之上建立哲学，而且这个基础主要是从四书——《论语》《孟子》《大学》《中庸》以及《易经》中发现的。他们都对禅宗进行研究并致力于形成自己的学说。事实上，他们在很多地方都借助于禅。例如，他们深信，当他们埋头于古典的研究并想要理解其意义时，头脑里突然灵光显现的这种经验是相当有意义的。在宇宙起源论和本体论中，他们提出了"无极"、"太极"、"太虚"的原始性质。虽然这些是出自《易经》和老子的观念，但这里所讲的"太虚"却带有佛教色彩。以伦理学的用语来解释这个原理的话，那就是"诚"，他们相信人生的理想在于培养"诚"的道德。因为这样，世界才会如实地存在，起源于太极的阴阳原理才会相互感应，万物运行才会成为可能。他们将"诚"实称为"理"或者"天理"。

宋学里存在与"理"相对的"气"。这种对立通过"太极"即"无极"而得到统一。"理"贯穿万物，并普遍分布于各个事物。没有"理"，一切皆不可能，存在将失去存在之理，而归于非实在。"气"则有着分化的作用，由此，一个原因将变得多样化并产生特殊世界。像这样，"理"与"气"是相互渗透并形成互补的。

太极与"理"、"气"之间的关系尚不明确，只是认为太极是"理"和"气"这两种原理的统一，然而在宋学中似乎并不希望停留于二元论。这也许是受到华严哲学影响的缘故吧。太极本身就是一个含糊暧昧的观念，因为它看上去像原始的物质，而且说它就是无极。当说太极即是无极的时候，一个被解释为"物质以上"的东西，一个被解释为"物质以下"的东西。于是就产生了这样的疑问，"物质以上的东西"如何能成为"物质以下的东西"？反之，也可以提出这样的疑问，即"物质以下的东西"如何能成为"物质以上的东西"？同样的困境也可能发生在"理"与"气"的关系上。但是，宋代的哲学家们——当然，他们是中国人——在这一点上并不想趋步于佛教徒，毅然否定世界的具象性，且将世俗和世俗中的一切皆平等地视为"空"。中国精神总是主张特殊存在的世界，就连最接近华严哲学的时候，他们也并没有超越世界的具象性而前进。

在朱熹的宋学中，最具有意义并以最实际的方法给中国和日本带来很大影响的，就是他的历史观。它是对孔子所著的伟大经典之一《春秋》中主宰性观念的发展。孔子编写这部著作，是为了用道德标准衡量战国时代中国各诸侯的主张。当时，诸侯割据，中国被瓜分为几个王国，各个王国又想打败其他王国，篡位者主张继承正统的王位，政治随着统治者的变化无常而飘摇动荡，失去了正确的方向。孔子之所以想在他那个年代编撰年记，是为了给自己国家所有未来的政治家们确立一个普遍的伦理标准。因此，《春秋》可以说是一部透过历史现象来说理的带有实际性的伦理法典。

朱子效仿孔子，将司马光的巨著加以精简编成了一部中国史。在这部书中，他宣扬"名分"这一礼节大原则，认为应该使这个原则成为一切时代都通行的政治指导原理。宇宙由天地诸法则所支配，人事亦是如此。这些法则要求我们遵守自己的本分。人是有"名"的，在社会中占有一定的位置，所以应该执行自己的"分"；人在自己所属的场所中，作为所属集体的一分子，应尽到自己的义务。为了维持和提升各分子之间的和平与幸福，这种社会关系网是不容忽视的。统治者有统治者应该尽的本分，下臣有下臣应该尽的本分，父母与孩子之间也各自肩负规定的义务。如此，在名、位、分上不可以有任何障碍和冒犯。

禅与儒教

朱子之所以这么强烈地主张他所谓的"名分",是因为他看到,来自北方的入侵者与宋朝主权相对抗时,中央政权的官吏们在如何处理入侵敌军的问题上动摇不定,甚至有人提出与敌人谈判,实行妥协政策。眼前的这一切情景,激起了他的爱国精神和国民精神。他甚至不惜赌上自己的生命来主张自己的教义,反对将政权置于北方民族压迫下的部分政治家们。虽然他的哲学没能将南宋从占绝对优势的蒙古势力下解救出来,但自那以后,不仅是在中国,而且在日本的封建时代,他的哲学得到了普遍的支持。

朱子学说强烈地打动了中国人的心理,在各王朝的统治之下,甚至成为官方认可的思想体系。其理由之一是,其纲要中包含了促进中国文化发展的一切有代表性的正统思想。而且,这是由朱子所完成的,可以说里面充满了中国式思想和感受所需要的一切要素。理由之二是,它是中国人心理最亲近的"秩序哲学",当然受到了普通老百姓的热情追求。毫无疑问,与其他民族一样,中国人也充满了爱国情怀和民族自负感。但据我看来,比起感伤来,他们似乎更实际一些,与其说他们是理想主义者,似乎不如说他们是一贯的实证主义者。他们的脚踏在大地上,但他们也应该偶尔看过星空,因为星辰看上去是那么的美丽。然而,他们始终没有忘记,若离开大地母亲,他们将一日也不能生存。因此,比起朱子的理想主义和唯情主义来，他们更喜欢朱子的社会秩序论和功利哲学。在这一点上，中国人与日本人是不同的。

下面一段话引用了程明道的主张，准确地描述了中国人的心理。

> 道之不明，异端害之也。昔之害近而易知，今之害深而难辨。昔之惑人也，乘其迷暗。今入人也，因其高明。自谓之穷神知化，而不足以开物成务。言为无不周遍，实则外于伦理；穷深极微，而不可以入尧舜之道。（《近思录》）

这里所讲的异端，自然指的是佛教思想，宋学家们认为，佛教高高飞翔于天空，是注重实践和现实的中国国民所难以消化的。宋学的这种实践性，与禅同乘一条船来到了日本，同时也将宋学中渗透了朱子军国精神的民族主义带到了日本。

南宋后期，很多的爱国军人、政治家和禅僧们身先士卒，奋力抵御外敌。民族主义精神渗透到了整个社会知识分子阶层，当时去宋朝学习的日本禅僧也吸收并带回了朱子一派确立的精神和哲学。除了去中国学习的日本人之外，很多从南宋东渡日本的中国人，在带来禅宗的同时也带来了宋学家们的信息。这种在日本宣扬民族主义哲学的共同努力，在很多方面都获得了成功。最显著的成功是后

禅与儒教

醍醐天皇（1318—1339在位）朝廷作出了一个划时代的决断，即要亲手恢复一直以来委身于镰仓幕府的政权。据说，这次运动是天皇及其朝臣研究朱子的中国史后获得启发的结果。而且，这种研究是在禅僧的指导下进行的。据史学家说，北畠亲房（1291—1354）的不朽著作《神皇正统记》，也是朱子学研究的结果之一。亲房是后醍醐天皇周围优秀的文臣之一，同时，就像他威严的主君一样，他也是禅的研习者。

然而，不幸的是，后醍醐天皇与其朝廷的政权恢复之举失败了。但之后的政治变动，并不意味着儒学在日本的知识分子中间的衰退，因为在五山及地方禅僧的帮助下，儒学依然非常活跃。室町时代，支持儒教的正统派理论的朱子学得到普遍认可，禅僧们以比对待单纯学识还要高的热情对它进行研究。他们非常清楚禅在什么方面是最需要的，以及宋学在哪一点上最能显示实际效果。这样，他们成为宋学的官方宣传者，其影响从中央的京都，一直到荒远偏僻的乡村角落。

禅僧们对由朱子形成体系的宋学和禅学加以区别思考的这种倾向，对德川时代日本佛教和儒教之间各自势力范围的明确划定起到了作用。鼓励中国式思维和感受方式的实践精神，深得朱子的认可，德川幕府的创建者们强烈地感受到了这一点。在多年的战乱之后，他们热切盼望恢复全国的和平与秩序，而他们知道要实现这个目标，中国哲学是最合适的。最初通过朱子训注来讲解宋学的御用学者是藤原惺窝（1561—1619）及其弟子林罗山（1583—1657）。惺窝原本是禅僧，但由于特别喜欢研究儒学而最终脱去了僧衣，当然，这之后还暂时留着和尚头。在他和罗山之后，虽然儒教的研究还在继续，但禅僧们一心满足于彰显自己的教义。不可忘记的是，与中国一样，日本在宋学传播的过程中也不断地倡导儒教、佛教和神道教的三教协调主义。在日本思想史上，这方面值得注目的显著事实就是，作为日本国民精神的体现而获得政治认可的神道，从教义上来看并没有承认它独立于儒教和佛教。其主要理由，我想可能是神道本来就缺乏足以让自己独立的哲学，而在与儒教和佛教的其中一个相接触时，才开始对自己的存在有了意识，并学会了怎么来表现自己的吧。诚然，本居宣长（1730—1801）及其门徒们，认为儒教和佛教是外来之说，与日本人的生活方式和感受方法完全不相符合，而对它们进行了猛烈的抨击。但是，其爱国保守主义与其说是出于哲学的理由，倒不如说是受到了政治动机的刺激。毫无疑问，他们的确为促进明治维新付出了很大的努力，但从纯粹的哲学观念来看，他们宗教性的民族主义性质的辩证法中到底包含了多少普遍性要素呢？这一点正是非常有问题的地方。

禅与儒教

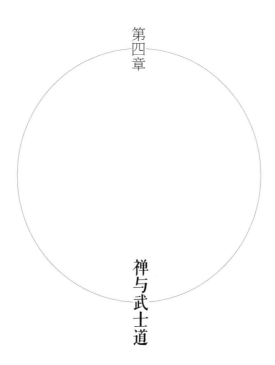

第四章

禅与武士道

如果说禅与日本武士阶层的精神存在一定的关联，也许有人会觉得不可思议。因为佛教在各个国家无论是以什么样的形态繁荣发展，它都是一种以慈悲为怀的宗教，在其多变的历史长河中，绝不曾参与过与战争有关的活动。那么，禅宗是如何成为日本武士战斗精神的动力的呢？

在日本，禅宗其实从一开始就与武士生活有着密切的联系。当然，并不是说禅教唆武士们从事这种残酷的职业。当武士因某种缘由进入禅境时，禅宗只是被动地支持了他们。这种支持具有道德和哲学上的双重意义。从道德上来讲，禅宗是教导人们一旦决定进路就绝不回头的宗教；从哲学上来讲，禅宗对于生和死是平等视之的。虽然这种不回头的精神是来自哲学的信念，但禅宗原本就是强调意志的宗教，所以与哲学相比，禅宗更是从道德上作用于武士精神。从哲学的观点来看，禅宗反对理性主义而重视直觉，因为直觉是到达真理的更直接方法。因此，无论是在道德方面还是哲学方面，禅宗对于武士阶层来说都是极具魅力的。武士阶层的精神比较单纯，且绝不会沉浸于哲学的思索——这是武士的一种根本禀性，所以他们在禅宗中找到了一种相似的精神。或许，这就是禅与武士之间产生密切联系的原因之一吧。

其次，禅的修行是比较单纯、直接、自强、克己的，这种戒律性倾向与战斗精神是非常一致的。作为战斗者，作战时只需专心于眼前的对手，绝不可左顾右盼、前瞻后瞩。为了粉碎敌人而勇往直前，就是他需要做的一切。因此，他绝不可以有物质、感情、理性等任何方面的干扰。战斗者的心中只要浮现哪怕是些微的理性的疑惑，都将会成为他前进道路上的巨大障碍；而当他想要有效地行动时，种种情感和物质的占有就是最大的障碍物。出色的武士，基本上是禁欲的修行者，或者是自慎的修道者，这就意味着他拥有钢铁一般的意志；而禅宗在必要之时，将授予他们这种意志。

第三，禅与日本的武士阶层有着深刻的历史渊源。一般认为，荣西（1141—1215）是最早将禅宗介绍到日本的一位僧侣。但是，他的活动也只是局限于京都。京都是当时旧佛教的大本营，由于旧佛教派别的强硬反对，新的宗教几乎不可能在此地得以创建。荣西不得不在某种程度上与天台、真言二宗妥协，采取了一种调和的态度。然而，在北条政权所在地的镰仓，并没有出现这种历史性的疑难问题。而且，继反抗平氏及公卿而兴起的源氏之后，北条政权带有黩武色彩。平氏及宫廷贵族因过度奢侈、优柔寡断而最终堕落，导致了政权的丧失。北条时代以其严格的节俭、道德的修养和强有力的政治及军事而闻名。作为这种强权政治的领导者，他们无视宗教传统，而将禅宗作为其精神指南。因此，禅宗自13世纪以来，在整个足利时代，甚至在德川时代，给日本人的大众文化生活带来了种种影响。

禅宗，没有特殊的教义和哲学，没有一套完整的概念或公式。禅的目的只是要让人从生死羁绊中解脱出来；并且，禅宗通过其自身特有的某种直觉的理解方法来达到这一目的。因此，只要其直觉的方法不受妨碍，它就可以在任何哲学和道德论中应用自如。禅宗就是这样一种具有弹性、极富灵活性的宗教。它可以与无政府主义、法西斯主义、共产主义、民主主义、无神论、唯心论以及任何政治、经济教条相联系。因此，从某种意义上来讲，禅宗是革命精神的鼓吹者。当面临无论何种意义上的危机时，就如我们遭遇过度的传统主义、形式主义或其他类似主义时一样，禅宗将显露出其本来的锋芒，成为打破现状的革新力量。在这一点上，镰仓时代的精神与禅的这种男性气质的勇猛精神是相呼应的。

在日本，有这样一句话："天台宫家，真言公卿，禅武家，净土

禅与武士道

平民。"这句话可谓是佛教各派特色的最好表达。天台和真言富于礼仪主义，需要举行各种礼仪和各种繁杂、精致奢华的物品，正投上流风雅阶层所好；净土宗因其信仰及教义的单纯，自然符合了平民百姓的需求；而禅宗除了采取最直接的方法到达终极信仰之外，还是一种需要异常意志力的宗教，而意志力正是武士必须具备的素质。当然，不仅仅是意志力，禅宗最终还应该是通过直觉来解决问题。

北条家族中最早的修禅者，是继摄政者北条泰时之后的北条时赖（1227—1263）。他不仅从京都，而且还直接从中国南宋邀请了许多禅师来到镰仓，并在这些禅师门下专注于禅的研究。最终，他终于悟得了禅的真谛。这件事给他的家臣们带来了很大的鼓舞，他们也全都效仿主君潜心修禅。

时赖通过二十一年的不懈努力，最终在中国禅师兀庵门下证悟了禅的真谛。

当时，兀庵还为自己的这个高徒作了一首诗偈。

我无佛法一时说，
子亦无心无所得。
无说无得无心中，
释迦亲见燃灯佛。

时赖执政期间政绩卓著，1263年去世时年仅三十七岁。当悟到自己死期将至时，他身着袈裟，盘腿打坐，留下了一首辞世之诗后，安然逝去。

业镜高悬，
三十七年。
一槌打碎，
大道坦然。

北条时宗（1251—1284）是时赖的独子，在1268年继承父亲之位时，年仅十八岁。他后来成为日本历史上最伟大的人物之一。如果没有他的存在，日本的历史或许就不会是现在这个样子。在1268年至1284年执政期间，他成功粉碎了历时数年的蒙古入侵（元寇）。人们认为，时宗好像是为了消除降临到日本国土上的灾难而下凡的天兵天将。就在解决了日本历史上这一最大事件之时，他也溘然长逝。他的一生短暂而单纯，全部身心都奉献给了这一历史事件。当时，他是整个日本民族的唯一寄托，他不屈不挠的精神支配了全体国民。他的整个存在化作团结一致的军容，巍然屹立，宛如悬崖绝壁般阻挡了西海的狂涛怒澜。

禅与武士道

但是，更让人惊叹的是，这个超凡的人物付出了时间和精力，怀着强烈的抱负，在来自中国的众多禅师门下修禅。他还特别为佛光国师（1226—1286）建造了一座寺庙，同时也是为了悼念在蒙古入侵时丧生的中日两国军民的亡灵。时宗之宗庙现在还位于镰仓的圆觉寺之内。他的那些精神之师给他的书信至今还被保存着，通过这些书信，我们可以知道他对禅的至诚态度。下面的故事虽然没有确凿的历史证据，但或许可以帮助我们在想象的基础上，重现当时他对禅的态度。有一次，时宗去拜访佛光国师。

时宗："人一生中的大敌莫过于怯懦之病，如何能避之？"

佛光："斩断病根即可。"

时宗："病根来自何处？"

佛光："来自时宗自身。"

时宗："我最痛恨的莫过于怯懦之病了，却如何来自我自身？"

佛光："当抛弃你心中的时宗时，会是何种感觉？在做到这一点时，再来见我吧。"

时宗："如何才能实现？"

佛光："斩断你一切的妄念思虑。"

时宗："如何才能斩断我的种种思虑？"

佛光："盘腿坐禅。而且，彻底了悟一切属于时宗自身的思虑之源。"

时宗："我必须做的俗事堆积如山，何来时间冥想？"

佛光："无论做什么俗事，都应将它作为你内省的机会。终有一天，你会悟到存在于你内心的时宗是谁。"

上述对话一定在某个时刻、在时宗和佛光之间曾经发生过。当时宗接到元寇来袭的确切情报时，他出现在了佛光国师的面前。

"一生中最大的一件事终于来了。"

佛光问道："你将怎么办？"

时宗雄威一振，大吼一声："喝！！"仿佛要喝退云集面前的数以万计的敌兵一样。

佛光面露喜色道："真狮子儿，能狮子吼。"

这是时宗的勇气，凭借这股勇气，他成功击退了来自大陆的占绝对优势的敌军。

但是，从历史事实来看，时宗之所以成就了日本历史上的这一伟业，不仅仅是靠他的勇气。他对这项事业中的一切必要事项都作了缜密的计划。为了反抗强敌，他从全国各地聚集军队来执行他的计划。虽然他本人在镰仓稳坐不动，但他的军势却远至西部，机敏而有效地执行他的命令。在那个只有通过驿马传信的时代，这真是令人惊叹。如果没有跟随者们对他的完全信任，他也不会成就此番

禅与武士道

大业。

时宗葬礼之际，佛光国师所作的悼词可以说是对时宗人格的全面概括。佛光说道：

> 故我大檀那杲公禅门，乘大愿力来，依刹利种而住。视此所
> 以，观其所由，有十种不可思议。谓何十种。事母尽孝，事君尽
> 忠，事民牧惠，参禅悟宗。握定二十年乾坤，不见喜愠之色。扫
> 荡一风蛮烟，略无矜夸之状。造圆觉以济幽魂，礼祖师以求明
> 悟。此乃人天转振为法来。乃至临终之时，忍死以受老僧衣法，
> 了了书偈长行。此是世间了事之凡夫，亦名菩萨之应世……

时宗出生高贵，这一点毋庸置疑，但毫无疑问，习禅对他的公私生活都带来了莫大的帮助。他的夫人也是一位热心的修禅者，在时宗去世之后，在圆觉寺正对面的山中创建了一座尼庵——松之冈东庆寺。

说禅适合武士，这句话在镰仓时代有着特殊的意义。时宗不仅是武士，还是政治家，其目的是和平。当第一次元寇来袭的情报送到时，时宗正在建长寺，以无学祖元（佛光国师）为师学习法仪，当时他所作的祈愿文内容如下：

专祈之事：弟子时宗，永扶帝祚，久护宗乘，不施一箭，四海安和，不露一锋，群魔顿息，德仁普利，寿福弥坚，秉慧炬，烛昏衢，剖慈心，赈危乏，诸天匡护，众圣密扶，二六时中吉祥骈集……

时宗身上有着一种伟大的佛教精神，是位至诚的修禅者。其实，禅宗得以牢固地在镰仓和京都建立，并给武士阶层的道德、精神带来了很大的影响，这都是因为时宗的推崇和倡导。日中两国禅僧之间的日常交流，不仅仅限于双方都很关心的精神活动，因为，不仅有中国的禅僧们从中国带来了书籍、绘画、陶瓷、织品及其他很多的艺术品，而且，还有一些木工、石工、建筑师、厨师等也随其主人一起来到了日本。后来在室町时代繁荣起来的日中贸易，其实早在镰仓时代就已经开始了。

在时赖和时宗的伟大人格的指引下，禅深深地渗透到了日本人尤其是武士的生活之中。禅宗在镰仓的影响非常广泛，而且这种影响也波及了京都。在京都，禅宗得到了日本禅僧们的强烈支持。后来，以后醍醐天皇、花园天皇为首的其他皇族，也都深深地信奉上了禅宗。于是，许多禅院在京都得以建立，因学德兼备而闻名的禅师们成为这些禅院的开山鼻祖和一山之师。足利幕府将军也是禅的

禅与武士道

崇拜者，其手下的武将们也自然地纷纷效仿。可以说，在那个时代，日本的天才们不是成为僧侣，就是成为武士。两者精神上的融合对闻名于世的"武士道"的创立作出了很大贡献。

在此，我想稍微谈谈武士的思想和禅宗的内在联系。我们现在普遍称之为武士道的核心思想是，要坚持不懈地时刻维护武士之威严。武士的威严，是指忠孝仁义之精神。但是，为了出色地完成这种使命，需要做到两点：一是从实践和哲学两方面来锻炼自己道德上的禁欲主义；二是要时刻做好面临死亡的准备，也就是说，在面临生死存亡之际，要毫不犹豫地抛开生命。要做到这些，需要更多精神上的修行。最近有一本名为《叶隐》的书成为人们热议的话题。叶隐，正如字面，是"隐藏于叶子背面"意思，不炫耀自己，不哗众取宠，远离世俗之眼，而为社会同胞尽心尽力，这就是武士之德。这部书由各种记录、轶事、道德格言等构成，是由 17 世纪中叶左贺藩主锅岛直重手下的一位禅僧负责编撰的。书中特别强调了武士随时奉献生命的觉悟，并说：任何伟业，若不能达到几近疯狂的境界，用现代语言来表达就是，如果不能突破普通意识、释放出隐藏于其后的力量，就不可能获得成功。这种力量有时或许是一种恶魔，但毫无疑问，这种力量是超人的，作用是惊人的。一旦进入无意识状态，这种力量将会冲破个体的极限，死亡也就全然失去了毒芒。这一点，正是武士的修行与禅宗相关联的地方。

在此，援引一则《叶隐》中的故事。柳生但马守是一位伟大的剑道家，是当时的将军德川家光的剑道指导老师。一日，将军旗下有一人来到但马守这儿，想拜师学习剑道。

但马守说："看上去，你已然是剑道高手了，在入我门派之前，请说说你是哪个流派的。"

这人回答说："真是惭愧，我从未习过剑道。"

"你不是跟我开玩笑吧？在下身为将军之师，不会看错人的。"

"让您生气，真是万分抱歉。可我真的是对剑道一无所知。"

见来客回答得如此断然，但马守思索片刻后，问道："既然这么讲，你一定是没有学过剑道了。虽然说不清是什么，但我感觉你一定是某一方面的高手。"

"您这么讲的话，那我就照实说了吧。实际上，我有一项本领可以说是完全修得了。在年少时，我就产生了一个念头，那就是要当一名无论什么情况下都不贪生怕死的武士，之后数年来，我一直与死亡问题作斗争，渐渐地就变得完全不把死当回事了。不知老师您所指的是否是这方面的事？"

"正是，"但马守不禁叫了起来，"我的判断一点没错。剑道的秘诀就是绝不怕死。我在本流派教导了数百个弟子，但还没有一人能获得剑师资格。你已经是很出色的剑师了，不必学习技巧了。"
（《叶隐》，第十一卷）

死亡对于我们每个人来说都是一个大问题，但是，对于专为战斗而献身的武士来说，更是迫在眼前。战斗对双方来说都意味着死亡。在封建时代，谁都无法预言死亡何时会到来。视名节为生命的武士，时刻准备着奔向死亡。大道寺友山（1639—1730）在其著作《武道初心集》中这样写道：

> 对武士来说，最重要的就是必死之念，自元旦破晓之时至除夕最后一刻，须日日夜夜铭记于心。唯切身领悟此念之时，方能彻底完成自己使命。才能忠于主，孝于亲，并自然能躲避一切灾难。不仅得以长命，且兼具威德。生命无常，尤其武士更是如此。因此，需将每一日视为自己生命之末日，并为完成使命而奉献每一日。勿思长命。因此念易使人沉迷于一切奢侈，易将自己一生尘封于污名之中。正成之所以让其子正行时刻保持死亡觉悟，正是出于此因。

《武道初心集》的作者准确地描述了武士内心普遍存在的潜意识。必死之念，一方面让人的思想超越固定生命的有限；另一方面，又促使人们对日常生活作认真思考。因此，真诚的武士则会带着战胜死亡的意念，自然而然地与禅接近。对于这个问题的处理，禅宗主张不诉诸学问、道德修养和礼仪，这对不善于比较和思辨的武士来说，一定是极具魅力的。武士的精神觉悟与禅的直接性、实践性的教义之间有着一种逻辑关系。

《叶隐》里有这样一段话：

> 所谓武士道，即决意死亡的意志。身处生死存亡的十字路口时，毫不犹豫地选择死亡之路。别无其他特殊缘由，唯有沉着前进。也许有人说壮志未酬而身先死，这是毫无意义的死，是白费生命。但在生死歧路时，不必想着实现目标。芸芸众生皆恶死而好生，所思所想自然皆是为了生。然而，若没有实现目标却苟且偷生，那就真是一介懦夫了。这是武士道中的一个重要问题。即便壮志未酬而身先死，虽是枉死的疯狂之举，但绝不影响荣誉。武士道中首要的一点就是荣誉，因此需每朝每夕心存死亡的觉悟。当有了死身常住的觉悟时，那就到达武士道的自由之境了，将会一生无过，而成就使命。（《叶隐》，第一卷）

此书的注释者还附上了塚原卜传的一首和歌：

禅与武士道

武士之道皆一样，

唯有一死为天机。

《叶隐》（第十一卷）中，长浜猪之助这样讲道："兵法之要，唯舍身伐敌。当敌人亦舍身决斗之时，方互为对手。此时取胜，全在信念和命运。……"

注释者对此作了如下附记：

> 荒木又右卫门（德川时期一位伟大的剑士），在伊贺上野讨伐仇敌时，作为告诫之言，对他的外甥渡边数马说道："舍己之肤以斩其肉，舍己之肉以断其骨，舍己之骨以取其命。"

此外，荒木在其他地方（《一刀流闻书》）也说道："在面临真刀实剑的对决时，应做好随时躺在敌人刀下的准备。这样你的剑才能锐不可摧。若不是心存赴死之念而战，则绝不会取得胜利。这一点可谓非常重要。"

《叶隐》（第十一卷）中还讲道："真正的武士应抛却生死之念，不抛却生死之念将一事无成。万能一心虽听上去好似'有心'，但实际上却是必须抛却生死之念才能达成伟业。技能只不过是将人引入道中的机缘而已。"

这里所言其实是指，若能到达泽庵禅师所讲的"无心"之心则将成就一切。"无心"之心，是一种不为生死问题所困扰的内心状态。

刚才提及过的塚原卜传，是一名真正理解剑的使命的剑士。他认为剑不是用来作为杀戮武器，而只是一种锻炼自己精神的工具。在他的传记中，有两段有名的小故事：一个是，将一名豪言壮语的武士弃置于孤岛的"无手胜流"的故事；一个是试探他三个儿子剑技熟练程度的故事。这两个故事都相当脍炙人口。第一个故事的内容是这样的。

卜传有一次乘船渡琵琶湖时，同船有好几个人，其中有个外表粗野的武士，体格强壮，非常傲慢，吹嘘自己的剑术精湛，说自己是剑道中最厉害的，天下无敌。其他人都兴致勃勃地听他夸海口，唯独卜传没有理睬，在那里打盹儿。那个吹牛的武士被卜传的举止激怒了，便过来抓住卜传问道："你不也配着剑吗？为何一言不发？"

卜传平静地答道："我的剑术与你的不同，我的剑术不是为了击败别人，而是为了不被别人击败。"

"那你是什么流派的剑术啊？"

"无手胜流。"（不用双手而战胜敌人，"无手"即不用剑的意思。）

"既然是'无手胜流'，那你为什么还带着剑？"

"我带着剑不是为了杀敌，而是为了斩断心头的私念。"

这时，那个武士怒火万丈，大吼道："你真的想不用剑与我比试吗？"

卜传答道："当然。"

于是，那位吹牛的武士便命令船夫将船就近靠岸。但卜传建议最好到远处的岛上去比较好，因为在岸上决斗的话会引来很多看热闹的人，这样容易伤及他人。武士表示同意。于是，船朝着湖中远离岸边的一座孤岛驶去。就在船快接近小岛的一刹那，武士纵身一跳，跳到了岛上，只见他抽出剑来，摆出了一副准备决斗的架势；而卜传却从容地取下自己的剑，并递给了船夫。在场的人都以为卜传要到岛上去与武士决斗了，然而，就在这时，卜传突然从船夫手中夺过船桨，用力往湖岸方向一撑，船就像离弦之箭，一下子离开了小岛。当船驶进深水，已经比较安全时，卜传便笑着说："这就是我的'无剑'流。"

另外一则故事也是饶有趣味并富于启示，告诉了我们卜传已经远远超出了对于剑术的一般性的精通，而达到了一种对剑道真义的妙悟。卜传有三个儿子，都在学习剑道。有一天，他想测验一下三个儿子对剑道掌握的程度。他在自己房门帘上放置了一个小枕头，只要有人进门稍微碰触一下门帘，枕头便会正好落在头上。

卜传先叫大儿子进来。大儿子在走近房门时就已经发现了帘上的枕头，并将它取了下来，进门后又将它放回原处。他又叫来了二儿子。二儿子进来时，他碰触了门帘，当他看到枕头落下时便用手抓住，然后又轻轻地放回原处。最后，轮到第三个儿子了。三儿子急匆匆地走了进来，那枕头正好落在他的脖子上，但就在枕头快要落地之时，他挥剑将枕头斩为两截。

卜传作出了他的评价，他先对大儿子说道："你已经很好地掌握了剑道。"并给了他一把剑。又对二儿子说道："你还要苦练才行。"最后，他把三儿子狠狠责骂了一通，因为他的行为是他们卜传家族的耻辱。

在16世纪的日本战国时代有两位名将，一个叫武田信玄（1521—1573），一个叫上杉谦信（1530—1578）。双方领地相邻，一个在北部，一个在中部，被世人并称为双雄。两人为了争夺霸权，曾多次进行较量。作为武士也好，作为统治者也好，双方可以说是不分伯仲。在禅的修行方面也是如此。有一次，谦信在得到信玄因领地缺盐而伤透脑筋的消息时，十分宽容地从自己的领地将所需物资供给了对手。因为他的领地越后紧临日本海，盛产食盐。在川中岛的一次对决战中，因对方迟迟按兵不动，谦信心急如焚，只身一人冲进敌阵，只想一举分出胜负。见敌将信玄与几名幕僚正悠然自得地坐在椅子上下着棋，谦信便拔剑直逼信玄头顶，用禅语发问："剑刃之上，你有何言？"信玄毫不慌张，以其手中的铁扇避开袭来的利剑，答道："红炉之上一点雪。"这一问一答或许并非事实，却很好地说明了作为入道的武士，双方都是禅宗的虔诚信奉者。

谦信在益翁门下热心习禅的经过是这样的。益翁在讲解菩提达摩的"不识"时，谦信是听众之一。他自恃对禅多少有点了解，便想试探一下这个和尚。于是，他穿上与其他武士身份相同的服装藏于听众之中，等待时机。但是，这个和尚却突然朝谦信问道："殿下，试问达摩不识是何意？"谦信吃了一惊，不知如何应答。益翁紧逼不舍，又问："殿下，您在其他时候讲到禅时滔滔不绝，今天怎么不答了呢？"谦信狼狈不堪，傲气全无。于是，他便在益翁和尚的指导下潜心学起禅来。益翁禅师经常对他说："您要真想修得禅道，则要舍命而直入死穴。"

后来，谦信给他的家臣们留下了这样的遗训：

欲生者则必死，欲死者则必生。关键在于心志如何。若能领会此心，坚守此志，则入火不会烧伤，入水不会溺亡，生死何惧。我常明此理而入三昧。若有贪生怕死之念，则尚不具武士之心胆。

信玄在其《信玄家法》中也对禅与死亡有所言："应相信佛心。常言道，具佛心者，则时时得助，以横心制人者，则显露而亡。其次，应潜心修禅。参禅无秘诀，唯思生死之切。"

通过这些言论，我们应该能够更清楚地看到，禅与武士生活之间存在着内在的必然联系。这一点，也可以从禅师们有时把死当作儿戏一样的行为中得到更清楚的解释。信玄的老师是位于甲斐的惠林寺的快川和尚。信玄死后，该禅院因拒绝交出逃至此地的敌兵，于 1582 年 4 月 3 日（天正十年）遭到织田信长手下的包围。士兵们将快川及寺内众人全部赶至山门的楼上，准备放火焚烧整个寺院，企图活活烧死反抗的人们。禅僧们在快川和尚的带领下静静地聚集，并井然有序地在佛像前结跏趺坐。快川和尚如往常一样给众僧说法："现在，我们身陷火海。在此危难之际，诸位将如何转动达摩的禅轮？请各说一句。"于是，众僧纷纷根据自己的证悟作了回答。最后，快川和尚也说了一偈。之后，众僧齐入火定三昧之

禅与武士道

中。偈曰：

安禅不必须山水，
灭却心头火自凉。

从某种观点来说，16 世纪的日本创造出了很多伟人。当时的日本，无论是政治还是社会都支离破碎。在整个日本国土上，封建诸侯们互相征战，民不聊生。但武士阶层之间的政治、军事霸权的争夺战，使得他们用尽了一切方法，极度加强精神上和道德上的力量。因此，在生活的各个方面，刮起了一股刚毅之风。构成武士道的大部分道德准则在这一时期得以形成，信玄和谦信可以说就是当时武门诸侯的典型代表。他们勇气过人，临危不惧，除了战斗方面，他们在对领地庶民的统治方面也充分显示了贤明、深谋远虑的过人智慧。他们不是鲁莽而缺乏智慧的一介武夫，而是博学且富有宗教心的人才。

颇有意思的是，信玄和谦信两者都是非常出色的佛教徒。信玄的俗名叫晴信，谦信的俗名叫辉虎。但是，闻名于世的却是他们的法名。他们年轻时在禅院接受教育，中年时剃发自称入道。而且，谦信和其他佛教徒一样不吃荤、不娶妻。

与众多有修养的日本人一样，两人都热爱自然，且创作了不少和歌和汉诗。谦信在随军出征邻国之际，曾作了一首汉诗。诗曰：

霜满军营秋气清，

数行过雁月三更。

越山并得能州景，

遮莫家乡怀远征。

这首诗的大意如下："秋清气爽，寒霜降落军营。夜深了，可以看到几行大雁从月亮中飞过。越中重山的轮廓，倒映在梦幻般的能登湾的水面。在远别的家乡，亲人们（看到同样的明月）也许正在思念着远征在外的我们吧。"

当然，信玄欣赏大自然的"风流"之心，也绝不逊色于越后的敌将。他曾经去参拜位于领地遥远偏僻之处供奉不动明王的寺院，当时寺院附近的禅寺住持邀请他回去时顺便去寺内一坐。（这个和尚便是后来被织田信长的士兵们焚烧杀死的快川和尚。）信玄谢绝了和尚的邀请，说："因忙于两三天后就要开始的战争，也许这次无暇拜访贵寺了。"并说等他从军归来必定拜访。但和尚再三邀请，对信玄说："樱花现在正好开始盛开。为了让您能够欣赏到这烂漫的春色，贫僧特地在花下为您设了宴席。请您一定要来赏花。"信玄心想，观赏樱花也不是件坏事，再说，和尚如此恳切的邀请也实在是盛情难却，于是只好默默地听从了和尚的话。能有幸得到这样一次赏花的机会，与和尚津津乐道尘外之事的信玄不禁诗兴大发，作了下面一首和歌。

> 古寺春色好，
> 樱如飞雪飘。
> 君若不相邀，
> 应悔花期过。

在战争的紧要关头，信玄和谦信显示出的却是超越功利得失、享乐自然的"风流"情怀。在日本，通常认为没有这种"风流"情怀的人是缺乏修养之辈。这种情怀不单是一种审美意识，而且还带有宗教意义。博学多才、有教养的日本人，有临终之际作诗歌的习惯，而这种习惯或许就是基于这种心态而产生的。这种诗歌就是大家熟知的"辞世诗·辞世歌"。日本人一直接受这样的教育和锻炼，那就是，哪怕是身处最紧张的状态，也要能够找出那一瞬间，使自己从中解脱出来。死能集中人的一切注意力，是最为严肃的事情，但有修养的人认为必须要超越它，客观地看待它。尽管在封建时代并非有文化修养的人都会留下辞世之歌，但这种习惯也许是由镰仓时代的禅僧一派开始的。佛陀进入涅槃时，会召集弟子作临别训诫。中国的佛教徒，尤其是禅宗僧侣对此加以效仿，但他们给弟子们留下的不是辞世训诫，而是自己人生观的表白。

武田信玄的辞世之辞就是引用了这种禅文学的形式。

　　大底还他肌骨好，
　　不涂红粉自风流。

此处讲的是"实在"的绝对完美，芸芸众生，我们每个人都是从"实在"中来，到"实在"中去，并常住于"实在"。纷繁复杂的世界逝而复归，归而复逝，但其背后留下的是永恒不变的完美。

上杉谦信则以汉诗与和歌创作了辞世之辞。

　　一期荣花一杯酒，
　　四十九年一睡梦。
　　生不知死亦不知，
　　岁月只是如梦中。

极乐地狱在后，

独立黎明之中。

一切云雾皆散，

心中唯有明月。（《谦信家记》）

下面是《太平记》（14世纪末编撰）中记录的关于镰仓武士们殉死的情形，与上述惠林寺的禅僧们的死相同，这本书清楚地阐述了禅宗对武士道尤其是他们的生死观带来的巨大影响。

北条高时的家臣中有一位名叫盐饱圣远的僧人，在镰仓武士阶层中地位并不怎么高。在主君运数已尽之际欲剖腹自杀以殉主君时，他将嫡出长子三郎左卫门忠赖叫到身边，泪流满面地对儿子说："诸方防线悉破，闻一门将士皆切腹身亡。我也将先于主君而去，以示忠义。但你年幼，尚在父亲庇护之下，未蒙主君之恩，纵令与我在此一起保全性命，也无人会说不知大义。故暂到某处隐居，然后出家，远离尘世，以慰我后世，并安心以度一生。"三郎左卫门忠赖听罢，也是双眼含泪，许久没有说出话来。过了一会儿，说道："我不认为这是父亲您所说的话。忠赖虽未直接蒙受主君之恩，但我们一家世世代代得以存续，皆因主君武恩之庇护。若忠赖自幼便入佛门，或许能弃主恩而入无为之道。但既生于弓矢之家，挂名于家谱之下，怎可眼见武运将倾而寄身佛门以避时难？为天下人所指，耻莫大焉。如您切腹以彰忠节，我将为您作冥途之先导！"话音未落，忠赖从袖下拔出刀来，趁父亲不备刺进腹中，凄惨死去。忠赖的弟弟盐饱四郎见状，正要切腹随哥哥而去之时，父亲急忙制止道："让我先去吧，按长幼顺序，在父亲身死之后，你再自行了断。"于是，四郎收回拔出的刀，恭候在父亲面前。见此情景，盐饱圣远便高兴地笑了，静静地在中门备好一把圆椅，并结跏趺打坐于其上，取过砚来，蘸墨挥毫，写下了一首辞世之歌。

提持吹毛，
截断虚空。
大火聚里，
一道清风。

随后，将手叠放于胸前，引颈向前，命儿子四郎将其头颅砍下。于是，四郎使尽全力砍下了父亲的头颅，然后又将刀刺入自己腹内直至刀柄，卧地而死。三名家臣见状也奔跑过来，用同一把刀一个接一个地刺穿腹部，宛如鱼肉串一般，头挨着头，卧倒在地。

禅与武士道

北条氏灭亡之际，还有一位名叫长崎次郎高重的禅门武士，他去拜访师父——也是北条高时的师父，问道："作为勇敢的武士，在这紧要关头，该当如何？"禅师立即回答道："挥舞其刀，勇往直前。"该武士很快就领悟了师父的意思。他在战斗中勇猛杀敌，最后耗尽所有力量，倒在了主君北条高时的面前。

这种精神，其实是这些武士修禅者通过禅宗培养而成的。虽然禅宗不一定会与他们讨论灵魂不灭，以及神道的正义和伦理行为，它只是告诉他们无论结果是合理还是不合理，都必须朝着目标向前突进。哲学可以由理性精神加以保全，而禅宗则需要行动。最有效的行动便是，一旦下定决心就绝不回头，勇往直前。在这一点上，禅宗的确可以说就是武士的宗教。

"无畏而死"，是日本人心中最为崇尚的思想之一。人有各种各样的死法，但只要符合无畏而死这个特点，即便是罪犯犯下罪行，也往往可以得到宽大处理。"无畏"是指"不留遗憾"、"问心无愧"、"烈如勇士"、"毫不犹豫"、"镇静从容"等。日本人不喜欢犹豫不决、拖泥带水地迎接死亡，而喜欢像被风吹落的樱花般转瞬即逝。日本人对待死亡的态度的确与禅的精神是相一致的。日本人也许没有什么关于生命的哲学，但绝对有关于死亡的哲学，虽然这种哲学有时看上去有些不顾后果。深深吸收了禅宗思想的武士精神，甚至将这种哲学推广到了普通百姓之中。这些普通的百姓即便没有像武士那样经过特别的锻炼，也会吸收这种精神，并为了自己认为是正确的某种理由而牺牲自己的生命。这一点可以从日本自古以来经常以某种理由为借口而进行的诸多战争中得到证明。一名写日本佛教的外国记者曾吐露一句真言，他说禅就是日本民族的性格。

第五章

禅与剑道（一）

一

"剑乃武士之魂。"因此,武士在谈论任何话题时都离不开剑。在武士欲尽忠职守时,他们需要超越生死,有随时舍命的觉悟。这就意味着,不是死于敌人的白刃之下,就是将自己的剑对准自己的胸膛。剑与武士的生命有着密切的联系,是忠节与自我牺牲的象征。这一点,可以通过日本人很普遍地通过各种方式以示对剑的崇高敬意这一现象得到很好的佐证。

剑也由此具有了双重功能:一是破坏违背剑主人意志的一切事物,二是牺牲一切出于自我保护的本能而产生的冲动。前者与爱国主义、军国主义精神有着密切联系;后者则具有忠节与自我牺牲的宗教意义。就前者来说,剑往往意味着单纯的破坏。这种情况下,它是力量甚至有时是邪恶力量的象征。因此,需要依靠剑的第二种功能来加以抑制和圣化。有良知的剑的主人会时刻铭记这个真理。因为这样,剑才能将其破坏的锋芒指向邪恶一方,才能摧毁一切妨碍和平、正义、进步、人道的邪恶力量,才能成为一切有助于世界精神安宁的力量的伙伴，是生的象征而非死的体现。

人们常说，禅是生死之剑。优秀的禅师知道何时使用、如何使用它的这两种作用。文殊菩萨，右手持剑，左手持经。这让我们不禁想起了先知穆罕默德。但是，文殊菩萨的圣剑并不是为了杀生，而是为了斩断我们自身的一切贪欲、嗔恚、愚痴，是对准我们自身的。因为当其这样做时，作为我们内心世界反映的外部世界，也会随之从贪欲、嗔恚、愚痴中解放出来。不动明王也是手持利剑，欲消灭一切阻碍佛德广被的敌人。文殊菩萨是积极的，而不动明王是消极的。不动明王的愤怒就像大火一样燃烧，不烧尽敌人的阵营绝不熄灭。过后，作为卢舍那佛的侍者和化身的不动明王会恢复本相，成为卢舍那佛。

卢舍那佛手不持剑，因为他自身就是剑，包容了全部世界却寂然不动。下面的"一剑"问答就很好地诠释了这一点。楠木正成（1294—1336）在凑川迎战足利尊氏（1305—1358）大军之际，来到兵库的一座禅院，向和尚请教道："生死交谢之时，如何？"（人处于生死歧路之时，该怎么做？）和尚答道："两头皆截断，一剑倚天寒。"（切断你的二元论，只需将剑静静地指向天空。）

这种绝对的"一剑"，既非生之剑，亦非死之剑，而是可以生出二元世界，且生死一切俱在其中的一剑。这剑就是卢舍那佛自身。如果理解了这一点，就应该知道面临生死歧路之时该如何行动了。

剑还表示宗教的直觉或本能导向的力量。这种直觉与理智不同，它不会发生分离而堵住自己前进的道路，也不会瞻前顾后，而只是一往无前。这种直觉就好像是庄子所言切断关节的庖刀，而关节就好像是为了被切断而等着这把刀一样。庄子经常说："关节自然而然地分离。这把庖刀虽然常年使用，却宛如刚从磨刀师手上拿来一样锋利无比。""真正实在的一剑"，在斩断种种利己杂念之后，也绝不会受到磨损。

虽然剑与神道也有着关联，但神道并没有能够像佛教一样达到一种高度发展的精神意义。而且，它显示了自然主义性质的起源。神道的剑并不是一种象征，而是具备某种精神力量的实体。在日本封建时代，武士阶层对剑就持有这样一种观念。当然，要准确定义他们是如何思考这一问题的，那是有点困难的。但是，至少他们对剑持有崇高的敬意。例如，当武士去世时，剑要放在床边；在婴儿出生时，也会将它放在室内。人们认为，这样可以阻止那些恶魔进入室内，它们会威胁逝去和降生灵魂的安全和幸福。这种观点保留了万物有灵论的思想。"神剑"的观念，大概也可以从这个方面得到解释吧。

有一点值得我们注意，那就是，铸剑的铁匠们在制作剑时，会祈祷守护神的帮助。为了将神邀请到锻冶场所，他们会在周围系稻草绳以驱挡恶魔的侵入，而他们自己也要进行驱魔仪式，并穿上礼服进行工作。在捶打铁棒和淬火时，铸剑师和助手们都进入高度集中的精神状态。他们坚信他们的工作必有神助，他们会倾注全部的智力、体力和精神力量去努力工作。这样铸造出来的剑才是真正的艺术品，也必定反映了创作者的某种精神。或许正是这个原因，日本的剑才具有了某种能深入人们灵魂的东西。他们并没有将剑当作破坏的武器，而是视它为灵感的对象。有关铸剑师冈崎正宗及其作品的传说，也是由此而来的。

镰仓时代后半期是正宗的辉煌时期。由于他的作品品质出色而受到刀剑收藏家们的盛赞。论剑锋，正宗或许不及他的高徒村正，但是正宗的剑却有着某种来自他人格的、能够打动人心的地方。传说，有一个人想试一试村正的剑锋，便将他的剑立于水流中，并将剑刃朝向从上游漂来的枯叶，看看结果会怎么样。结果是，每片与剑刃相会的枯叶都被一截两段。接着，他又将正宗的剑立于水中做同样的试验，令人吃惊的是，从上游而来的枯叶却全部避开剑刃而去。正宗对杀人并不感兴趣，对他来说，剑是一种超越了杀人工具的东西。但是，村正的剑却没有跳出用于杀人的局限，对他来说，根本不存在什么能打动人心的神圣的东西。村正是可畏的，而正宗却是充满人情味的。如果可以用这样的表达形式，我们可以说村正是专制的，而正宗却是超人的。在剑柄上刻上铸剑师的名字，这是他们通常的习惯，但正宗却几乎从没这样做过。

能乐里有一出谣曲叫《小锻冶》，它向我们暗示了剑在日本人心中的道德和宗教意义。该谣曲大概是创作于足利时代。一条天皇（986—1011年在位）命令当时的一位名匠小锻冶宗近为他铸造一把剑。宗近对此殊荣非常感激，但由于身边没有一位与自己技艺相当的得力助手，所以还不能完成天皇御旨。于是，他向他的守护神稻荷神祈祷，希望能给他派遣一位能够胜任此项工作的人。然后，他严格按照传统的仪式设置了祭坛。在一切被除仪式按顺序完成之后，他向神祈祷道："我即将要从事的工作，并不是为了我自身的荣耀，而是为了服从统治整个世界的天皇的御旨。在此，我向多如恒河之沙般的所有灵神祈祷，请求你们降临此地，助我一臂之力，让卑微的宗近能够竭尽所能创造出一把能配得上尊贵至上的天皇之德的剑吧。仰望长空，俯卧大地，为了能出色地完成这项任务，我向你们献上这些象征着我炽热心愿的币帛。请求神灵们能垂怜我这颗赤诚的心。"就在此时，宗近听到了一个声音："祈祷吧，宗近。排除一切杂念，诚心祈祷吧。是打铁的时候了。相信众神，你一定会成功的。"一个神秘的身影出现在了他的面前，助他打铁。在最后的完工之际，那把剑出现在炉中，显得无比完美，并呈现出祥瑞之兆。天皇对着这把神圣的、功德圆满的宝剑，显得非常满意。

因为在剑的制作中多了几分神德，所以剑的持有者和使用者当然必须对这种灵感作出响应。佩带日本剑的人应该是具备一定精神情操的人，而不应该是兽性的代表。他必须外表冷如钢铁，而内心隐藏一颗活的灵魂。出色的剑士会孜孜不倦地将这种情感灌输给他的弟子们。日本人在说"剑乃武士之魂"时，必定会想起剑所伴随的上述一切品质，即忠诚、自我牺牲、尊严、仁慈以及其他更高情感的涵养等，具备这些品质的人才是真正的武士。

二

武士所佩之剑有两种，长剑用于攻击和防御，短剑用于必要时的自行了断。对于武士来说，佩带这两种大小长短不一的剑，自然应该极其认真地磨炼剑技。作为武士，是绝不会与象征着自己威严和名誉的剑相分离的。为用好这两把剑而进行的锻炼，除了出于实用性的目的之外，还能促成他们在道德和精神上的修养。正是出于这一点，剑士才与禅结下了因缘。对于这一事实，前面已经作了一定程度的论述，但为了让大家更清楚地了解剑士与禅之间的密切关系，我想在此再引用一些文字以作说明。

下面是泽庵和尚写给柳生但马守的一封关于禅和剑道关系的书函，题为《不动智神妙录》。其内容不仅讲解了剑道的一般秘诀，还谈及了禅的根本大义，所以从各种意义上来讲，它都是非常重要的文献。在日本，或许在其他国家也一样，对于某种艺术，如果只知道其技术是远远不够的，必须要深入到其精神层面，才能真正登上通晓艺术的殿堂。这种精神，只有心灵与生命自身的原则充分产生共鸣时，即达到"无心"的神秘心理状态时才会获得。从佛教的语义来解释，那就是超越生死、善恶的二元论。达到这一境界，一切艺术都将成为禅。泽庵在给这位杰出的剑士的书函中，极其强调了"无心"的意义。"无心"，从某一点上来讲可以看作是"无意识"。从心理上来说，这种心态是绝对被动的，心灵此时已经毫无保留地将自己委身于一种未知的"力量"，而这种力量虽不知从何而来，但异乎强大，看上去可以把控整个意识领域，并使其认识未知。因此，就意识来讲，人已经变成为自动的木偶了。但是，正如泽庵所言，绝不能将此与木、石等非生命物的无感觉和无可依靠的被动相混淆。他是"无意识的意识"，或是"有意识的无意识"，我们只能以这个似乎有点玄的、似是而非的说法来描述出这种心理状态。

佛教中，精神的发展有五十二个阶位，其中之一是"止"，处于这一阶位，人将执着于一点而不能自由行动。剑道中也有一种境地与此类似。泽庵将这一阶段称之为"无明住地烦恼"。

无明住地烦恼

无明，指晦暗不明，即迷。五十二位中，心所止之处即为住地。住，即止。止，即心为物事所取。就兵法来讲，眼见刀剑袭来之时，若心有以剑攻防之意，则心止于彼剑，疏忽自身行动，而为对方所杀，此谓止。虽见刀剑袭来，但心不止于此，不随对方剑势而动，不作思考抉择，而乘机接近，逆取彼刃，使之成为斩杀敌手之剑。禅宗里，将此称为"还把枪头倒刺人"。枪指的是矛戈。逆取敌手之剑反杀敌手，与汝无刀流之旨，有同工之妙。主客交锋，此方彼方，己剑彼剑，拍子节奏，若心止于其中，则疏于自己的一切行动，而为对方所斩。若心置于敌人，则心为敌所夺。亦不可置心于己身。心置于己身而紧绷，此乃修行初始之时所为。若心住于剑，心为剑所夺；若心欲抢先机，心为抢先机所夺，凡此种种，皆为心住，心有住，则身心失念。汝可见，佛法里称此所住之心为迷。故谓无明住地烦恼。

诸佛不动智

不动，即不动摇；智，即智慧之智。虽云不动，非同草木，灵性皆无。虽前后左右，心遍十方，然心无有所住，此谓不动智。不动明王尊者，右手持剑，左手持绳，呲牙嗔目而立，欲降伏一切妨碍佛法之恶魔，遍布一切佛土，愤怒为相，智为体，示于一切众生。一般凡夫见此作恐怖想，不敢有碍佛法，离悟近者，则知此为不动智之体现，去一切迷暗，不动智即明。身现明王而执此心法，恶魔不增。身现明王心不动。故不动明王者，一心不动，无有住处。若心有住，则生种种分别，于分别中，心有所滞，虽形能动，不能自在。譬如临敌十人，以一剑应之，心无所住，即舍即取，以寡敌众，无有不足。若心有住，于第一人或能取胜，于余诸敌，则心形黏滞，疏于行动。

千手观音尊者，虽有千手，若于执弓之手心有住，则余九百九十九手，不能妙用妙自在。因心无有所住故，千手能随顺自在。观音何有千手于一身。乃为昭示众生，不动智开时，心无有所住，虽有千手，皆可妙用，故作此容。

如人向一木，若心住于其中一片红叶，则不见余叶。若心不住于一叶，则余叶自现。心住于一叶则不见余叶，心不住于一叶则见千百之叶。悟此道者，乃千手千眼观音。一身具千手千眼，无知凡夫者，终难相信。更有一知半解者，心生诽谤，谓一身千眼者乃虚妄之言。今若得闻少分，不应诽谤亦不执着，尊信佛法常显其理于一物。诸道皆应如此。神道尤可见其理。执着者乃无知凡夫，诽谤者更为可恶。神道显其理于内。法门有种种，果位则无异。

自初学至不动智者，即回归本心，兵法亦如是。初习剑时，无招无势，心亦无所住，若见剑来，随机而应，心无所住。习剑日久，得种种知见，或持剑之法，或心之置所，所教愈多，则心所置之处愈多，故临敌手时，惊觉不自由。渐学渐参访，积聚见地心要，身形剑法，皆心无所住，与初学无有知见时相同，因地与果位本一如故。譬如算数，自一至十，于进位时，一与十相邻。

佛教徒的修行亦是如此，若到达最高境界，则佛陀、达摩皆若天真无知小儿，亦将远离自我欺骗和伪善而入自由之境。此时，可以说不动智即为无智，二者为一。此时，已无选择时的踌躇，也就是说失去了分别智，因此，有碍无心无念之心境的"住"也就不复存在了。无智之人，因为智力尚未觉醒，处于质朴状态。聪慧之人，因为智力用尽，已无须对此依赖。两者和谐相邻。唯有一知半解之人，才会因有分别而烦恼。

　　修行也有两种，一是关于终极理性，一是关于技术。前者如前所述，不按日程规定约束自己的行动而到达终极理性。此时，唯有径自向前的"唯一心"。但是，技术性的细节也必须熟练。若没有一点相关知识，则无法看清眼下前进的道路。因此，若以剑道论之，则必须了解持剑的方法、刺杀的招数、实际较量时的架势等。两种锻炼如车之两轮，不可缺一。

间不容发

　　间不容发者，可以兵法为例。两物相叠，其隙不容一发之意。例如，两掌相击，当即发出响声。两掌相击至有音声，无一发可容之隙。击掌之声，非击掌后经思量而后有，乃为击掌之时所发。与人交锋时，心住彼剑，便显间隙；若彼剑与自形间，无一发可容，则彼剑己剑，本无差别。此理与禅宗公案同，佛法以无住为要，呵迟滞之心，故称有住为烦恼。急流奔腾，如同滚珠，一泻而去，毫无停留之心，乃为禅家所尊。

石火之机

　　石火之机，意同间不容发。燧石相击，瞬即发光，击石至发光，两者之间毫无间隙，亦即无心止之间隙。不可理解为速疾之事。非关快慢，以无住为要。速疾，终归于心无所住，此乃关键所在。心若有住，则为人所伺；心欲速疾，则为欲速疾之念所滞。西行歌集中有诗一首，云："浮生若梦，何以执着。"此乃江口游女所咏之歌。下句之"何以执着"，可谓兵法之精髓。心无所住，此乃心要。

禅宗中，若问"如何是佛？"，或举拳。若问"何为佛法心要？"，则于其声将绝未绝之际，或答之以"一枝梅花"、"庭前柏子树"。此答非关善恶，无思量处，贵在心无所住。若心无住，则不为色、香等六尘所滞。此不动心，可祝为神，尊为佛，称其为禅心、心要。若经思量而寓于文字，即便美言妙句，亦是住地烦恼。

石火之机，迅如闪电。譬如有人呼彼名字，彼不经思量，诸应之，此非经思维之心，即不动智。若闻名字，心生"何事"之疑虑而加以思维分别，则心有所住——住地烦恼，此乃凡夫。一问即答，此乃"佛陀之智慧"，含与诸神无贤愚之分之人类，一切事物概为此种智慧所赋。受此智慧之命而行动之时，人即为佛或为神。神道、歌道、儒教之道虽各不相同，但终究均以达成"唯一心"为要。此心难以以文字说明，若要说明，即为：心被分割，而生"我"和"非我"，（因其二元性）致使我们完成一切善恶之行为，致使我们心随业转。"业"本由"心"生，故"心"之洞彻实为至要。然持此洞彻力者甚少，众人对其作用毫不知晓。

然而，仅仅洞彻尚不充分，应令此洞彻力为生活实际之功能。若嗓子干渴之际，只谈论水，又有何用。就如同再怎么谈论火，也绝不会变暖。佛教、儒教虽欲明此心，但若不能使"心"在日常生活中熠熠生辉，则不能说真正洞彻了这个真理。关键在于不断地思考，并于自己内心加以实现。

心之置所

心之置所，即心置于何处。心若置彼身，则为彼身所取；若置彼剑，则为彼剑所取；若置杀敌，则为杀敌所取；若置我剑，则为我剑所取；若置为敌所杀，则为为敌所杀所取；若置戒备，则为戒备所取。故，无有一处，是心所住。

或曰："心若置余所，则停滞于心所在之处，而负于敌。故心置丹田，不置余处，则可应敌之动向而加以自由运用。"此言极为合理。然以上乘佛法阶位观之，心置丹田，不置余所，此为次第法，非上乘之法。此乃修行、学习之阶位，（儒教）敬字之阶位，又或孟子所云"求放心"之阶位，而非修行之上乘阶位。是为敬字之境。"放心"之事将另辟章节加以论述。若心置丹田而弃绝余事，则心为弃绝余事所取，反而不能自在。或问："若心置丹田，不能自在，心应置何处？"答曰："若心置右手，则为右手所取而不能自在；若心置双目，则为双目所取而不能自在；若心置右足，则为右足所取而不能自在；无论何处，若心置一处，则余处皆不可用。""然则心应置于何处？"答曰："心不应住于任何一处，而应遍布全身，用于全体，出手之时则用于手，出足之时则用于足，眼观之时则用于眼，心遍于全身各处，用于各处。若心住一处，则为一处所取而不能自在。若思考则为思考所取，故应舍思索分别，置心于全身，则心能遍于十方，全体在用。"

因此，心不应住于身体的任何一处，而应遍布全身，自在运用。若集思考于成就一事，心则会偏向一方，而疏于其余方向。不思考、不烦恼、不分别，如此，心方能遍布全身，发挥全力，不断成就眼前之事。无论何事，皆应避免一面倒。若心暂住于身体某一部位，而需用于他处之时，则应从所住之部位移出，用于现在需用之处，这种转换实为难事。通常，心有所住时，则欲停滞，即便转换容易，也需花费时间。正如欲使猫亲近于己而将其拴住一样，不可将心系于一处。欲用心于十方，则不应置其于任何一方。一旦停留于任何一方，结果将是疏忽其余九方。然而，这是需要非同寻常的修炼的。

本心妄心

本心者，心不停留于一处，而遍于全身。妄心者，过于思虑，心停留于一处。本心若有所住，即是妄心。若失本心，不能全用，故不失本心，是事为大。本心如水，不停留于一处；妄心如冰，不可洗手洗头。化冰为水，遍流各方，则可洗手足，洗万物。若心住于一处，则如水结冰，不能自在，正如冰不可用以洗手足。去有住心，则应用自在。此乃本心。

有心之心，无心之心

有心之心者，与妄心同。有心者，集思索于一方。心有所思，则生分别，此乃有心之心。无心之心者，与上述本心同，不凝固，不加分别和思考。无心者，遍于全身，全体在用。心无有所住，但非同木石。心无所住，此谓无心。有所住，则心中有物，无所住，则心中无物。心中无物，此谓无心之心，抑或无心无念。到达无心之心，不即一事，不离一事，全体在用，如同满水，应对自由。心若有住，则不自由。譬如车轮，因不固定而得以转动，若为固定，则不能转。心亦如是，停滞一处，则不能自由运用。心中若有所思，则心随所思，虽闻人言，却如未闻。心住一处，则虽闻却不及，虽见却不能，皆因心中有物、心有所思故。若心无住，则能随应，然若有除事之想，则心尚存一物。故不思维，尘自离心，是为无心。行者修习渐久，火候渐深，自得个中三昧。若心汲汲，反不能至。古歌云："心欲不思维，乃心为其所住，故不思所欲不思。"

水上葫芦

若捺水上葫芦，一碰即转，无有所滞。行者之心，应如捺水上葫芦，片刻不留。

应无所住而生其心

行万种业，若生思维之心，则为其所滞。故应无所住而生其心。于种种道艺，若心无住而行之，则堪称达人。因心有住而生执着，生轮回，有住之心乃生死之羁绊。譬如欣赏春花秋叶，心生欣赏之心时，应无所住。慈圆有歌云："花香扑鼻盈柴门，花不迷人人自迷。"花儿无心散发芬芳，而我心沉迷其中，执着之心实为可恨。所见所闻，心不住于一处，乃为极意。敬者，主一无适，以心不住于一处为极意。……然于佛法，敬者之心非极意。心有所住而不乱，此乃初学者修行之法。此修行日积月累，心之所置则自由自在。敬者之心，乃心不置余所，置余所则乱，故处处留心以束缚之。此乃集中心绪之暂时之法。若以此境为常，日久反不自由。譬如为绳所缚之猫，欲捕雀却常为绳所缚，而不得自在。若心如被缚之猫，不得自由，则不能随心所欲。猫，善加调练而去其束缚，任其所趋，虽与雀同处却不捕之，此乃"应无所住而生其心"之趣。去心散乱，任其所趋如猫，心无所住，运用自由。

以兵法而言，不为剑法所滞，忘却一切剑法而杀敌，心不住彼。人空、我空、剑空，亦不住空。

昔镰仓无学禅师于大唐之乱时，为元兵所捕，于斩首之际，作"电光影里斩春风"偈，元兵弃剑而逃。无学禅师之心境，于电光迅雷之瞬，无心无念。人空我空一切空。人空、剑空、我空，则人亦非人，剑亦非剑。电光迅雷之际，我若如拂空之春风，心无所住。于斩春风时，心无刀剑之念。如是忘却心事，达成万事，方堪称高人。

　　譬如舞蹈，手持羽扇，踏足而舞。心欲妙扇、步，而不能忘，则不能谓之善妙。若心住于手足，则业皆无生趣。心有罣碍，如是有心之作为，皆为下乘。

泽庵和尚的书函后续部分多少有些专业性，故在此省略。

　　为补充禅师之意，我想通过下面一则故事对"无心"之心加以说明。

　　一位樵夫在深山辛勤砍柴时，出现了一只叫"悟"的动物。因为平时在山里看不到这种非常罕见的动物，于是樵夫想将它活捉。但是，这个动物看出了樵夫的心思，说道："你是想要活捉我吧？"樵夫被吓破了胆，连话也说不出来了。它又说道："瞧，你被我的读心术吓到了。"樵夫更是吓坏了，想要一斧头砍倒它。就在这时，"悟"喊道："喂，你想杀我呀！"樵夫简直惊惶失措，意识到自己根本对付不了这只神秘的动物，于是想继续砍柴。但"悟"并没有想要宽恕他的迹象，继续穷追不舍地说："瞧，你终于对我放弃啦！"

　　樵夫不知道自己该怎么办才好，同样也不知道该如何对付这只动物。最后，樵夫完全放弃念头，不再惦记"悟"的存在，举起了斧头，鼓起勇气一心砍起柴来。砍着砍着，斧头突然从斧柄脱落而飞，砍死了那只动物。再怎么有读心术智慧的动物，也不可能读懂"无心"之心。

剑道最后阶段的秘诀，只赋予那些有足够资格的剑道大师，仅仅是技能的锻炼还不足够。若仅仅是技术娴熟，那还只是停留于学徒阶段。这个秘诀，被称为"水中月"，在剑道大师之间广为传颂。有一位作家对此作了如下说明，但其实只不过是禅道中的"无心论"。

水中月，是什么意思？

剑道的各流派对此作了各种各样的说明，总而言之，就是领悟到了，无论何处，凡有水之处，月亮都"无心"映照于其中的一种态度。嵯峨天皇在广泽池畔吟咏了一首诗：月儿无心照水中，水亦无心映月儿，广泽池中水寂静。

从这首诗中，人们一定会洞彻出无心的秘诀。其中不存在丝毫人工痕迹，一切皆任由自然。

如同映照于百流之中的同一个月亮，月光并不是分为几百个影子，只是因为有映照出影子的水。即便在没有水的地方，月光也依然相同。甚至，无论是水流浩渺之处，还是在细小的水洼之处，月光依旧没有变化。由此推论，心灵的神秘是容易理解的。但是，月和水是可以触摸的物质，而心是无形的，其运动足迹也是难以追寻的。如此，象征并不是一切事物的真理，只不过是暗示而已。

三

1937年2月号的《大西洋月刊》登载了一篇西班牙斗牛士胡安·贝尔蒙蒂（Juan Belmonte）关于自己斗牛技巧经验的文章。很明显，斗牛技巧与日本的击剑非常相似。由于他的话饶有趣味，富有启发性，故我想引用翻译者的部分笔记，以及作为一流斗牛士的胡安·贝尔蒙蒂本人对获得显赫名声那天的心理历程所作的说明。在奋斗中，可以说他领悟到了泽庵给柳生但马守的书函中所述的那种心境。若这位西班牙的斗牛士有过佛教修行的话，那一定是彻底到达了"不动智"。

译者在笔记中这样写道："斗牛并非体育运动，两者不可相比。无论诸君喜不喜欢、认不认可，斗牛是一种艺术，如同绘画和音乐。诸君可以只将它作为艺术来判断。那种情感是精神性的，在碰触心灵深处这一点上，堪比懂得、理解和喜爱伟大指挥家的交响乐的人的心灵被触动的深度。"

关于自己在斗牛高潮中最强调精神力的那一瞬间的心理活动，胡安·贝尔蒙蒂这样讲道："公牛一出来，我就朝它走去。在第三次引逗公牛进攻时的躲闪中，我听到了观众们站起来高声欢呼的叫声。我做了什么？不经意间，我忘记了观众、其他斗牛士和我自己，甚至连作为对手的公牛也忘记了。就像以前夜晚时分经常在畜栏和牧场独自与公牛决斗一样，我开始搏斗，而且就像是在黑板上画出了图案一样精准。那天下午，我使用斗篷躲闪的动作和使用斗牛红布逗引的动作，观众们认为那是斗牛艺术中的一种天启。然而，我不知道，我没有能力作出判断。我只不过是确信应该这么搏斗。我没有意识到观众的存在，只是使自己的身心完全沉浸于搏斗带来的纯粹喜悦当中，才获得了成功。我在故乡独自斗牛时，经常与它们对话。那天下午也不例外，我和牛进行了很长的对话。我的红布在持续地划出涡纹时，我不断地与它对话。当我不知道该怎么办时，我会跪在公牛角下，将自己的脸凑向它的鼻端。'来吧！小家伙！'我轻声地说，'来抓我呀！'然后，我又站起来，在牛鼻下展开红布，继续对它独白，鼓舞它不断展开进攻。'往这儿，小家伙！来个漂亮的进攻！你不会有事的！……我来啦！我来啦！……能看到我吗？小家伙。……怎么？累了？……来吧！来抓我吧！可不能胆怯呀！……来抓我吧！'我一直在设计理想的刺杀技术，在梦中经常地而且是很清晰地见过，连一条线也以数学般的精确刻画在我的脑海中。但我梦中的刺杀技术总是以不幸告终，那是因为当我进行最后刺杀时，公牛总是准确无误地顶伤我的一条腿。这一定是表明了，在潜意识中对自己最后刺杀时的技术心存侥幸才导致这种悲剧性结局的。尽管如此，我仍然要去实现我理想的刺杀技术，置身于公牛的两角之间，耳边观众们的叫喊声也只是如同远处的窃窃私语。终于像梦中所见的那样，公牛准确地撞到了我，使我的腿受了伤。我陶醉于厮杀之中，心无旁骛，根本没有察觉到自己腿部受伤。我开始做最后刺杀，公牛倒在了我的脚下。"

贝尔蒙蒂在与公牛进行最后博斗之前，他的心理状态是极其错乱的，有竞争心、成功欲、自卑感，以及对是否会被观众嘲笑的担心，这些情感扰乱着他的心。对此，他告白说："我陷入了绝望之中，心想，自己是斗牛士的这种想法是哪儿来的？愚蠢的自我陶醉也该有个度。我告诫自己说，'你只不过是在一两次没有斗牛骑士参加的斗小牛比赛中侥幸地赢了，有什么长处可言呢？'"但是，他最终从这种绝望中觉醒了。现在，他站在了发狂的公牛面前。他突然意识到，一直没有察觉到的某种东西从心底出现了。这种东西经常出现在他的梦中，也就是沉睡于无意识中的、白昼从没有出现过的东西。被推向绝望、心理上处于绝壁之巅的他，将身心抛在了脑后，从绝壁之巅跳了下来。结果是，"我陶醉于厮杀之中，心无旁骛，根本没有察觉到自己腿部受伤"。事实上，不仅是腿部的伤，他甚至没有察觉到周围的一切。唯有"不动智"在引导着他，而他也完全听凭这个引导者的引导。镰仓时代有名的禅师佛国国师有诗曰：

> 弓已折，
> 箭已尽。
> 以松弛之弓，
> 射断杆之箭，
> 绝处逢生又一村。

以无弦之弓，射无杆之箭，必定会像历史上远东人曾经发生过的那样，能穿透岩石吧。

与禅宗相同，在一切艺术中，这种危机的经历对通向所有创造性作品的本源来说都是极其重要的。对此，我想在其他有关禅的作品中，从广泛意义上的宗教心理学或宗教哲学的立场作一些专门的论述。

四

新阴流是日本封建时代最流行的流派。该流派起源于足利时代，由其创始者上泉伊势守信纲于 16 世纪后半期加以发扬光大。该创始者声称自己的剑技秘诀是由鹿岛之神所赐。毫无疑问，自那以后，所谓的秘诀一定是经过了多个发展阶段而增加成卷的。因为，现在我们有很多古文献，都是剑师给那些值得传授秘诀的最优秀弟子的。在这些文献中，可以看到很多表面上与剑的使用毫无瓜葛而充满禅味的句子和诗歌形式的警句。

例如，授予该流派具有剑师资格者的最后证书中除了一圆相（禅宗中，描画一圆形图以象征真如、法性、实相或众生本具之佛性等）之外，别无其他。通常认为，这表示的是一面光洁明亮的镜子，其意义当然是表示佛教的大圆镜智的哲学，即前面所引用的泽庵的"不动智"。剑师之心，必须完全去除利己情感和智慧策略，使"本来的直觉"能够得到最高发挥，即处于无心的状态。如果仅仅在剑的使用方法上技术精湛，那么他还不具备作为剑师的充分资格。他必须领悟到精神修炼的最后阶段，即到达圆空所象征的无心之境地。

在新阴流剑技秘诀的文献中，有一句与其他深奥的专业术语

1.《临济义玄像》(9世纪的禅师),曾我蛇足

2.《德山宣鉴像》(9世纪的禅师),曾我蛇足

3.《二祖调心图》, 石恪, 10世纪

4.《寒山拾得图》,颜辉,12世纪末

5.《六祖斫竹图》,梁楷,13世纪初

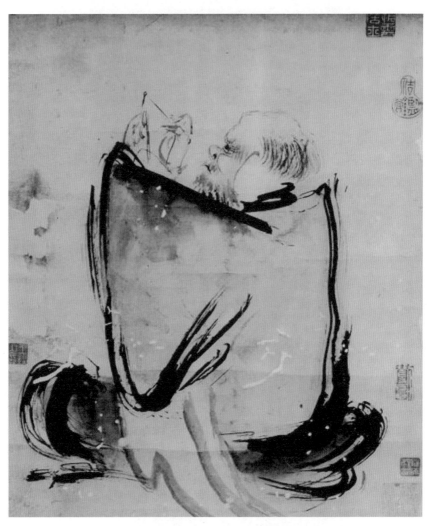

6.《六祖补衲图》，梁楷，13世纪初

7. 《瓢鲇图》(局部),如拙,14世纪末

8.《潇湘图》,米友仁(1074—1153)

宿雨清畿甸

朝陽麗帝城

豐年人樂業

隴上踏歌行

9.《踏歌图》(局部),马远,12世纪末

10. 《西湖柳船图》,夏圭,13世纪初

11. 《叭叭鸟图》, 牧溪, 13世纪末

12.《八哥图》,牧溪,13世纪末

13.《松猿图》,牧溪,13世纪末

14.《大涅槃图》,日本镰仓时代,美国大都会博物馆藏

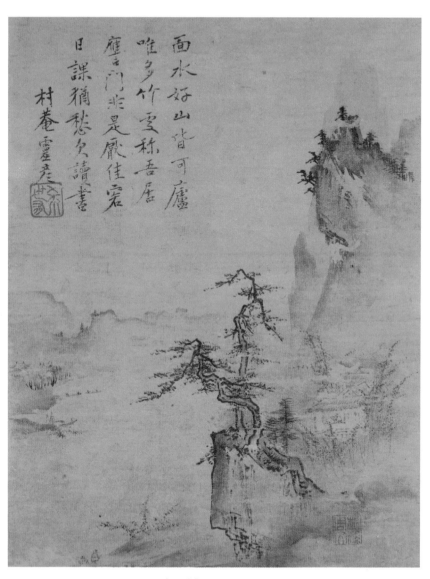

面水好山皆可廬
唯多竹又稱吾廬
應言門非是巖佳處
日課猶愁欠讀書
村巷雪壺居

15.《风景》,周文,15世纪初

16.《冬景》,雪舟,15世纪末

混合在一起的、从字义来看与剑术毫无关系的话语。由于这些秘诀全是口传，我自己又是门外汉，因此要了解这一特殊的语句在实际的剑法中有着多么根本性的意义，其难度超出了自己的想象。根据我自己的判断，这句话来自于禅文学，除此之外，我无法作其他解释。这句话就是"西江之水"，其注释者看上去明显不了解其真正的意义，将这句话理解为是具有饮干大河水的勇猛之心。这种解释只能说是非常可笑。其实，这句话出自于唐代马祖（卒于788年）与弟子庞居士的问答。

庞问："不与万法为侣者是什么人？"

"待你一口吸尽西江水，我再向你道来。"马祖答道。（《碧严录》）

据说，庞居士由此顿获大悟。

若考虑到这件事，就应该能理解这句"西江水"被录入新阴流剑道秘诀之中的缘由了。庞居士的问题颇为重要，马祖的回答亦是如此。禅的修炼中常常会引用这一公案。事实上，在封建时代的剑士中，很多人为了到达剑道的绝对无心之境，而将自己的一生奉献于禅的修行。正如我在别处所述，进行生死搏斗之际，若拘泥于生死之思，对最终结果而言，将是很大的障碍。

在剑技秘诀的文献中，还包含了很多体现了剑道精髓的和歌与警句，其中有些明显地反映了禅宗精神。如：

远离思虑与情感

获得完全自由的灵魂

将不容虎爪的插入

风同样吹在

山上的松树和山谷的橡树上

为何音色却有所不同

心生为攻打而攻打之思索

则虽打而非打

虽斩而非斩

万念皆空

虽万里无云

然有物涌动其中

行应行之路

眼虽能见之

手却不能取之

水中月——

乃我流派之秘诀

云与雾——

虽笼罩宇宙而变幻莫测

然日月永照其上

胜利

于战斗开始之前

已归于

住太源无心之境者

　　这看上去相当于宫本武藏、柳生但马守及其他剑师所教导的剑道之极意的"空"的原理，是在剑道上经历多年的磨炼才能到达的境界。正是由于这种精神修炼的主张，其剑技才可谓是创造性的。宫本武藏不仅是一位伟大的剑圣，同时也是一位伟大的水墨画家。

禅与剑道（一）

五

《剑道及剑道史》的作者高野弘正这么讲道：剑道中除了剑术之外，最重要的是自由运用剑术的精神要素，那就是"无所念"或"无所思"的心境。但并不是拿起剑站在对手面前时没有思想、没有观念、没有情感之意，而是切断思想、反省或者一切留恋之情，通过这种意识发挥与生俱来的能力之意。这种心境又称之为"无我"，不抱利己思想，是一种对自己的一切无所意识的状态。

支配着西行和芭蕉艺术的"闲寂"和"余情"的观念，也一定是发自无我的心境。这一点可以与倒映在水中的月影相比较。水和月并不是事先就有创造出"水中月"这一现象的想法，而是都同样处于"无心"的状态。只要有一汪水，就一定有月亮映照其中。月亮虽然只有一个，但只要有水的地方，都会有它的影子。理解到这一点，其技艺也就已经完美了。总之，禅与剑道，两者在以超越生死为最终目的这一点上是一致的。自古以来，禅师们都认识到了这一点，但凡伟大的剑士，他们都毫不例外地敲过禅门，柳生但马守、泽庵、宫本武藏和春山就是很好的例证。

《剑道及剑道史》的作者还教给了我们更有趣的知识。据他所说，在日本封建时代，通常将剑或枪的师匠称为"和尚"。关于这一习惯的起源，我们可以追溯到奈良兴福寺的一位伟大的僧人。这位僧人隶属于兴福寺管辖下的名叫宝藏院的一个小寺庙。他是枪术高手，宝藏院的僧人们都在其门下学习枪术，自然，对于弟子们来说，他就是"和尚"。后来，不管是不是佛教徒，这一称呼转用到了剑、枪两道中的所有师匠身上。练习剑道的大堂称为"道场"，道场原本是指宗教修炼的场所，其梵语 bodhimandala 的原意是"悟的场所"。毫无疑问，这个名字是从佛教的禅宗借来的。

剑士还有一点是从禅僧那儿继承的，那就是，在往昔，他们常常游遍整个日本，为了达成自己的技艺而饱尝各种艰辛，经历各个师匠门下的一切磨炼。这其实是禅僧们为他们做出了示范，禅僧们在达成最后的悟之前进行了相同的历练。这种磨炼，在禅僧们之间称为"行脚"，在剑士们之间称为"武者修行"。

虽然无法考察这种习惯是何时在剑士们中间兴起的，但据说新阴流的创始人的确是遍游了整个日本。机缘巧合，修行途中他遇到了一位行脚僧。一天，上泉伊势守路过一个偏僻山村，发现村里的人们一片骚乱。原来是一名自暴自弃的罪犯劫持了村中小孩据守在一居民家中，并威胁说，若有人来捉他或想加害于他的话就杀掉人质。伊势守认识到了事情的严重性。这时，他看到了一位路过的僧人，毫无疑问是位云游的禅僧，于是借其僧衣，并为了使自己看上去像真正的僧人，请那位禅僧为自己剃了发。伊势守拿着两个饭团，挨近居民家，对那名罪犯说："孩子的父母不忍孩子饿死，请我给他点吃的。"说着便将其中一个饭团放到了男子的面前，接着又说道："你大概也饿了吧，我还准备了另一个饭团。"凶犯正想伸手去拿饭团之际，这位僧人打扮的剑士以迅雷不及掩耳之势抓住了凶犯右手，使尽全力将他摔倒在地，活捉了他。在将僧衣还归原来的主人时，那位僧人极力地赞扬了他，说："您才是真正领悟了'剑刃之上'的人啊！"并将象征禅僧的袈裟赠送给了他。据说，自此这件袈裟从未离开过伊势守身边。料想这位云游的僧人在禅宗中亦非普通之辈，一定是悟道颇深之人。禅宗中经常用"剑刃之上"这一句来指真正超越生死之线、饱经风霜的禅僧。难怪，伊势守之所以那么珍重云游禅僧所赠予的袈裟，原来是有深刻原因的。

第六章

禅与剑道（二）

一

禅宗鼎盛时代，有一僧人问禅师大珠慧海（唐代高僧）："什么是大涅槃？"

师答："不造生死业。"

僧又问："什么是生死业？"

师答："求大涅槃即是生死业。"

佛教中，涅槃与轮回是两个相互对立的概念，要证得大涅槃须先超越轮回。因此，大珠的第一个回答非常正确，而第二个回答则很让人疑惑不解，因为，若不去追求涅槃，涅槃怎能自动降临？这在逻辑上是讲不通的。既然涅槃可追，大师们也劝弟子们努力修行获得解脱（涅槃），跳出生死轮回，那么，希求涅槃并为此全身心地努力难道不是合理的吗？为什么求涅槃会成生死业？

一般人会认为，大珠这一回答极其没有道理。是的，禅师们的教言大多是没有理性可言的：他们要求弟子们在生活中贯彻这种

禅与剑道（二）

非理性。事事按逻辑而行是错误的，把逻辑作为最高的标准来衡量人的行为那就是错上加错。当事物价值不再按理性来评判时，日本艺术中所谓的"妙"或"妙用"就出现了。其实，凡是原创性的作品都是潜意识的产物，超越了按部就班的纯理性思维。在心的训练方面，反对思想理智化的不仅仅是大乘佛教，也包括道教的思想家们。正因为如此，禅师们说只有当人们不希求涅槃时，涅槃的境界才有可能证得。希求就意味着抉择，抉择是思考的产物，而涅槃则是超越思考的。

在这方面，我们可以引用一段《圣保罗致哥林多前书》的话："哀哭的，要像不哀哭。快乐的，要像不快乐。置买的，要像无有所得。用世物的，要像不用世物。"（《哥林多前书》，7：30）因此，希求涅槃时，要用一颗不希求之心。如果明白这个悖论，那么涅槃证得时，自己也并不觉得已证涅槃。使自己处于自觉之不自觉的状态中，或是不自觉之自觉的状态，这即是涅槃的秘诀，而有了涅槃，才有妙用。妙用是日语的一个词汇，意思是"一个挑战人类思维能力的东西"。也就是说，它是一种行为模式，直接源于人们最最内在的自我，不被二分理性思维干扰。这样的行为极其直接、即时，理性无处可立，也无法将其分割。

另一位禅师认为："只要禅者存有生死之念，他就会落入恶道中。一旦禅者让自己喜欢上任何理念，那么他就迈向诡辩哲学家行列了。"这就意味着，只有摆脱思维的桎梏才能超越生死轮回，在神秘的无生王国中自由地翱翔，艺术家们在这样的国度中就可以全方位地展现艺术之妙处。"观念"和"思想"是理智的产物，只要它们存在，无生或无意识的创造力就会遭遇种种壁垒。这就是为什么禅师们要求我们远离任何有关涅槃和生死的"思想"、"观念"，不管这些思想、观念正确与否。理智是功利主义的工具，理智拥有的创造力永远无法超越功利的局限。

二

剑道艺术的精神与此有相通之处。我称剑道为艺术，是一门专注生命的艺术，因为在剑道中，一个错误的动作足以使人丧失性命。这是一场生与死的搏击：剑就在你面前，时刻准备将你击倒。如果说佛教有关涅槃与轮回之间的战斗是思想上的争斗，那么剑道的战斗就是现实的生死搏斗。佛门的战斗更多是在观念上进行，而剑士们的战斗却是活生生的现实之战，因此心理上对生死的感觉更敏锐。然而，当我们用"战斗"和"二元"这样的词汇来描述二者时，按正常的思维来看，获胜的最佳方法就是抓住这两端之一，勇往直前，不计后果。对于剑士而言，其结果有可能是死亡。然而，只要心中有死亡的概念，它就会无意识地但又不可避免地引领剑士走向他们千方百计想避开的死亡之途。另一种方法就是放弃获胜的想法。因为，正如基督教徒们常常说的，热爱生命的人往往早逝，而厌恶生活的人却能长寿。但是，真相却是这样：你可以"热爱"或"厌恶"任何东西，可只要这两种情感中的一种隐藏在你的脑子里，你的行为就会受到影响，进而影响到你的剑术。真正的剑士也应当是道家所谓的"完美无缺"的人：他必须超越生与死，就如同佛家那样超越涅槃与轮回。只有当一方再也无法撼动另一方时，比赛（无论是何种性质的比赛）才能真正决出胜负。唯一圆满的解决方法既非中立，也非漠视，而是超越；而这正是剑士们所追求的。剑士想成为哲学家，这听起来很怪，然而在日本和中国，艺术不仅仅是一门技艺，而是一种内在灵性的训练。剑道也不例外。

超越生死二元对立的人，得到了真正意义上的永生。当心存生死之念，不管念头是正向的或是负向的，均将成为生命的绊脚石。正如佛教徒需要超越涅槃和轮回的观念，剑士亦然。他不应思维生或死。达此境界时，他将成为一名卓越的或是"完美的"剑士。

剑士也许不在乎所谓的"永生"或是"不死"，但他必须让剑充满灵性，才能将剑原有的秘密"妙用"一展无余，因为其生命虽然不依赖于剑，却与剑紧紧相连。只要剑士想用所学击败对手，他就得紧盯对手，看其如何出剑，不能放过其最细微的动作。这必然会使他的内心暂时"停止"，哪怕只是瞬间。由于他的内心不再保持完美流畅的状态，因此，他无法捕捉住对手的"疏漏"并趁机将其击倒。他不得不将注意力集中在敌人的剑上。这种注意力的集中就是前面提到的"停止"，而每一次"停止"都会给敌人攻击自己的机会，这就是一个"疏漏"。"疏漏"的字面意义是"放松的时段"。当一个人处于生死搏斗时，他的心会变得极其敏锐，不管何时何地，哪怕是稍微的放松都会招来对方致命的一击。

"内心的停止"有更深层的原因。只要对死亡有丝毫的恐惧，或是对生命有丝毫的执着，内心即失去其"流畅"的状态。流畅，即是无阻。让心摆脱所有的恐惧，远离所有的执着，那么心即是自己的主人：那时，心将无碍、无滞，没有停顿，不再闭塞，就像流水一样，也如风吹一般，自然任意地引导自己而行。我们还可以这样比喻：那时的心就如同无边的圆（因为圆无边，因而也无中心可言，比喻心无所执）。从本体上来说，佛学家们称其为空性。艺术家们可能无法达到这种形而上的意识高度——如此高的意识境界实在不是一般意义上的意识境界。然而，他们一定也有类似的体验，只不过没有明明白白、确确实实地证悟到。当剑士把自己的艺术与水中月相提并论时（禅师们经常用水中月来比喻禅的艺术），可以说，他一定经历了某种潜意识的状态：持剑，但无持剑之感；出剑，却仿若未出。

从道德角度，或更确切地，从精神的角度而言，这即是一种没有自我的状态。"自我"牢牢地阻碍了来自外部的东西，正是这种"自我"的固执使我们无法接受我们面前的一切。现在，我们已非婴儿。上帝垂青的是婴儿，而不是聪明人，因为婴儿尚未有"成熟的智力"，而理智让我们喜欢分别、歧视，喜欢抵制和拒绝，喜欢选择和决定。这些特点使我们无法达到神说的"放弃，你之所愿将会达成"的境界。没有了自我，就没有道义上的责任，而圣心超越了世俗的道德。艺术也是如此。艺术存在于绝对自由之中。若没有绝对的自由，艺术家就不会有创造力。"自由"、"创造力"，这二者和"妙用"的含义相近。剑道之术也是这样。剑士若无法达到"无我"的自由，他就无法期待自己会使用给予生命而非夺命之剑。

通常人们看到剑就会想起杀戮，而禅宗本是佛教的一个宗派，其旨意在传播爱与慈悲。所以许多人奇怪剑为何会与禅学扯上关系？其原因就在于剑道之艺有杀生与活命之不同。一般剑士之剑只是杀戮，因为他们只有在企图杀戮之时才会想起手中的利器，而当一个人不得不挥动手中之剑时，情况便完全不同了。因为那时杀者不再是人，而是剑。他完全没有伤人之愿，只不过敌人正好出现了，自然而然就成了受害者。就是说，剑自动完成了它正义的使命，而这正是慈悲之功用。这样的剑也是上帝所赐：它不仅是伤感主义者眼中的和平，也是茶士千利休的自绝之剑，或是临济禅者所说的金刚王宝剑，或是盘山宝积禅师所谓的"掷剑挥空，莫论及与不及"。当剑在生命中发挥了此种作用时，它就再也不是一种自卫的武器或是杀人的利器，剑士们也就成了一流的艺术家，能创作出具有个人风格的真正的原创性杰作。

三

也许有人会问：若剑士无欲，剑如何实现其杀戮的功能？无生命的机械工具自身如何从事原创性的工作？而当工具已行其职，能不能说它已有了某种原创的东西呢？

要知道，当剑在熟悉其用的技术剑士（只懂得剑技之士）手中时，它不过是一件没有自心的工具罢了——它只是机械地行事，没有任何的妙用。但当剑士的精神境界达到一定高度时，剑在其手中便如有似无，剑与人融为一体，剑获其魂，它的行为展现了剑士注入其中的精妙之神。心中空灵，没有任何恐惧感，不觉安危，无获胜欲望，这样的剑士就不会意识到自己在运剑，人与剑都不过是手中之工具，成为无意识之物，而正是这种无意识产生了创造性的奇迹。此时，剑道就成了一门艺术。

剑与人不可分，剑成为手臂的延伸，身体的一部分。进而身心同步，完美结合，不受情感和常理的干扰，甚至主客之别也消失了，无敌我之分，因此，自我就会本能地应对眼前之物。在这一过程中，没有主体刻意的反应，剑士的无意识自动应对整个局面。

剑士把此无意识称为"无心之心"，或"无住心"，或"离而不弃之心"，或是"平常心"。剑道之秘在于达到这样的心理状态，或者获取这一精神境界，因为它已超越心理现象领域。柳生宗矩（1571—1646）是剑道史上赫赫有名的大师，也是德川家光（1604—1651）的老师。柳生在其禅师泽庵宗彭（1573—1645）处习禅，学成后将许多禅法融入剑法中，并说无心之心是剑术的最高境界。"无心"即"平常心"，有了这一境界，一切都将如鱼得水。像学习任何艺术那样，刚开始学习剑术时，剑士自然会想着要尽力使好剑。没错，技巧是需要把握的。然而，一旦剑士之心有所执着，比如，想运剑如风，想展现剑技，想超过对方，或者，极想掌握好剑艺，那么他一定会犯下一些不必要的错误。

为什么呢？因为他的自我意识一定会凌驾于他的全部注意力之上，这就会干扰了他自如地发挥已学到的或是即将学到的技艺。所以他一定得摆脱"自我意识"这个干扰因素，心无旁骛、全身心地投入当下的剑艺。若剑士用"无心"或是"无思"（即，没有任何形式的自我意识）的状态来使剑，那么他一定会觉得行为全然自在，没有羁绊。比如射箭，箭手取出弓，把箭放在弦上，拉弓，瞄准好目标，放箭。剑士做这一切时并没有好与坏、重要与不重要的感觉，就像他听到某种声音，转身察看，发现院子里有只鸟儿一样，一切都是自然而然的。这即是人人都有的"平常心"。剑士就是需要保持这样的精神状态，哪怕是在生死的决斗中，他必须忘记危急的形势，心无生死之念。他的心完全不动。不动之心如同江中之月，江水流动不停，而月亮却没有动过。心应万法而未曾动过，这就是艺术的顶峰。平息智力上的所有心机，令诡计、巧计无机可乘。

柳生宗矩在此引用了庞居士的话："恰似木人见花鸟。"这即是无心的状态。木人无心、无感觉，面对花儿，听到鸟鸣，完全无心可动。而人完全不一样，人有情感，是各种刺激的奴隶。当他受各种刺激的诱惑而左右摆动时，他就犯错了。尽管处于生死之战中，剑士也不应当分心，他应把握自己，像木人一样，对周围的一切变化没有情感反应。

可能一些读者会认为，宗矩谈到木人的无知，是为了让我们保持一种精神麻木或是愚钝的状态。但事实并非如此。宗矩的真正目的是要人们将心从任何心理羁绊中脱离开来，使它回到全然的纯正状态，这样才能将心的妙用发挥到极致。在剑道上，视觉敏锐，才能对所见迅速做出恰当的反应。宗矩认为，看的功能源于心，而后传至眼睛，最后到了身体和四肢，紧接着的反应就是采取行动。由于看到敌人的行为并非发生在眼睛，而是在心里，身体随即迅速地根据形势的变化作出调整。若像心理学家所言，我们能看到外在世界是眼睛的功能，那么，随之而来的行为就应当与解剖学上的传输步骤没有两样（这些步骤我们在相关的医学书上可以读到）。然而，这对处在生死关头的剑士而言，将是一场痛苦的经历。他负担不起这一奢华或优雅的传送过程。他必须不经任何无聊的学术思考而马上作出决断。可见，宗矩的观察是多么的深入、深刻。

这就使人想到庄子的"心斋"说。庄子先谈到意识要达到专一境界，接着说："无听之以耳而听之以心，无听之以心而听之以气。听止于耳，心止于符。气也者，虚而待物者也。唯道集虚。虚者，心斋也。"

把"气"一词译成英文很难。"气"，不可觉知，感触不到，又遍布宇宙，在某种程度上，它等同于"精神"，是天地之气。当庄子把"心斋"定义为用"气"来视与听时，其意旨在于教人超越自我意识的向心的运动，因为只要心中有念头的存在，哪怕是一丝一毫，心的连贯流畅的运动就会受到阻碍。此时，"疏漏"的情形就出现了，而敌人会充分利用这一机会将对方击倒。

当然，庄子的"心斋"内涵比剑道艺术精深多了，因为庄子已觉知（这样的觉知不是常理上的觉知）空性中存在着无数的可能，而剑士们并不一定有此种形而上的体会。然而，或许精通剑道之秘的武士也可触及实在的领域。就见解而言，剑士和禅师的差别在于：剑士只在自己的专业领域内训练，禅师的修行则涵盖生存的方方面面，这与禅师的生活经验、学识和禅修背景有关。

四

在这一点上，我将大量引用宗矩的剑法论，或许这对理解剑道的精神能有所帮助：大师从心理和哲学两方面探讨剑道，启人甚深。因为他有深入探究剑道艺术的内在体验，而这一内在体验对全面探寻剑道艺术精神是必不可少的。毕竟，剑道不仅仅是一门技艺。挥剑并非仅为击败对手，而是与道之妙用、阴阳之平衡息息相关。在这方面，形而上的玄学深深植入于剑术之中。

宗矩是泽庵禅师的优秀弟子，禅师在剑法的精神性上给予他很好的引导。禅师认为，剑士除非受过系统的佛法训练，否则无法明白剑道这门艺术。宗矩所说基本与禅师的观点一致。这也可在宗矩的剑道教言分类法上得以印证：他将自己的教言分成三部分，并以常用的禅语作标题。一是杀人剑；二是活命剑；三是无形剑。第一部分主要讨论剑艺；第二部分涉及禅之秘，由此进入第三部分，即宗矩个人的禅修体会以及如何将其运用于剑道。

论"神秘之剑"

（日）柳生宗矩 撰

杀戮之器皆为不祥之物。因此，除非万分急逼，不得用剑。如不得不用，当先明白：武器用于惩恶，而非夺命。欲知此事，先须修习技艺。然技艺不过一敲门砖矣。门开后，即需入屋，拜见主人——"道"（真理）。"道"不在修习，但若无修习，则无从得见至高无上之道。心无妄想，便可见道。悟道后，则无所不知；无所不知，则于道自在。此时，学、修皆忘。学人于一切事中自在。但凡有得失、执着之心，身心便有所系缚，不得自在。

人之初无知，而无所顾忌。后长大，始学知识，而怯懦谨慎，心不再流畅，不如儿时勇猛无忌。艺之学为必也。然不得为学之奴，当成学之主。则需学识时，所学得用也。剑者须将此用心之道用于法上：心无旁骛，无有自我。后将心忘却，则阎罗也不知其所在。如此，便可尽展所学之技。剑者既将所学全部忘却，可进而精于剑道。此时，剑者全体皆学，无能学和所学之别。嗟呼！此乃艺之高峰：身在其中不知其味。

剑者受艺之训或高，然心有所障，则心不空，艺不忘，遂成艺之奴也，不得做主。心空，则四肢自然发作，于艺游刃有余。其时，剑者尽展其艺，而心不执，亦不知其艺所在。如是，则剑者无有如何运艺之虑，不知所作，觅"我"亦不得。此剑者为天下第一才也。

宗矩接着讲述了，要成为一名无可挑剔的剑师，某些"病害"要如何避免。如上所述，剑道的训练与禅法的修学非常相近，单纯的技巧熟练并不是禅宗和剑道的全部。二者皆要求学人真正地达到最高境界，即"空"或"绝对"。"绝对"超越一切二元对立之法。在剑道中，学人必须忘掉技巧，让"无意识"做主，所学的技巧自然而然就会创造出奇迹。在禅修时，无论禅者执着于何种修法，可当空性显现时，这些方法就被抛诸脑后，出现在眼前的是明明朗朗的万千世界。正因为如此，我们相信禅的宗旨渗透了日本的所有艺术门类。无论我们从事何种艺术研究，最为重要的是，我们对该艺术的内在意义要有体验。当然，技艺不可忽略，但技艺是次要的。

这里所列举的出现在剑艺哲学家身上的"病害"，在其他艺术门类中同样存在，对其进行了解，能帮助我们更好地理解日本文化。

一种理念，无论多么具有价值、令人向往，当心对其产生执着时，便是一种病态。剑道学人须要摆脱的"病害"如下：（1）渴望获胜；（2）渴望诉诸技艺；（3）渴望炫耀所学；（4）渴望威慑敌人；（5）渴望扮演被动的角色；（6）渴望克服一切缺点。执着于这些想法中的任何一个，都会让剑道学人成为剑的奴隶，无法真正做主，不能成为真正的剑士。

如何才能远离这些病害或困扰呢？若心存欲望，内在和谐的自发运行就会受到干扰。甚至心中只要出现远离欲望的愿望，也会破坏内在平衡。那么，我们该怎么办？欲望一定以某种方式存在于内心的某处，否则我们怎能有所成就？即便是想无欲也要先有追求无欲的想法才能成就无欲吧？这样的矛盾如何解决？想取出第一个楔子需要楔入第二个楔子，但第二个楔子又该如何取出？是不是需要楔入第三个楔子？若一直想要取出最后一个，则这样的过程就会循环往复，没有停止的时候。既然远离执着之念会成为另一种执着，那么，循此方法，犹如追逐自己的影子一样，不管我们如何努力，"远离执着"之愿终将无法实现。因此，宗矩要求学人摆脱这一"病害"。

禅者也会遇到同样的问题。禅者要远离执着，但如果有远离之心，就始终无法远离。从逻辑上来看，欲望可通过肯定或否定的阐述方式表达。比如，我们会说"我想要这个"，或是"我不想要这个"。"想要"是一种执着，"不想要"也是一种执着。所以，不执着就意味着远离肯定与否定的两种状态；也可以说，不执着就是同时肯定与否定。从理智上来说，这是荒谬无稽的。禅师举起禅杖，问前来参禅的弟子："我说它不是禅杖，你说呢？"或者，禅师会说："我手拿锄头，却两手空空，就这样，我锄好了地。"这种不可能的境界，就是禅宗学人所要求达到的。

如何解决这终极矛盾呢？宗矩引用了一首日本古诗：

彼亦曰心，虽名为心，蔽惑此心。
莫弃此心，以此之心，去彼之心。

宗矩接着解释诗中之义，解开谜团。他先把心分为二类：真实的（绝对）和虚妄的（相对）。一个是心理学家们研究的对象，一个是"真相"，即宇宙万物的本源。为了保持纯净性，不使这样的自如性受到破坏，真心必须远离妄心。然而，莫明其妙地，欲望从妄心生起，这种欲望染污了真心，因此，需要认真监看妄心。然而，谁来执行这一任务呢？无有别者，唯有具破坏者与清洁者于一体的妄心。因为真心永远纯净，不受染污。这确实是每个人都有的奇怪经验。也许这样说比较好：这是理智化过程中必然发生的，不得借用语言。尽管无法全部用语言来表达，但理智上，也只能如此（用语言来表达），因为理智的本质就是使自己陷入矛盾，而后无助地哀叹自己的命运。只要我们还在使用语言来表达思想，总是会有言不尽意的感觉，这即是矛盾。

"为什么"一词只适用于二元对立的世界，在这样的世界里，因果关系对于人的理智才有作用。当我们想超越它时，"为什么"一词即不再有意义。无人知晓为什么蓝天有时会突然现出一团白云，白云很快扩散，覆盖整个天空，使其消失在我们的目力之外。同样，有时我们会有一种冲动，想透过云幕看看蓝天。接着我们就会这样想：蓝天和云彩一定相关联，尽管实际上二者之间并没有任何因果关系。不知不觉，我们认为，云彩与蓝天并存：有时，乌云遮蔽蓝天，有时乌云点缀蓝天。由此，乌云不再是乌云——没错，乌云还在，但它们不再那么困扰我们了，不再是遮蔽天空的面纱了。之后，我们就心平气和地看着这一幕，从自身无知所产生的枷锁中解脱出来，感觉自在。"为什么"一词不再有意义，矛盾也不再存在，我们在新生的自由和蓝天的和谐中得到快乐，这就是无限可能——创造力之源——的宝藏所在。不言而喻，这里的蓝天就是真心的比喻。

但是，问题依然没有解决：我们如何才能获取真心呢？有没有"具体可行的"方法？在前面的阐述中，我们用了"在一定程度上"这一表达法，但这远远不能满足我们理智的期望值。然而，我们也要记住，理智无法取代自身。如何获取真心这个问题是理智提出来的，但并不由理智来回答。解决这一问题的是生命自身，也就是说，只有般若的直觉智慧才能直视生命。因而，源于直觉的任何交流都是无法"具体"描述的。柳生宗矩的方法也是如此。对那些世智聪辩的初学者而言，他们无法理解宗矩的教言。因此，宗矩就简单地说，若要让自己远离"病害"，就得坚持自律，当自律达到一定的时候，这些"病害"就会在不知不觉中消失。在禅宗，这即是"功夫"，与"持戒"、"修行"是同义词。正如前面所说，功夫的意思是"不断努力，寻求走出困境的方法"。或许有人认为，这基本上没有明示什么嘛，与在黑暗中摸索没有什么两样，我们还是无法走出迷宫啊。然而，我想，禅师们或是剑道大师们所能对其弟子说的，也不过如此了：所谓的师父领进门，修行在个人。若这是理智所能解决的，那么达到目的的方法则可以明确地描述。然而，在涉及个人实践经验方面，师父所能做的，只是让弟子明白他们尚处于黑暗中、迷宫中，必须诉诸理智外的方法，这样的方法无法从他人那里获得。若修行有法可依，那么在他们眼中，这样的法就会变成某个目的，而不是实际的方法。因此，"寻求"或"希求"自然是第一步，但这一步只发生在寻求者和希求者的内心，不会引导他走向外面的世界，此时的寻求者与被寻者是一体的，自然就不会有理智上的引导。当道路和行路者成为一体时，旁观者能做什么呢？理智上或是逻辑上的引导者只能是外人或旁观者，个人经验与般若直觉也是如此。

有时，宗矩称真心为"神秘之剑"，即"神妙剑"。大师本人为剑师，因此不可避免地会注重剑之动态而不是其形态，也就是说，大师希望手中之剑能高效地发挥其用。当他持剑时，剑在其手中犹如一个处处均是中心点之圆，该圆没有周长，可随时随地进退。退即无，进则有。剑之进或退，取决于其所处的场合。普通人持剑，总是只具有一种状态：当他们处于否定的状态时，就看不到肯定的一面；反之亦然。但成熟的剑士却能同时兼顾二者。他们知道，否定不是全盘的否定，否定的同时意味着肯定，反之亦然。这即是"秘密"。

作为哲学家的宗矩从《老子》一书中寻求答案。他这么解释老子的名言："故常无，欲以观其妙；常有，欲以观其徼。"——老子希望人们看到"有"与"无"的统一。"有"不是全然之"有"，同样"无"也不是全然之"无"，二者时刻在相互转换中，这即是万物之"动态性"。剑士需要时刻警省，应对各种对立面的相互转换。然而，当剑士之心停滞于"有"或"无"之一边时，其心就不再是动态的。因此，剑道大师们常常提醒弟子们要使心处于空寂状态，这样，其行动才会自如，不受阻碍，因为心之空寂能自如转换"有"和"无"这两种相互对立的状态。

当任何阻碍都不存在时，剑士的动作就能同闪电或是镜子映物一样快捷：一个接一个的招式一气呵成，无毫发间断。假如心中稍有迟疑、恐惧或不安全感，这样的犹豫不决会立刻表现在其剑招上，这对剑士而言，便是败招。"神秘之剑"离开原初的"宝座"之后，就再也无法展示其自身之"妙"。

剑象征着撑持身、心、四肢运动的灵魂，但我们无法在身体上的任何地方找到灵魂。它犹如树之灵，假如树没有灵，那就不会发芽、开花，或者说，它就像是天地之精、气，若天地间没有它的存在，就不会有电闪雷鸣、疾风骤雨；但我们却无法在天地间找到它的踪影。灵魂虽非一具体存在物，却无疑是撑持我们存在的主导因子。"神秘之剑"也应占据灵魂的这种无形"宝座"，在任何场合中都能指导着剑士的招式。因此，它就应该极其流畅，永远不会在某一地方停滞。月亮从云后出现时，有水的地方，无论水多水少，都能见到月影；天地之距虽然遥远，但并不妨碍月光的天地之旅。剑士的灵魂也应如此。不过，剑士也许会觉得，在其一生的危机境地中，很难保证时时都有这样的心境。对禅师而言，也是如此，除非他训练有素，已不再有任何的心理障碍或是执着；否则，身在世俗却不为俗务所困，是不可能的。然而，无论如何，只要持剑而立，剑士就得保持其精神放松自如、不执着。剑士也许不能把剑道中的经验运用于其他艺术门类，但在剑道这一行里，剑士必须是自己的主人。能将某领域之所学完美地运用于该领域的人，称得上是"全能自如者"。这样的人很少，大多数人只是学有专长。重要的是，在任何时候，都要把握心的实在，使心真诚，不假虚荣，技艺之事自然如影随形、随之拥有。

从宗矩有关剑道哲学的长篇论述中，我们可以看到禅宗对于剑道的甚深影响。西方人也许会奇怪：禅学怎么就与杀人之艺密切联系起来了？毕竟，禅是佛教的一种表现形式，而佛教又显然是一门慈悲博爱的宗教，禅宗怎么就认同剑道的职业呢？西方读者对我的著述评论最多的就是这一点。现在，我希望他们能明白剑道的内在本质，及其与禅修之间的关系。读到这里，大部分具有东方文化背景的学生可能已经清楚二者的内在关系了。日本人无论研究何种门类的艺术，总是注重其"主观能动性"的一面，置技艺于从属、次要之位。

艺术就是艺术，有其自身的特点，日本人在运用艺术时，会充分利用艺术的特性，使之成为提升精神层面的机会，这就包含了迈向"开悟之道"（悟道，或称为领悟宇宙的理性、人之天性或是万物之空性、本来面目）。因此，剑不再是任意杀人的武器，而成为打开我们生命之奥秘的通道之一。由此可见，宗矩和其他剑道大师其实是伟大的生活导师。

五

为进一步阐释宗矩关于"禅与剑道关系"的立场，下面我就纲要性地列出其哲学思想，增加一些泽庵的"太阿之剑"的观点。前述提及，泽庵引导其弟子进入人类灵魂之最深处，以此帮助弟子领会禅之奥妙。我想，泽庵大师并非剑道中人，但他拥有博广的剑道知识，而宗矩又是大师的杰出弟子。

宗矩的哲学思想可以分成五个要点，明白了这五点就能对剑道的奥秘有所了解。

第一点按宗矩的话来说叫作"手字种利剑"。其中的含义隐晦、暗藏玄机，而他也有意不阐明。"手字种利剑"是宗矩的剑道艺术之要所在。从宗矩的言辞可知，我们无法从象征角度或是字面意思真实地了解"手字种利剑"的真正面目。也许它与泽庵宗彭的"太阿之剑"相似（有关泽庵宗彭的"太阿之剑"在本章第六部分有完整的解释）。

当宗矩谈到剑士需同时看到有形存在和无形存在时，他似乎指的是某种心理状态。因为，有形存在即是无形存在，反之亦然。从逻辑上来说，也就是"A"等于"非A"，"非A"等于"A"。剑处于有形与无形这二极存在之间，从不偏向任何一边，不被动，是充满活力的自己。作为剑士，最为重要的是，要在自身中找到这样的剑。剑士也许通晓各种剑技，但若缺少寻找到这把剑的慧眼，这些技巧就全然无法发挥。

第二点讨论了剑士应该据有的"基点"或是"位置"。文章的小标题"月亮与水"源于佛教中的一个比喻，用来形容心现万物的迅即性和当下性。云开月现时，月亮的倒影即刻现于水中；同样，把一朵花放在镜前，镜里即有花的映像。当剑士站在对手前，其所处的基点或位置也应如此：他必须能以清水映月般的速度自如地进入对手的领域。（由于作者本人并非剑士，所以无法确切说明宗矩具体所指，不知其"基点"指的是物理上的位置还是精神方面的素养？）

第三点是"神秘之剑"即"神妙剑"。此处之剑显然不仅仅指有形的剑，但我却不知如何将它与第一点宗矩不愿阐明的神秘之剑明确区分开。宗矩写道："圣心（无知）内显，神秘之物外现。"也就是说，当"神秘之剑"为圣心所驾驭时，肢体动作之自如完美是不可想象的。显然，如泽庵之剑一样，此剑也不全然是有形的物质之剑。意识背后是无意识，而制造各种禁忌并阻碍我们自如运动的通常是意识。由于我们不断在意识上或情感上造出各种禁区，我们未能像清水现月影那样，即刻看透或觉察到对方的剑招。在剑道中，"看"有着全然的重要性，因为唯有透过"看"，躯体四肢才随之做出相应的反应。因此，先要让潜在的圣心发挥作用，使之主导心理活动，这样，在巨大的本能力量驱动下，剑士才能自如地运用意识所获得的各类知识。这即是宗矩"神秘之剑"的使用方式。

将现代心理学的无意识研究运用到剑道艺术的阐释上，这不仅能阐释宗矩的剑道教授法，也可解释其他剑派的教授法。我们接着将在下一部分讨论"无住心剑"。然而，我们又该如何理解神秘的"手字种利剑"和"神秘之剑"之间的联系呢？也许，神秘的"手字种利剑"属于精神上的或是形而上学的范畴，目前心理学有关无意识的知识对此领域无法解释。

在哲学家宗矩眼中，摆脱"病害"或"心理纠缠"是其关注的第四个问题。不过，在本节稍前部分我们已经谈及这一内容，因此用宗矩下面这段话就足以解释清楚此点。宗矩说，摆脱"病害"就是要亲见"种利剑"。只要我们还有不切实际的妄想，这些妄想就会阻碍我们亲见"屋中主人"。若没有见到"屋中主人"，那么此时面对强敌，之前所有的努力都终将白费，在随时欲将你击倒的敌人面前，最危险的时刻便来临了。因此，应将充塞于大脑的各种想法、理念抛之一边，排除一切干扰圣心的思想和情感，让心处于绝对的"空寂"状态。如此，"手字种利剑"就会成为一位至高无上的指挥官，能心想事成、无所不能。沉睡于众生心里的无意识被唤醒了，本能地指导我们身心的各种活动，由于活动出自本能，其速度便能如清水现月影一样快：虽然月亮远在天上，但其从云层钻出，与其映于水中几乎是同时发生的。

最后一点要谈的是身体和四肢。见，凭心可做；行，需要借助有形的东西。见与行不能分开，须同时完成。在完美的剑士身上，"见行合一"的理想是可以实现的，因为剑士已知所有的行为出自空性，空性之"活力"被称为心。进一步而言，在空性中没有欺骗，没有自我中心主义的动机；空性即是真诚、真实、直白；空性与行为之间没有毫厘间隔。空性是"我来，我见，我征服"（恺撒大帝名言）。只要有丝毫的自我存在，空性之光就会暗淡，此时，剑士必败，因为心与身都不再听从于那位隐身主人（空性）的指令。

我想，上面的五个要点可以就禅与剑道之间的内在关系给我们一些启示。值得注意的是，尽管一些批评家认为佛教的空性理论看起来抽象、消极，但空性理论与精致的剑道密不可分地结合在一起。毕竟，剑道不是孩童的游戏，而是最危险的、直接关乎生死的大事。一剑出错，全盘皆输，容不得剑士有丝毫的分心。空性的智慧是剑道的中心，空性与剑道之间的关系可谓紧密无间。

以下引用的是宗矩论述剑艺三个层次的一些短句：

> 心不动，即空性；心动，万物生。
>
> 空性乃一心；一心即无心；无心，则无所不能。
>
> 修习技艺、行持无碍，皆气之妙用也。
>
> 于想，弃而无弃；于技，守而非守。
>
> 心无法、无思，则可明照万物之本然。
>
> 用心看，双目其次，肢体后之。
>
> 睹突现之物而瞬目，乃心之自然反应，无可惧也。
>
> 吾日处动中，而无所动，犹如波中月，波涛翻腾，月无动矣。

融己于疾，远疾之良方也。

技艺运用自如，似独立于意识之外，则技通矣。

如木偶般无我、无思，使肢体按其道而行，此乃获胜之途也。

六

以下为泽庵宗彭关于"太阿之剑"的全文翻译，此文可帮我们理解何谓宗矩的"剑之玄"。

太阿之剑

（日）泽庵宗彭 撰　愚拙 译

盖兵法者，不争胜负，不拘强弱，不出一步，不退一步。

敌不见我，我不见敌，撤天地未分阴阳不到处直须得功。

夫通达人者，不用刀杀人，用刀活人，要杀即杀，要活即活，杀杀三昧，活活三昧也。不见是非而能见是非。不作分别，而能作分别。踏水如地，踏地如水。若得此自由，尽大地不奈他，悉绝同侣。

遇得这个么，行住坐卧，语里默里，茶里饭里，功夫不息，急著眼穷去穷来，直须见。

月积年久而如，自然暗里得灯相似。得无师智发妙作用。

正与么时，只不出寻常之中，而超乎寻常之外，名之曰太阿。

此太阿利剑人人具足，个个圆成，明之者，天魔怕之，昧之者，外道欺之。或上手与上手，锋芒相交，不决胜负者，释尊拈花，迦叶微笑。如又举一明三，目机铢两，是寻常之灵利也。若夫事了毕人，于一未举三未明以前，早截三段，况颜颜相对乎。如是人终不露锋芒，其疾也，电光无通；其短也，急岚无及。无这般手段，终拈却著拟却著，更伤锋犯手，不足为好手，莫以情势卜度，无言语所可传，无法度样可习。教外别传是也。

大用现前不存规则，顺行逆行，天下无测，是什么道理。古人云：家无白泽图，无如是妖怪。若人练得至这个道理，一剑平天下，学之者莫轻忽。

七

与宗矩几乎同一时代，在江户还出现过另一位知名的剑道大师，他居住于隅田川的对岸，人们称其为小田切一云。宗矩与德川家族关系密切，其时，德川家族权势显赫，如日中天，作为德川家光老师的宗矩也享有极大权力、极多财富、赫赫声名。而小田切一云却默默无闻，除了其好友与弟子外，知道他的人恐怕并不多。二人的社会地位有天壤之别，但就其文章来看，一云的品行要比宗矩强，应该是一位比宗矩更伟大的剑士。一云蔑视那些聚集于权贵周围的职业剑士。用他的老师针谷夕云的话来说，那些剑士们的脑子像动物一样，他们的剑士职业生涯只为"名"和"利"。

一云和宗矩的共同之处在于他们的剑道哲学。他们的剑道理念均建立于佛教禅宗思想之上。然而，在一定程度上，一云更倾向于强调禅的精神。他认为，只要懂得禅的精神，剑技自然不愁；而宗矩则更看重剑技的训练。当然，宗矩也强调禅修对于把握剑技的重要性，但他并不像一云那样完全忽略剑技。一云公开宣称，他的剑"无为"、"非艺术"、"非技巧"、"独立"、"无规律可循"，不具备寻常剑技的任何特征。所以他说，倘若有人目睹其训练方法，一定会目瞪口呆，觉得太不可思议。最后，一云说其剑艺的特质是不分胜败，而非"相讨"（两败俱伤的意思）。

以下的一篇短文摘自一云 18 世纪所写的一份手稿。一云师从针谷夕云，而针谷夕云是"无住心剑"的鼻祖。手稿的开头引用了夕云和一云二人对该剑派的源起及其特点的阐述，说明在剑道的学习中，练心比练艺重要，这使得此份手稿在剑道历史上具有了非凡的意义。手稿还论述完善的人品之于技巧掌握的重要作用，毕竟，剑道不是杀戮的艺术，剑道学人的修习目的在于，使自己成为有修养、有精神追求和哲学思想的人。

"无住心剑"

创派者：小田切一云

　　吾师夕云十三岁始学剑，后师从小笠原长治，彼为上泉伊势守信纲四大弟子之一。上泉伊势守信纲乃新阴流剑派之创派者，为日本剑道史上伟大的天才，引领日本剑道新时代。小笠原长治学成新阴流派技法后，前往中土。在中土教授剑术之时，巧遇一善使中国兵器"长矛"者。小笠原长治拜其为师，技艺大有长进，用新学之技艺与日本老朋友切磋剑术，无人能挡。小笠原长治遂认为所学已前无古人，便传于弟子。夕云依小笠原长治为师后，刻苦努力，终获此派之精髓。

　　夕云并未满足于所学，乃拜东福寺（日本一著名寺庙）虎白老和尚学禅。在虎白座下，夕云对禅之理解与日俱增，并最终得出结论：据其所知，夕云时代前，包括其师小笠原长治和小笠原长治之师上泉伊势守信纲在内，无有真正理解剑道者，因为他们不知生命之终极原理。不管剑艺多么高超，不了解生命终极原理的剑士，不过是妄想之奴，一无是处。这些剑士一生所作不过三：（一）打败技不如己者；（二）败于技高于己者；（三）与旗鼓相当者同归于尽或两败俱伤。

　　夕云从此开始琢磨如何依照天道原理（心性本来面目）完

善剑道。他认为天道之理可用于剑道。一日，夕云忽然大悟，意识到所谓的剑艺根本就是多余的。当人悟入天道原理时，他就全然自由、独立，从此应对各种职业剑士的技艺和策略便可游刃有余。夕云后来与其师小笠原长治切磋剑术，尽管师父展尽绝学，夕云依然势如破竹般地打败其师。

我二十八岁拜夕云为师，当时他已年过花甲。前五年我极其努力地学习剑术，夕云传授的剑艺融合了禅学。当我认为已可将所学向师父求教时，便与师父切磋。我俩对垒三场，均不分胜败。

一云继续写道：

师父离逝后，我从此孤身一人，隐居山林六年，静静地专注于"道"，不想传授我新习得的剑法。相反，我全身心地投入了一种内省的生活，忘了饥饿和寒冷。

关于我和师父的技艺切磋，还有一件很重要的事值得一提。在第三次比试后，师父递给我一个卷轴，上有他所写的证词，证明我已完全掌握该派剑法。之后师父还从他的上衣口袋里掏出一串念珠，燃香，像佛门弟子对其崇拜之人（物）那样，向我鞠躬。

师父宗教式的举止，其意如何我无法确知。然而，毫无疑问，师父向其年轻弟子致礼，这是凡人向他人所能表达的最高敬意。

虽然我并无把自己当成新派之师广收弟子的想法，但一些老朋友找到我，极力敦促我引领他们学习这种新的剑法。渐渐地，我的名字与本剑派开始广为人知。从弟子们对本派理念和原则的领会情况来看，本派可以持续繁荣几代，夕云的伟大成就也不至于淹没人世而不为人所知。然而此事迹最好能以文字形式记载下来，引导后世学人，不让他们有误解，否则他们可能会对本派的内容与精神见仁见智、众说纷纭……

（以下为作者之言，中间穿插了一云的教言）

介绍完自己和师父后，一云谈到剑士的首要人格：放弃功名利禄，放弃自我中心主义，常在"道"上，遵循每个人内心所具有的"天道原理"。一云说："我师父一向不齿流俗。他说俗人的灵魂犹如兽性，因为他们就像低级动物一样，时时都在寻找食物——不停地为自己寻求物质财富，从不知何谓人的尊严和人生道德准则。"

在说到"剑道"时，一云认为，剑道之要并不在技巧的把握，但大多数的剑师过分强调技艺，有时甚至把剑技当成最主要的关注对象而圣化它们。因此，若想学习"无住心剑"的教义，首先不能把剑道当成娱乐运动，追求纯粹的运动成就；其次，不要有打败对方的想法。从一开始，剑士就应无心于博弈的结局，不要让任何得失的想法存于心中，哪怕是一点点。剑道之要，首先在于深入洞察"天道原理"，天道的运行法则是自然而然、无任何造作的。剑士也应如是，对自我的关注是没有任何意义的。

当证知"天道原理"之后，剑士自然就会知道如何见机行事，就像看到火，见到水，其"天道原理"会告诉他火如何使用，水有何用途一样；遇见朋友，他就会打招呼；看到落难之人，就上前帮助。总之，只要有"道"，无论对境如何，我们的行为就再也不会出错。

人未生之前，"道"已存在。"道"是宇宙运行的物理和道德法则；这一宇宙运行法则是活泼的，由四个部分组成：元、亨、利、贞。当一个人借由宇宙创生力而重生时，他就融入了这四个部分，并通过这四种基本社会道义表现出仁、义、礼、智四种德行，构建人之本性，使之有别于其他生物，而成为万物的精神领袖。

当人还是乳婴，在母亲怀中，"道"即以其最单纯的形式存在其身，婴儿与道共存而得以自足。由于"道"的运行是自主的，不受外在因素的干扰，成年人也应是与道共存而自足。遗憾的是，当长大成人时，现实世界通过各种途径向我们灌输各种人为概念。教条式的概念使感官向我们传递了不真实的世界图像：我们看山时，见到的不是山原本的真正面目，而是把各种想法、意念强加于山上。这些想法有时是纯粹的学术概念，更多的是各种情感性的东西。被这些概念和情感所包围，山成为一种奇怪之物。这是由学术理念和情感概念所造成的，或缘于我们自身，或缘于政治、社会、经济、宗教等因素。这样形成的图像带有很大的欺骗性，许多真相受到扭曲，我们眼前的世界不是赤裸裸的原始自然世界，而是人造的、"教化"的世界。然而，我们并没有意识到这一点。

剑士若想知道这一歪曲的世界如何影响其行动，应认真观察自己与对手击斗时的表现。他会发现，受人为世界图像的影响，他所有的举动都违背了"无住心剑"的原则，因为该原则自始至终都与婴儿的思想和行为相应。这一原则与"道"的精神相符。依此原则，剑士面对敌人时，其举动应是不疾不徐，也不漠视，而是依照"道"的精神，按当下的具体形势来面对对方，而当下的形势往往每刻都在变化之中。剑士既不应有鲁莽的勇猛行为，也不应有胆怯的心理，心中几乎不存有"对手"的意识，或是自己正在与某一个人对抗的想法。他的举止应与处理日常琐事无异。以吃早餐为例，吃饭时拿起筷子夹起食物送至口中，吃完饭后，自然而然放下筷子，不再多想。面对敌人时，剑士出剑也应如同吃早餐拿起筷子夹菜一样，没有多余的用心。如果他还有其他心思，就没有达到"无住心剑"的标准。

一云继续写道：为了解释"天理"或"原初之道"如何在人身上神秘运行，我们用上了各种表达方法，旨在回归"原人"——婴儿的本真状态，这样的状态也被称为"太极"或是"自然"之本来面目，或无为、空的状态。然而，对大部分人而言，他们并没有去直视本原，而是不断执着于各种言论、评价，不断用它们缠缚自己，走入怪圈，陷入泥潭，而且越陷越深，难以自拔。

这种人应返回"婴儿态"（婴儿时的状态）。婴儿是如何面对周围世界的呢？大地开裂于眼前，他视而不见；杀手杀气腾腾闯进屋子，他却对其微笑。这些难道不是大无畏的表现吗？对世间的名利地位，世人不顾惜生命，甚至厚颜无耻地巧取豪夺。婴儿又是如何表现的呢？把整个帝国送给他，或者授予他一枚巨大的荣誉勋章，他会因此高兴得手舞足蹈吗？不会！他甚至连头也不回。也许有人说，这是因为婴儿对成人世界一无所知，但一云反驳道：成人世界有什么真正有价值的东西？无非是虚荣中的虚荣。婴儿所关注的唯有当下，不回想过去，也不展望将来。因此，婴儿是自由的，他不知恐惧，没有危机感、焦虑感，不必"鼓起勇气"。所以，剑士及我们每一个人所应关注的是运行于婴儿身上的天理：婴儿并不知道"道"的存在，然而却能按其道而行。我们也应充分觉察到我们内在的天理。成熟并不意味着要成为概念的奴隶，而是意识到我们内在最本质的东西并找到它、运用它。这即是"良知"、"诚"、"敬"、"正"。这样的真理不会随年龄的增长而变老、变旧。"婴儿态"总是永远新鲜、充满生机、令人振奋。

为此，一云教给其弟子的东西每每都是最简单、最容易的。他说："持剑遇敌时，若对手尚有一段距离，那么就往前直走，而后击杀；若距离刚好，就直接出剑击杀，无需多想。但大多数剑士都不是这么做的。面对敌人时，他们会目不转睛地盯住敌人，估量自己与敌人的距离，抢占自认为是最有利的出剑位置，衡量剑的长度，思量着该运用何种出剑技巧——'刺'、'撩'，或是放慢速度，诸如此类。他们的心处于极为繁忙的状态，思考着如何才能将其所学的技艺发挥到极致，而对于内在的'道'及其功用，他们一无所知。这些剑士最大的错误在于把注意力放在结果上，他们不应急着考虑结局到底孰胜孰负，而应顺其自然，否则，手中的剑将无法正确出鞘。"

开始训练时，一云给弟子最重要的建议或许就是：作为剑士，

禅与剑道（二）

首先要学会"相讨"之法，即，应有"不计后果"、与敌"同归于尽"的想法。这样的建议有很重要的心理意义。换言之，"相讨"的意思是剑士不应在乎比赛结果，不应关注自己能否安然经历比赛。生死攸关时，心中没有侥幸存活之念，最果断、最勇敢，这样的人所向披靡、战无不胜，除非对手也同样绝望、果断、勇敢。我在前面已列举过这样的例子。然而，一定不要忘记："相讨"的理念是剑道入门者所应学的，但并不是剑道的全部。我们还须记住一云这位杰出的剑道大师及"无住心剑"导师的下列忠告。

　　一云给剑士第二个重要建议，也是其方法论的核心，显示出其对人类心理黑暗处的非凡洞察力。他写道："比赛刚开始，要求剑士心存'相讨'理念也许并不难，然而，随着比赛的进行，剑士一定会有获胜之心，这绝对会影响其内在天理的自然运行。"一云继续说道："这时剑士就得反思：为什么我会变得三心二意？我原本是要以'相讨'的状态结束这场比赛的，却因为希望获胜的念头而动摇了。这样的反思会让剑士心理进入一种'功夫'的状态。经过几年时间的不断反思，他终于会明白：'天理'的运行不限形式，即心中的思想活动不会影响到天理（或称理性、自然、心性、实性）的运行。这些都是'道'的同义词，所表现的特征是一致的——寂静、不动、不变。正因为'道'具有这些特征，它妙用无限，并非常人的理性思维所能理解。"

上面已对"无住心剑"这一剑派的教义进行了详细的解释。结束前，我还要提到一云手稿中的四条教义，这四条教义是其剑道精神的总结。

（1）无教条化的剑派技术体系；

（2）精神方面的柔顺或非对抗，抑或无为，这些概念让我们自然而然地联想起老子和庄子的哲学；

（3）坚信自己是"世上独一无二的无可匹敌的剑士"。这一信念又与大乘佛教里记载的佛陀出生时所说"天上天下，唯我独尊"的精神相一致。这两种说法的一致性含有双层意思：一是一云颂扬"婴儿态"，认为"婴儿态"最能体现剑道精神，而佛陀也是在刚出生时作此大气魄的宣言；另一个是，一云的"婴儿"是指冒着生命危险、历经各种磨炼的完全成熟的剑士。所以，无论从哪个角度审视，在一云和佛陀身上均可看出禅宗的精神和教法：二者都要求我们去除无始劫来累积的染垢，以彰显自己的本来面目。这也是佛教"空性"教义所强调的。

（4）再补充一点极可能源于"无住心剑"的内容，即"相抜け"理念（即前面提到过的不分胜败）。这一理念在其他剑派从未教授过。当比赛激烈且不分上下时，其结局往往是"相讨"、"同归于尽"，而在"无住心剑"那里却没有这样悲惨的结局，因为其比赛结果是"相抜け"而非"相讨"。正如我前面提到的，"相抜け"的字面意思是"不出击"。因此，当旗鼓相当的局面出现时，双方都会停止搏斗，避免两败俱伤。但当其中的一方没有完全把握"无住心剑"的精神时，其结果就是：他等同于邀请对方（指完美把握这一精神的剑士）将剑击向自己，自杀式地完结自己的生命。然而，对于把握剑道精神的一方而言，他并无杀人之心，只不过形势的逼迫使他不得不面对敌手，但敌手内心却充满了杀戮的邪念，根本没有从毁灭的自我中心主义中解脱出来。因之，当他面对一位"无住心剑"的大师时，就会受制于这样的邪念，因这一邪念而丧命，而大师本人甚至并未意识到自己已将对手击倒了。我们只能说，是天理惩罚了违背天理之人，而大师却由于处于"婴儿态"，全然不知他身边所发生的这一切。

读完一云的著述后，我的印象是，一云并非仅仅是一名职业剑师。本质上，他就是一名禅师，一位恰巧懂剑术的禅师。其剑犹如禅人的棍棒，棒喝那些对禅一知半解的学人。夕云传授给一云的剑术本质上就是无为之剑，即"无住心"之剑，这其实就是大乘佛教般若哲学的精髓。

在"论剑艺"篇末，一云总结了其剑派之特点："今剑派诸多，多至二百余家，皆承上泉伊势守信纲之四大弟子也。吾师夕云师从于四大弟子之小笠原长治。小笠原长治抵中土，学中华之技法，成其艺，而自创剑派。其剑艺之精、深，无可匹之。夕云学于小笠原长治，通之。后遇禅师，遂弃其所学，转学无为剑道，终得成就。一日，试与其师对峙，以探新、旧学之高低，师败，重技法智巧之旧学败于无为剑道之新学。夕云遂成剑师之首，无敌于17世纪之东瀛。"

在结论中，一云说道，自其师夕云学禅后，最优秀的剑士也无法打败他，这是因为其他剑派教授的主要内容是技艺，而夕云却重在教授饱含"道"之理、超越常人所能理解的"无住心"。在经历了禅修的"空"、"无"境界后，夕云无疑已到了圣位，其"无住心"之剑道无关乎剑技、谋略，不同于一般剑派的训练，与造剑者的世俗利益、动机也无任何关联。正是因为剑师之心至纯至空，他才能无挂无碍地自如发挥，他的剑艺才能拥有如此成就，具有如此特色。一云总结道，正因为如此，精通此道的剑师所向无敌，除非对手也具有同样高的精神境界。毕竟，剑道不仅仅是小小的技艺，而是个人精神境界的高度成就。因此，一云才会宣称，他天下无敌。

八

在日本所有的艺术中，剑道之所以最接近禅学，是因为剑道比其他艺术更直面生死大事：一旦剑士做出某种错误举动，可能就永远完蛋了。他在搏击中没有时间去温习所学的概念，或是规划下一步的行为，一切举动皆是内在的机械式反应，而非意识的控制和导引。这些反应是出自本能的，不存在理智成分。在生与死的白热化搏击中，最重要的是时间，而时间必须得到高效的利用，若有丝毫的懈怠，对手就会立即察觉，并充分利用这一机会，这就意味着自己可能彻底被毁，不只是失败或丢脸之事。

极度专注的状态出现之时，我们便能清楚明了地分辨主体与客体、人与行为。若没有达此状态，则表明意识领域还没有得到充分的澄清，还留有一丝丝的"思维痕迹"，会直接影响到剑士的行为。这些行为，从心理学角度定义，是无意识的动作。若如此，其结局必定是灾难性的，因为敌人的锋利之剑会趁意识干扰的空隙发出致命的一击。

这就是为什么剑道大师们总是告诫弟子：搏击之时，不应思虑生死问题，或忧虑搏击可能会出现不利的结果。只要心有所思、有所挂碍，无论所思所挂的内容属何性质，其后果必定是灾难性的。

中国有一句话："行为果断，神仙让道。"坚毅果断是剑道之第一要素。没有果断的行为，就不会有专注的心，更不会有辨别事物的能力。专注、一心、一意、决断，这些词的意思一样。当行为需要扮演至高无上的角色时，必须完全不受任何干扰。这一刻即是禅宗的"无心"之状，类似于"婴儿态"，这样的状态尚未被概念化。

也许有人会说，坚毅果断是人类高度宝贵的品质。若我们的心智没有经过一系列的训练而变得成熟，我们就不能获此品质，它是脑力高度发达的一个标志。既然如此，怎能要求我们放弃这可贵的品质而回到"婴儿态"呢？既已踏上艰途，又如何回到原点？或者，我们该如何鉴别高度成熟之心智与婴儿的无助状态？这当然也是看待问题的一个角度，但不要忘记，从另一个视角来看，婴儿却超越心智发达的"大人"。此话怎讲？听我道来。

我们急着要使自心成熟，而全然忘记我们与婴儿共有一个最重要的特质，那就是信念，即对未知存在的信念。这一未知之物可称之为天理、自然、真相，或是初心、道、上帝、无意识，或是内我。这一未知物，无论我们给予何种称谓，都超越了我们大脑分别意识的理解能力。一旦意识试着去把握它，它就失去原来本真面目。因此，当我们争着"开发心智"，使自身"成熟"时，我们把这一未知之物抛之脑后，甚至忘记了它的存在，而它其实未曾远离过我们。当剑士们或是宗教教义谈到婴儿态、无心时，大部分人都不能明白其真正含义。或者，当我们试着去理解它时，我们反复思量，按照自己的理解，对其进行评判，用自己寻常认识世俗事物的方法、方式去谈论它。这样，我们便歪曲、扭曲了这一未知物，使其平面化，或变得奇形怪状，失去其本来的真正面目，以致当有人提到它时，我们便如盲人一般无法见到它。决断的心，即是对我们这种"成熟"之心的修复。这不是在培养一个已然成熟的东西，而是要恢复那些被我们遗忘的东西。它一直存在于我们心上，未曾远离我们，也没有受到扭曲。遗憾的是，我们一直错误地用意识把控它。但剑士们也许一开始就得到禅师们的指导，后经过自己长期的训练，终于得以在自心上找到了这一未知存在，明白了它的可贵特质。这一未知存在很难用言语描述，但我们已尽力而为了。

有了上述说明，我们就能更好地理解下文。这些文章来自剑师们，虽然他们对哲学教义没有多大的研究，却有着丰富的剑道经验。

1. 安建正宽

神武剑派的创始人、来自京都的安建正宽，于 1790 年著有《剑术之要》，共两小册。该书首印于明治三十八年（1905 年），收录于有马佑政和井上哲次郎搜集、编辑的"武士道丛书"。

安建正宽很重视心的训练。对于修习剑道而言，身体的训练和技艺的掌握无疑是很重要的，然而若缺乏心的训练，结局必败。学习剑艺时，剑士必须使自己在方方面面处于主动、活跃的状态，但在实际的搏击中，其心则须保持平静、不受任何干扰，须有"当下无大事"之心态。当他往前迈进时，步伐稳重，眼神内敛（而不是疯子般地两眼放光盯着敌人的脸）。其行为与平常并无两样，表情也无任何变化，看不出他正处于生死之战中。

面对强敌、命悬一线之时，剑士能如此坦然处之，就意味着他的心一定是达到"如如不动"的境界了。从现代生理学角度而言，他一定受过充分的训练，能把心放下于腹区。用现代科学语言来说，他能把横隔膜放低，使胸腔有足够的空间让肺自由呼吸，让心无阻碍地跳动。在这一情形下，只要某一方有丝毫的激动之情，或是思量着以力量的优势、巧妙的战术打败对手，他必定会被心情平静的对手击败。由此可见，在剑道修习中，技巧的训练从属于心理的训练。心理训练还能大幅度提升剑士的精神境界，而精神境界上升到一定高度时，就能使心展现出其妙用。从这一角度而言，剑术不仅是一门技艺，也是一门原创性的艺术。

即使受过非常良好的训练，也并非所有的剑士都能达到那样高的精神境界。然而，一旦剑士下定必死之心，不从比赛中活着出来时，即使对方训练有素，也会发现遇到了可怕的敌手。对死亡的恐惧或是任何执着，都可能影响到出剑的方式，而对手肯定会抓住这一有利的空当击败自己。

很显然，剑道与其他门类艺术最大的不同在于：它与生死终极问题有着不可分的关系，也正是在这一点上，剑士们将它与禅修紧密联系，甚至努力使自己获得高度的禅修境界。

为了更好地解释这一问题，安建正宽讲述了一个处于绝望中的战士如何逼退剑道大师的故事。此故事形象地说明：当一个人具有破釜沉舟的决心时，哪怕剑艺多么不精，但其战斗力却很强大。

那还是封建时代，一个奴仆不小心冲撞了一位颇有影响的政界人士。这位人士认为自己受到羞辱，要求主人交出奴仆。这意味着，可怜的仆人将面临被处死的命运。主人别无选择，唯有屈从。

主人对仆人说："我不得不把你交给那位大人，他可能会处死你，但我也没有其他办法。我建议你持剑与我决斗，杀了我以后再把自己交出去。"

仆人回答："这太没有道理了。您是一流的剑士，还是剑道师。我不过是一名奴仆，从未拿过剑，怎么可能打败您呢？

事实上，这位有名的职业剑师心中一直有个秘密的想法，希望能与被逼上绝路的人比剑，以观其效，于是就说："你就碰碰运气吧，我看看能否挡住你。"

于是二人对峙。剑出鞘，生死搏斗开始了。大师发现自己的处境极其不妙，他被仆人逼着退到墙边，眼看再也无路可退，大师终于明白：这并不是在开玩笑或是做实验，自己必须作困兽之斗了。于是，在处于不利处境的绝望中，大师大喊一声"啊"，挥剑将仆人击倒。

后来，大师向其弟子承认："这是一场多么绝望的比赛！我差点就被仆人击倒了。他疯狂地挥剑，力量之大，不可抵挡。你们千万不要去尝试这样的比赛。一位没有任何剑术的仆人都会有所向披靡的战斗力，若对手是一流的剑师，结果又将会如何？"

一位弟子问道："当您步步后退时，这是策略还是真的如此？"

大师承认："是的，是真被逼退的。"

"当您大喊一声'啊'击倒仆人时，您是否从其身上发现了疏漏之处呢？"

"根本没有，但奇迹出现了——他倒在了我的剑下。"

故事至此结束。作者安建正宽评论道："这里所说的奇迹并不在剑师的心，而是其'不动之心'。当一个人下定了必死之心，即使是不会拿剑的人也可对抗大师。因此，剑士们千万不要轻视他

禅与剑道（二）

人，也不要因对手的强大而胆怯。重要的是要人我两忘，让奇迹（妙）自发而行。"

安建正宽接着引用了一位 16 世纪著名的将军上杉谦信之言：命在天，盔在胸，成败在双脚。以必胜之心赴战，将毫发无伤地返回；以必死之心决斗，则死而后生；以逃生之心击战，则必死无疑。当一个人以不返之心离家时，最后必定能安然回到家中。当你认为世界无时不在变化时，也许这没有错。但决斗中的剑士不会这样想，因为他的命在决斗中是固定不变的（不是生，就是死）。

有关斗士之命是固定的这一宿命论，我再说明一下。只要我们承认生命中总存在一个不可见的源流，这种源流会干扰已定目标，打乱整盘计划，我们不免要承认自己是有限的。所谓的自由意志、知识、行为只不过是一场梦。但最奇妙的是，我们可以问自己："人生而有限，又是什么让他去有所梦想？人实实在在地活着，生机无限，又是什么让我们脱离生活的现实而反观生活，仿佛生活与自身无关？若不是有无限的彼岸，所谓的有限之想又是从何而来的？"

2. 茶师和恶棍

以下是一位茶师的故事。在故事中，茶师临时扮演了武士的角色，与恶棍比剑。茶师从事的是平和的茶道行业，没有任何剑艺常识，因而绝不是任何剑士的对手。这个故事告诉我们，没有受过任何剑艺训练的人是如何挫败剑士的：下定决心，以必死之心去搏斗。这个例子同时说明了决心的价值：决心能让人超越生死。

17世纪末，土佐省的大名山内要去江户出公差，想随行带上家中的茶师。茶师不是很愿同行，因为他没有武士的身份，江户也不是一个像土佐那样的安静和友善之地。在土佐，他很有名，也有很多好友；而在江户，他很可能会碰到恶棍，惹上麻烦，不但会毁了自己的名誉，也会让主人脸上无光。那样的行程风险很大，他实在不想去。

但主人不想听茶师的理由，坚持要他随行，因为此人在其领域内确实了不起；另外，主人心中可能也有自己的私欲——想在朋友和同事中炫耀自家的茶师。因此，主人极力请求（其实是命令）茶师同行。茶师无奈，只得同意。他脱去茶师服饰，把自己打扮成武士的模样，又随身带上两把剑。

在江户时，茶师大部分时间都待在主人家中。一日，主人允许他外出游玩。茶师就穿上武士服，出门参观不忍池边上的上野公园。在那里，他看到一位眼神邪恶之人靠在石头上休息。茶师不喜欢此人的神情，但又无法避开，只好继续前行。那人彬彬有礼地开口了："据我观察，您是土佐的武士。若您能与我切磋剑艺，将是我的荣幸。"

从踏上行程开始，茶师就一直担心会遇上这样的情形。如今和这一最极品的浪人面对面，他不知道如何是好，但他诚实地说道："我虽然穿的是武士服，但实际是茶师。"浪人的真正意图在于敲诈钱财，再加上他已看清茶师的弱点，就坚持着要茶师与他对决。

茶师知道无论如何都躲不开浪人的敲诈，便决心死在他的剑下。然而，他并不想就这么默默无闻地、不光彩地死去，这会让主人的名誉受损。突然，他想起几分钟前路过一家剑术训练中心，就在上野公园边，他可以向训练师请教在这种场合下如何用剑，如何使自己勇敢地面对不可避免的死亡。于是他对浪人说："既然您如此坚持，我们就切磋切磋。不过我正为主公办事，得先报告主公。主公住的地方离这有一段距离，您得等一会儿。"

浪人同意了。茶师赶到剑术训练地，急切地要见训练师。门卫起先并不同意，因为来者并无介绍信。但从来者的言谈举止看，事情很紧急，门卫就带他去见剑师了。

剑师静静地听完茶师的故事和殷切之求，说道："来找我学艺的学生无不是想学习如何用剑，而不是想如何死去。你真是个例外。但在教你死亡之法前，请给我倒上一杯茶。你说过，你是茶师。"茶师很高兴能为剑师奉茶，因为这可能是他作为茶师能尽心展示其茶艺的最后一个机会了。茶师全身心展示其艺，而剑师则在一边专注地观察着他的一举一动。此时，茶师已全然忘记那即将到来的不幸：他安详地一步一步地展示其茶艺，对他而言，此刻之事仿佛就是天下大事。剑师对茶师的专注刻骨铭心：那时的茶师已没有俗人的样子了。剑师大拍一下自己的膝盖（衷心赞叹的举动），说："看啊，你无须再学习死亡之法。你现在的心完全足与任何剑士匹敌。当你再次看到那个浪人时，就这么做：首先，把他观想成你要侍奉的茶客。向他敬礼，对自己的迟到道歉，告诉他现在你已准备好了；然后脱下外衣，仔细叠好，把扇子放在衣服上，就像你平常工作所做一样；接下来，用一条毛巾围住头，用绳子把袖子往上绑，把衬衫整理好。这样，比赛的准备工作就做完了。接下来，拔出剑，将剑高举过头，做好时刻击倒对方的准备；而后，闭上眼，使心专注在战斗上。当你听到对方发出喊声时，直接用剑击杀他。这样的结局是你们二者可能同归于尽。"茶师向剑师道谢后，回到他与对手约定的地方。

茶师极其认真地按剑师的吩咐去做，就像在为朋友服务那样用心。他面对浪人勇敢地举起剑时，后者看到的是一个全然不同的人。浪人没有机会发出喊声，因为此时他眼前的茶师已是无畏的化身（已经循入天理），他不知道如何攻击茶师。浪人不敢朝对手走过去，他步步后退，最后叫道："完了，我完了！"浪人将剑扔到地上，跪在茶师面前，祈求茶师原谅他无礼的比试要求，然后飞快地逃离现场。

至于这个故事的真实性，我不想作任何评论。此处要强调的是故事本身及此类故事背后的意义：掌握一门艺术，除了必要的技艺外，还需要一定的直觉本能，因为直觉本能直接通向宇宙运行之法则。艺术类的直觉本能不应该被视为孤立或单独，或相互之间没有任何关联，它们实际上都源自一个最基本的本能。确实，日本人普遍相信：剑士、茶师以及其他艺术和文化大师所具有的各种本能，不过是出自他们丰富的经验罢了。然而，他们尚无法全面分析这样的说法，也无法给出科学的解释，但大家都承认，日常经验即是洞察天理的通道，是创造力和艺术灵感的源泉，也是出离生死轮回的必由之路。禅师们最终从佛门的空性和般若中汲取哲学思想，用生命来描绘宇宙运行法则：生非生，死非死。对禅师们而言，最后的本能即是开悟——超越生死，到达无畏之境。其成熟过程，即是奇迹的实现过程。届时，空性会让其尊贵的弟子们和艺术大师们独揽其无限的风光和能量。

3. 山冈铁舟（1836—1888）

山冈铁舟既是剑士也是禅人，以自己的禅法去训练弟子。这样的方法包括使弟子们在训练时达到身心交瘁的境地，以致无法起立。此时，大师会用某种方法电击般出其不意地唤醒他们内在的新能量。此种能量与空性有关，在剑士而言，就是自我保护的本能，只不过它与生物学意义上的概念不同。生物学意义上的自我保护概念，与本能密切相连，存在于我们的意识中，它犹如本能自己，所以才会充满活力地与本能相通，并不断地经由自由联想而在情感上加以强化。

在没有任何概念的干预下，本能独自发挥其用时（特别是处于纯本体状态时），没有任何东西能阻止其天生的活力。然而，当概念包围本能时，概念给本能限定各种条件，本能就会犹豫不决，东张西望，表现出害怕的样子。如此，勇往直前、无拘无束的本能就受到极大限制或极大损害。自从意识觉醒后，人开始成为概念化生物，每天所从事的都是抽象的思维，生活按照概念进行着。虽然本能并没有被压制，但已失去其天生的不可抗性及突然迸发的冲动。至少在某一方面，本能被升华，而它的"高尚化"则以各种方式点缀人类的文化——我指的是学术领域或实用主义领域。在这些领域里，概念化获得了很大的进展；而在其他一些需要本能的领域，包

禅与剑道（二）

括需要直接触及事物原貌及直接运用各种本能的领域，概念化的习惯却对其造成了巨大的破坏，出现了精神疾病，心理上的不安全感也越来越多，像流行病一样在现代人中流行，包括青少年犯罪。在剑道博弈中，氛围是紧张的，也是即时的，不允许概念和欺骗意识等媒介在心中存在。无论剑士出剑如何迅速，但只要有概念的干扰（哪怕只是瞬间的），时间就浪费了，敌人就有机会将自己击倒。剑士面对的是现实，而不是概念。这就是为什么说它与禅修有相似之处。

我的朋友小仓正恒先生是日本剑艺的权威。他在自己的回忆录里描述了铁舟是如何训练学生的。他引用了一位朋友的话（那位朋友亲历过铁舟的训练），大意如下：

山冈铁舟把禅学运用于剑道之学，他的训练方法是告诉学生要用个人的体会去发现"无剑之剑"的真实含义，这样的方法出自禅师们的"主体客体绝对合一"的理论。他采用的方式就是"无休止的比赛"，比赛场数一般是上午和下午各一百场。想尝试这种训练的人可以向师父提出请求，但师父不一定会马上同意，因为此种训练最为严厉，只有心志坚强、体格健壮者才能通过。一旦师父同意了，便会贴出告示，参赛者都可前来挑战此选手。这种比赛历时三到七天。尽管有手套的保护，但手上皮肤依然容易破裂流血，因此戴上手套前要用柔软的丝绸把手包扎起来。选手从此便一直处于比赛中，与其他不断上来挑战的新对手比试。

第一天，选手充满活力，第二天开始疲倦，第三天手臂和两腿变得僵硬，几乎握不住竹剑。原本持剑的位置应与对手的眼睛一样高，但此时选手会发现手脚不听使唤，剑总是无法保持原有的高度。至于饮食，他只能吃半流质或流质的东西，尿液也变红了。

小仓先生这里提到的选手香川善治朗继续说道，他是第一位通过这种测试的人，他在下文描述了他的经历：

第三天，在疲惫不堪中，我几乎无法起床，只能叫妻子帮忙。她把手伸到我背后，试图把我从床上扶起，却感到像是在扶一具没有生气的尸体，于是她不自觉地缩回了手。我感到她的热泪掉到我脸上，于是就尽力地使自己看起来有点力气，告诉她不要这么软弱。在她的帮助下，我终于能坐起来。

我拄着棍子到了训练地，不得不叫人帮我穿戴上防护装置。刚站到自己的位置上，挑战者就一拥而进。一会儿，我注意到有一人向师父走去，要求参与此项训练。师父当即同意。我看着他，突然意识到这是一位流氓成性的人，会不顾剑士的用剑原则，直接把竹剑牢牢插入对方喉咙（喉咙前无任何保护），哪怕对方会因此砍击他的头部。

当我看到他向我走来时，我做了最后一战的心理准备，因为我可能无法活过比赛。决心下后，我感觉到内在生起一股新的能量，这让我完全变了个人。我的剑又回到它应有的位置。我走向那人，真切地感受到新生的能量在体内流动着。我把剑举过头，准备将对方一剑击倒。此时，师父断然下令停止比赛，我于是放下了剑。

小川先生写道，香川先生说大师那时已明白了他的弟子已证悟"无剑之剑"。

接受山冈铁舟的训练，剑士必须经受像上面那样的严峻考验。从其长时间的禅修中，剑师知道，一个人想要唤醒无知的本能，必定要让有知的意识死亡，必定要死而后生。剑道学人通常体力充沛，能忍受高强度的体能训练，同时，他们并不似许多禅宗学人那样执着于各种形而上的问题。因此，对想通晓剑道艺术的剑士而言，也许体能的训练法是唯一有效的方法。通过此方法，剑士也能经历禅人常说的"大死"。

九

上面这些史事足以让我们得出这样的结论：当必死之心已下，当意识不再考虑死亡之事，心中就会生起新的能量。这一点从外表也可得知，因为此人的神情已焕然一新。当这种情况发生时，本能即开始引导人的行为，奇迹也就出现了。这些奇迹被称为"妙"。由此，"妙"与本能是相关联的。当生命脱离了种种知识，不被各种意识、假设所困，而是让"无知"的机制内在运行，生命则可以如映像般地自发、无碍地自我观照，如同有机体的生理机能一样。

此刻，也许有人会问：每一个生命都本能地惧怕死亡，我们又如何能有意识地解决死亡的问题？是的，即使是在死亡已不可避免的攸关时刻，人们依然会想方设法地挽救自己的生命，只有在油灯枯竭时才不得不让火熄灭。自杀是很不正常的。然而在现实中，只有人才有自杀的行为，这就说明了还有比生命更有价值的东西。我们也可以再问：我们能摧毁的并不只是死亡之想，其实在心里，生存的欲望依然存在于"无知"。难道不是吗？当我们扼杀了活下去的欲望时，我们以为是自愿地结束生命，然而事实上心中是否还在无意识地渴望着生命？就像低级动物与植物那样，它们并非有意识地去渴望生命，而是不断地存在着，不自觉地维持着生命的状态。

但人类有意识地为生存奋斗，因此凡是与生死有关的东西都会引起人们的关注与想象。正是想象，或更确切地说，是幻觉，而不是生命的本来面目，让人们心生各种烦恼、恐惧、担忧。当这样的幻觉被清除后，生命应该就以自己认可的最佳方式照料好自己，不是吗？剑士让其生的本能按天道原理自然地运行，这难道不是剑士之道吗？没有了理智意识以及自我欺骗的思虑等人为的干扰，生命自然就知道什么才是最佳的行进方法。毫无疑问，想从意识领域中将死亡的想法抹去是最难的，但也不是无法做到这一点，因为意识领域毕竟是人为的，是个人和集体有意培养出来的。我们需要在洞察力的帮助下拥有坚强的决断意志，但我们也清楚，意志是可以培养的，特别是剑士，其一生都奉献于意志的培养上。他得把死亡的想法从日常意识里驱除出去，使生命的自我保护本能显现出来，让这一本能全面地占领无知的意识领域。这样的本能是绝对自由的，没有知识与情感的阻碍。不仅如此，这样的本能还能充分地运用剑士所学的技艺。当剑士在回想这一切时，他会为无知的妙用而震惊，这种妙用根本不是依靠自己的人为意识来运行，而是好像由外在的他人来执行。我想，大体上，成熟剑士的心理感觉就是这样的。

在某种程度上，一些著作所提到的"不动之心"的"剑格"，与泽庵宗彭给宗矩的一封信所说的是一样的。宗矩是泽庵宗彭的在家弟子，也是德川家光的老师。然而，泽庵宗彭对心之体会比宗矩深得多，后者对心的体会只是止于心理方面；而泽庵宗彭是禅师，看到是万物的直接本源，即玄学上的"道"或宇宙"无知"的运行法则。这个词由于其心理领域的内涵可能易于被误解，主要是因为剑士的洞察力有限：剑士持剑对敌，尽管他知道性命攸关，但身处险境并不畏惧，他本能的求生欲虽然是无意识的，但仍残存于潜意识中，毕竟，他还没有达到空性的境界：这种境界只有在含藏万有的阿赖耶识被彻底打破才有。就眼前生死搏击时刻而言，剑士做得很好。然而，当他回归日常生活中，他的凡心也回来了，他又成为一位有着种种欲望、执着和不安全感的俗人了。

禅师就不同。他的训练从万物的根本开始，从生命的终极意义开始，从其人格的完善开始。剑士也要面对生死，生死问题几乎贯穿着他的一生，但只有当形势万分紧急时他才与禅师有着共同的目标：探求生命的最终目的。但剑士在刚触及本能（"无知"）时就停止不进，而禅人则勇往直前，直至虚空粉碎，万物显露出本来面目。宗矩说得很好（非原文）：

　　心即是空，然而空能生万物：在手可捉，在脚可行，在眼可视……此须当下明白，尽管很难，因为单凭书面知识或者通过与人交谈是无法了知的。剑格也在于对此种心的体认。若剑士了知此心时，则其言真诚，其行自如，无有自我。凡人之心都被染污，而本心却是纯净的——本心即是道。

我这么讲，好像我有过空性的经验似的，实际上远非如此。我之所以写下这些话，是因为我想人的生活应该与空性合而为一。如果我们不能将空性运用于生活中的方方面面，那么作为剑士，至少也应该将其用在剑道上。

宗矩很坦率地承认自己尚未证得空性，但他完全明白自己作为剑士所应有的责任。他一定认真研读了他的老师泽庵宗彭给他的教言。泽庵宗彭是一位资深的禅宗大师。也许他从未像职业的武士那样研究过剑术，但毫无疑问，他完全能持剑与包括宗矩在内的任何剑士比赛，而宗矩被公认为是日本那时候最优秀的剑士。从宗矩和其得意弟子们讨论剑道的书信中，以及其他禅师与职业剑士的比赛情况可知，宗矩自己一定意识到自己实际上并非泽庵宗彭的对手。

上面我花了大量的篇幅来讨论小田切一云关于剑道的手稿。在"剑格"这一主题上，手稿的阐述明晰。我认为，大师剑派的名称反映了大乘佛教的哲学精神，特别是禅宗的教义。小田切一云和其师针谷夕云（该派的创始人），称其剑派为"无住心剑"。这一名字源自大乘佛教的经典，也是禅宗的基本经典之一——《维摩诘经》。该经认为，万物的本源是"无住"或者"不于任何处起执着"，意思是万物的本质超越常人的理解，不能简单地以时空观来理解。由于它超越了所有相对的存在形式，又称为"不住于某处，无所住"。因此，该派所用的剑并非有形的平常之剑。当然，作为剑士，遇到敌人时肯定要拿起剑，但其剑却是无形的。所以，面对着这样一把剑，敌人就无所适从：他无法循其踪迹，做出反应前已被击倒。敌人永远无法知道这一切是如何发生的，因为只要他一站在这无形之剑前，其脑袋已不在项上了。

读者也许会问："无住剑"到底是什么样的剑？让人流血的难道不是剑士手中实实在在的剑吗？

佛光国师是镰仓圆觉寺的创始人。他应北条时宗之邀于1279年来到日本。在中国，他受到南下的蒙古军的威胁。那些蒙古军没有宗教信仰，也不尊重宗教。当他们看到正在独自坐禅的和尚，就准备杀死他。和尚不慌不忙地念了一首自创的诗：

> 乾坤无地卓孤筇，
> 喜得人空法亦空。

珍重大元三尺剑，

电光影里斩春风。

对于和尚而言，蒙古军手里的剑不过是一阵风儿：风从顶上过，而其身则已与宇宙融为一体，永无变化——无论剑或是炸弹都无法触及。据说，蒙古军不懂和尚念的是什么东西，也许被和尚的"无动于衷"弄得没有耐心了，就离开了这位"怪和尚"。

在禅宗和尚看来，上述的"大元三尺剑"就是一把"无住剑"，不管这剑是握在敌人手中，还是握在自己手中。佛光和小田切一云的不同在于，后者手中握着剑，而前者即将被剑砍杀，一个是主动，一个是被动，但对二人而言，砍向自己的剑如斩春风一般，自己丝毫无伤。

梁代的傅大士（479—569）曾写过一首偈：空手把锄头，步行骑水牛。

什么样的锄头能握在手上却不被发现？其实质与"无住剑"无异。傅大士翻地之锄和一云活命之剑有异曲同工之妙：都源于无心之心。在伊甸园里，亚当拿过傅大士的锄头，不动明王握过一云的剑，文殊师利菩萨也举过般若之剑，这样的剑既夺命，也活命，取决于对方当下的心境。

唐代的盘山宝积是一位伟大的禅师，他曾说过："禅如掷剑挥空，莫论及与不及，斯乃空轮无迹。剑刃无亏。"在其他场合里他又说："三界无法，何处求心？四大本空，佛依何住？璇玑不动，寂尔无言。觌面相呈，更无余事。"

道镜慧端（1641—1721）是日本近代伟大禅师白隐慧鹤（1685—1768）的老师，人们通常称他为正受老人。一日，一位剑士来拜访他，说道："我很小的时候就开始接受剑道的训练。二十年来，我一直在不同派别的师父指导下学习这门艺术，现在已掌握了各个剑派之秘了。我有一个大愿望，那就是成立自己的门派，也已为此努力过一段时间。然而，费了很大的工夫，我至今还是无法找到新门派的最高宗旨。如今看来，在证悟'妙'方面，我所有的努力都白费了。您能否教我走上证悟之道呢？"

正受老人专心听完来访者的话后，站了起来，用尽全力拳打剑士三次，不仅如此，还把剑士踢倒在地。这真的是普通人所能遇到的最粗暴的待遇了，但在剑士身上却有了预期的结果，因为他当下开悟了。据说，此番遭遇在其剑道历程中打开了新天地。

这一次会面的情况在当地的剑士圈传开后，引起轰动。剑士们纷纷前来拜访大师，请教大师如何将禅学运用于剑道中。一日，他们请老人喝茶，邀请他观看他们之间的剑术比赛。最后，他们说：

"您是禅宗大师，按理来说，我们无法与您对峙。但若要比剑，恐怕您也不是我们的对手。"

大师回答："若你们想击倒我，那就出剑吧。不过我想你们做不到的。"

剑士们交换了一下担心的眼神，说道："您真的同意我们与您比试吗？"

大师同意了。

剑士们站了起来，准备好与大师比剑。然而大师拒绝拿剑，说道："我是佛教徒。这里有把扇子，我就用它当武器吧。你们准备好了就出剑吧。如果你们有机会出剑，我相信你们就是优秀的剑士。"

剑士们将剑高举过头，大声叫着，用尽一切办法想把大师击倒。然而他们却无处可击，因为四周全是扇影。最后，他们只能承认自己败了。

后来，有一和尚问正受老人："您的禅法造诣，我无话可说，但您又是如何使剑的呢？"

大师回答："证悟空性就能无所阻碍，此理可用于一切，包括剑术。凡人均被名称、概念所累。当他们听到某个概念时心中就有了分别，而有正见之人则直视事物的本来面目。当他看到剑，就知道剑之道。他面对诸多事物也不迷惑。"

年届八十高龄的高野茂义先生是日本近代最伟大的剑士之一。最近在其一篇有关竹剑的短文里，他谈到了剑术比赛的心理。

当我手持称心如意的竹剑时，我最能进入身剑一体的状态。一旦心存获胜、展示技艺等欲望，剑格必然被扼杀。若没有这些欲望，甚至没有身体之念，就能体会到人剑合一的境界：剑即是你，你即是剑，人剑不再有分别。这就是无我、无心的心理状态。这也许与佛门中所说的空性相一致。在空性中，所有的知觉全被净化（这些知觉很可能会阻碍技巧的自由发挥）。那时，你就摆脱了躯体的束缚，回到了自己的"本心"。

有时我觉得当木偶戏大师把心思全放在演出时，他的心在一定程度上达到了剑士的境界：没有自我与木偶之别。当大师进入了空的状态，表演就成为一门真正的艺术。有人或许会认为木偶戏大师与剑士有区别，毕竟剑士面对的是一位活生生的人，时刻准备将他打倒。但我不这么看。我认为只要二人都达到同样的物我一体的境界，那么无论他们的对境是什么，他们的行为都是一样的。

一旦有了物我一体的境界，作为剑士，我的眼前不再有时刻准备打倒我的对手存在。我好像变成了对方，对方的一举一动、所思所想犹如我的行为和思想，我本能地，或无意识地，懂得应在何时、用何种方法击败对手，整个过程显得自然而然。

上述高野先生"物我一体"的心理论，正可用于形容训练有素的剑士面对敌人时的心理状态。只要他还有持剑的感觉，还想着如何运用所学的技艺，他就称不上是完美的剑士。他须忘记身体，忘掉手中的剑。现在，他不再有剑，不再有身体。这并不意味着这一切都消失了，因为实际上，明明还有某种东西在行动着、思维着。这就是高野先生和其他剑士们、道教和佛教哲学家们所指的"本心"、"赤子之心"，或者"真人"、"至人"，或者"本来面目"。

这一神秘的"不存在"虽"思与行"却无思无行，因为按高野先生的话来说，"他"能洞察"对方"的每一个念头，好像那就是自己的念头一样，所以"他"能应势而出击。显然，"他"既是非他，又不是非他，这与我们充满对立的世界观是不一样的。当非他的境界出现时，他不知道这是"他"还是非他。而当这一境界结束时，"本心"回到自己的意识中，这就是"一念"之觉醒。此时，光明与黑暗分开，主体从客体脱离，二元世界升起。这也是《大乘起信论》的作者马鸣菩萨所谓的"思维的突然觉醒"（"忽见念起"）。这也是高野、宗矩、小田切一云和宫本武藏持剑面对倒在地上的"敌人"时的心理状态。

爱默生的诗歌《梵天》很好地形容了剑士的此种心理：

染血的杀者认为杀了人，
被杀者以为已被杀。
唉，
他们都不得妙道。
我只继续、超越，然后回家。

我的眼前，
没有了过去与遗忘，
阴影与日光也没有两样，
消失的神祇为我而现，
荣耀与耻辱自成一体。

忘记我的人是一厢情愿：
他们高飞时我是他们的翅膀。
我是怀疑者也是怀疑本身，

我也是僧侣们吟唱的颂诗。

大神们觊觎着我的家园，
七圣徒们也徒劳地梦想。
可是您，谦卑爱善者！
找到了我，不再向往天堂。

上帝创完了世，说道："好。"上帝并无任何善恶之举，只说一句"好"；而这个万物之真实面目的"好"字，在日本禅宗的术语就叫"其尽"。

下面的故事引自《庄子》外篇"达生第十九"，也许对我们在这一方面的认识会有所帮助。

有孙休者，踵门而诧子扁庆子曰："休居乡不见谓不修，临难不见谓不勇；然而田原不遇岁，事君不遇世，宾于乡里，逐于州部，则胡罪乎天哉？休恶遇此命也？"

扁子曰："子独不闻夫至人之自行邪？忘其肝胆，遗其耳目，芒然彷徨乎尘垢之外，逍遥乎无事之业，是谓为而不恃，长而不宰。今汝饰知以惊愚，修身以明污，昭昭乎若揭日月而行也。汝得全而形躯，具而九窍，无中道夭于聋盲跛蹇而比于人数，亦幸矣，又何暇乎天之怨哉！子往矣！"

上面几位作者有关剑格的论述中有一引人注目之处，那就是，日本剑士从未想过如何自我保护，总是想着如何攻击别人。因此，从一开始，他所受的教育就是不要有活过比赛的想法。特别在小田切一云的例子中，大师明确告诉其弟子要以"相讨"的心态去迎接对手。这种攻击而不自我防护的策略也许是日本的性格之一，也许可以说明为什么日本剑士总是双手持剑，而不空出一手保护自己。不知这样的用剑方式起源于何时。不管怎样，日本的剑都有长长的剑柄，这是一个明显的事实，唯有如此，武士才能双手握剑并用全身的力量打倒敌人。

在一场比赛中，若有一方总是处于攻击状态，这就意味着此人已决心要将敌人打倒，不顾自身安危，全然不惧死亡。若心中稍有生死之想，他也无法一直保持攻击态势，因为心里总会有一点消极的自我抑制情绪，此自制之情源于自我保护的本能。死亡的问题一开始就必须放下。这也是为什么宗矩反复告诉剑士，在比赛中要无所畏惧，甚至不必考虑能否在比赛中活下来。一旦与敌人面对面，他就必须与手中之剑合为一体，让剑自如地出击。

从心理上来说，此时的剑就象征剑士的"无知"，剑士就如同机器人那样行动，他不再是自己，而是让自己受制于某种非同寻常的意识，此意识即是其内心深处的无知（真心），只不过此前他从未感觉到。但是我们必须明白，达到这样的心境并不容易，除非经过长期的系统化训练。这样的训练不仅是道德上的，更多的是精神上的。正如一云所说，一流的剑士必须也是一个"完人"：其艺不仅要精湛，其德也须高尚。他不应当仅仅是一名职业技术人士，只想着展示技艺，因为一旦剑士在展示其技艺中失去了耐心，他就会在比赛中失败。下述梅津和富田势源二位剑士相见的故事就是一个极好的例子，它告诉人们，若人格不好，其结局也不善，也说明了剑只是一种精神象征，而不是一件恶意的杀人工具。

约 17 世纪初，有一位名叫梅津的剑士，以精湛的剑术著称，自己也为此自豪。当他听说富田势源要来美浓（梅津在此地教授剑道），就很想与他比试剑艺。然而，富田势源并不急着接受他的请求。他说："剑只用于惩罚罪犯，或是捍卫荣誉。我俩谁都不是罪犯，也不存在荣誉受损的问题。那比赛有什么用呢？"梅津认为，这不过是富田势源害怕失败的一个借口，于是更加高傲，公然以剑术第一自居。

美浓的统领齐藤义龙听说了此事，也有了兴致，于是派了两位仆人前往富田势源处，礼貌地请他授受挑战，但富田势源没有应答。统领再三邀请。富田势源知道再也无法拒绝，就同意了。于是，统领选出一位裁判，定下了比赛地点和日期。

梅津极为重视此次比赛，连续三天两夜斋沐。有人劝富田势源效仿斋沐，但富田势源拒绝了，说道："我一向都在培植真诚之心，此真诚心并不是危急时神灵们所能给我的。我无伤人之心。我接受此挑战，是因为再三拒绝统领的邀请非君子所为也。"

比赛日到了，两位剑士都按时到达指定地点。梅津由一大帮弟子陪同着，手持一把三英尺六英寸长的木剑，而富田势源的剑长不过一英尺三英寸。梅津就要求裁判让富田使用真剑。富田势源得知后婉拒，说梅津若愿意，大可在接下来的比赛中使用真剑，至于他本人，手上这把一英尺多长的木剑就足矣。仲裁者于是下令二人都使用木剑，剑的长度则由双方自己决定。

二人都做好了准备。梅津持着长木剑，像一头凶猛的狮子，想一下击倒对手。富田势源显得若无其事，仿佛是一只正在捕鼠的猫。当他们对峙了一会儿后，富田势源大喊一声，短剑当下就砍在了梅津的脖子上。梅津的脖子开始流血了。此举让梅津发了疯，他使出全身力气，想用那把长而重的剑击倒对方。但剑还未落到富田势源身上，富田势源的短剑又重重地击中他的右臂，梅津的剑从手中掉下，在富田势源的脚下断成两截。梅津想从腰间拔剑，但是手臂不听使唤，人也倒在地上。后来一位旁观者说："当时富田势源就像是在劈竹子，那么简单、清楚、随性。"华严宗学人也许还会加上一句"毫无阻碍"。

富田势源不仅仅是一位剑士，他是庄子提到的"水不能淹、火不能焚"的"神人"。而梅津正好相反，他不了解剑道的精髓在于剑士的道德和精神，无比的狂妄自大，把以剑艺为基础的过度自信和攻击性当成剑格的全部。他从没有认识到，单纯的攻击（这也是日本剑术的特点之一）传递的不过是获胜的体育精神，唯有超越胜败、得失之心才能掌控比赛的整个过程。参赛者不仅在意识上不能有想获胜或不被打败的想法，而且还要切实地（而不是单纯在理论上或概念上）解决生死的哲学问题。正因为如此，一云和宗矩非常重视禅修。通过禅修，剑士才能超越技巧的有限性。

十

与剑格相关的还有一种心理现象，也许会让"心灵学研究者"产生兴趣。这是一些剑士发展出来的心灵感应术或读心术。据说宗矩有这种"第六感"。我个人认为，此种感觉来源非常深奥，不能将其归为不正常的或是超常的心理现象。

《击剑丛谈》一书这么写道：一个晴朗的春日，宗矩在其花园中散步，欣赏怒放的樱花，看起来非常专心。一位男童手捧着大师的剑跟随其后。男仆心想：无论我家主人的剑艺多么精湛，现在的他如此沉浸在花海中，从其背后袭击他应该很容易。而大师此时正好回头看了一下，好像感觉有人藏在某处，就想找出此人。看看四周无人，大师就回到屋子。他静静地倚在一根柱子上，失魂落魄似地四顾。仆人们都不敢靠近大师。最后，一位仆人走上前去，问主人是不是身体不舒服，要不要帮助。大师回答道："我很好，但不知道为什么一直有种很奇怪的感觉。通过长期的剑道训练，我已能觉察到对面或是周围人的念头。刚刚在花园时，我突然感到有某种'杀气'。我四下观察了一下，但是除了小男仆，周围连只狗都没有。这种感觉我无法解释，闷闷不乐，所以才心不在焉。"

小男仆听说了此事，就向主人忏悔其在花园跟在主人身后时的不良想法，希望得到主人的宽恕。这让大师很高兴，说道："总算水落石出了。"

下面是一则关于动物智力的故事，颇为精彩。如果可以用实验来测试，那么我们一定观察到动物那种非同寻常的本能。人类已失去了大部分的本能，而这些本能则在被称为低等动物的身上不时得到体现。当然，可能有人会认为此类故事纯粹是编造的。以下的故

禅与剑道（二）

事同样与宗矩有关。

大师曾经养了两只猴子作宠物。弟子们训练时，猴子就在旁边观看。由于天生喜好模仿，也喜欢运动，它们就学会了持剑的方法，也会玩起比剑。在某种程度上，它们成了专家。当大师的一位浪人朋友希望用长矛与大师比试时，大师建议他先与其中一只猴子比比看。浪人觉得这是在侮辱他，自尊受到很大的伤害。开始比赛了，猴子的武器是竹剑，浪人的武器是长矛。浪人决定一矛刺倒猴子，就凶猛地把长矛刺向猴子。然而，猴子非常灵活地躲开，并同时靠近浪人，向他发起攻击。浪人只好用长矛保护自己，但不起作用。猴子跳到长矛的柄上。浪人只能承认自己失败了。

当他羞愧得面红耳赤地去找宗矩时，宗矩说："我一开始就知道你无法与猴子对峙。"

浪人不再造访大师。半年后，浪人又想与猴子比试，就来找大师。大师知道此时猴子已非浪人的对手，就不同意比赛。然而，浪人不断坚持，大师只能叫人把猴子带进来。猴子一站立在浪人面前，就把武器扔向浪人，然后大叫着跑走。宗矩最后说道："我没说错吧！"后来，他推荐浪人做他一位同行的侍者。

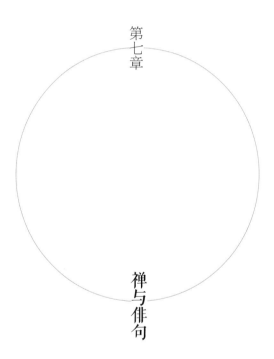

第七章

禅与俳句

离开佛教，日本文化就无从谈起。因为我们知道，日本文化发展的每一阶段，都或多或少与佛教的情怀有着某种关联。事实上，日本文化的每个部分都受到了佛教影响的洗礼，这种影响是如此普遍，以致生活在其中的我们几乎意识不到它的作用。佛教自从6世纪由官方途径介绍到日本以来，就已经成为日本文化史中起促进作用的组成力量。佛教的传入这一事实，可以说是出于当时统治阶级的愿望——使佛教成为文化发展和政治统一的手段。

佛教急速且必然地与国家融为了一体，但从纯粹的宗教观点来看，这对佛教精神上的健全发展是否真的有益，是值得怀疑的；但作为历史事实，佛教与历代幕府政权浑然融为一体，帮助了幕府在各个方面推进其政策。而且，由于日本文化的根源通常掌握在上层统治阶级手中，所以佛教带有贵族主义烙印也是理所当然的。

要想知道佛教是多么深刻地渗透到日本人的历史和生活当中，最好的办法就是想象一下所有寺院以及藏于其中的一切宝物都被摧毁时的景象。那时的日本，即使拥有很美的大自然和很热情的人

禅与俳句

民，也一定会成为一方极其荒凉的土地，看上去像一个荒芜的家，没有家具、绘画、隔扇、雕刻、织锦，也没有庭园、插花、能乐、茶道等。

一

若论及禅宗及其给日本文化带来的影响，或者更应该说禅与日本文化之间的关系，那么就必须要知道一些禅宗与在日本盛行的其他各佛教宗派所具有的不同特征。

简单地讲，禅宗的哲学是指大乘佛教的哲学。禅宗里有一种体验这种哲学的特殊方法，那就是，直接洞察我们自身存在的秘密，即"实在"本身的秘密。因此，禅宗建议我们不必遵循佛陀的语言或文字的教导，亦不必相信比自己更高级的事物的存在，或者去实践戒律式锻炼公式，而应该无介质地直接获得内在体验。它诉诸直观理解，日语中称之为"悟"的体验就是由此而来的。没有"悟"，则没有禅。禅与悟是同义的。"悟"这种体验的重要性，现在似乎被看作是禅所独有的东西。

悟的原则就是不依赖于概念而到达事物的真理。概念对定义真理有用，但对我们亲身理解真理不起作用。概念性的知识，从某种意义上来说可以令我们能言善辩，但那只不过是肤浅的东西，而不是富有生命力的真理本身。因此，它缺乏创造性，仅仅是无生命物的堆积而已。如果说有东方认识论的存在，那么可以说禅在这一点上最充分地反映了它的精神。

有人说西方人的心理是秩序性的，即理论性的，而东方人的心理则是直观性的，这说的是一个事实。直观性的心理虽然也的确存在缺点，但其最大的优点将会在处理生活中最根本的事情——与宗教、艺术、形而上学相关的事情——时得到显示。正是禅，奠定了这一事实——悟的意义。生命及事物的终极真理，通常不是通过概念而是通过直觉获得的观念，以及直觉理解不仅是哲学，而且是其他一切文化活动基础的观念，正是禅宗对日本人艺术鉴赏的涵养方面所作出的贡献。

这就奠定了禅与日本艺术概念在精神上的关系。无论赋予艺术什么样的定义，它都是发自于对生命意义的体味，或者可以说是生命的神秘深深地渗透进了艺术的结构中。因此，当艺术极其深远地且以创造性的姿态展现出它的神秘时，它就会打动我们的内心深处。这时，艺术也就成了神作。最优秀的艺术作品，无论是绘画还是音乐，雕刻还是诗歌，毫无疑问都包含了这样的性质——某种近乎于神作的东西。看看那些真正的艺术家，在到达他们创作活动的巅峰时刻时，在那一瞬间，他们将变身为创造主的代理人。艺术家

禅与俳句

生活中的这种巅峰瞬间，用禅语来讲即为悟的体验。从心理学的角度来看，悟就是对"无意识"的意识。

因此，悟的体验并不能从普通的教或学的方法中获得。它需要自身特有的技术来指示超越知识分析的神秘存在。生命充满了神秘。有神秘感的地方，必有禅的存在。这在艺术家之间被广泛称作"神韵"或"气韵"（精神的节奏），掌握了这一点，就可以说形成了悟。

由于悟拒绝从属于任何理论范畴之下，故而它的实现必须要有一种特殊的方法。概念性的知识有它的技法——进步的方法，人可以通过这种技法一步一步向前迈进；但是，不可以通过它到达事物的神秘境界。若到达不了事物的神秘境界，则不可能成为任何方面的师匠或艺术家。任何一种艺术中都存在着一种神秘性、一种气韵，以及日本人所谓的"妙"。正如前面所述，禅与任何领域的艺术都密切相连。如禅师一样，真正的艺术家是懂得如何领悟事物之妙的人。

妙，在日本文学里有时被称为"幽玄"或"玄妙"。曾有一位评论家说过，所有伟大的艺术作品，其中都包含了"幽玄"，通过"幽玄"，我们瞥见了变化世界中永恒不变的事物，洞察到了客观存在的秘密。哪里有"悟"的忽然闪现，哪里就有创造力的出现；哪里有创造力的出现，艺术就将会表现出妙和幽玄。

悟，带有一种特别的佛教色彩，这是为了洞悉生命的神秘，以及与事物的客观存在相关的佛教真理。悟，一旦表现于艺术，将会创造出随精神节奏跳动的、展现"妙"的、让人瞥见到深不可测的"幽玄"的作品。如此，禅在日本人对所有艺术领域中的神秘创造本能的接触和理解方面给予了极大的帮助。

二

这种神秘的东西，不是通过知识的分析和体系化获得和发挥作用的，因此我们可以得出这样的结论：悟，是神德所行，是艺术天才所独有的。然而，为了将悟带入普通人所能到达的范围内，禅设法以自己独特的方法来实现这一目的。这是禅与其他佛教派别的不同。但是，从普通意义上来讲，这种禅的方法实际上也难以称为方法。这种方法有时是一种可怕的残酷方法，因为它不科学，而且很野蛮。

在第一章里，我曾引用了宋代五祖法演将禅的方法比喻为学习夜盗之术的说法来说明这一点。这种方法其实也是一种母狮试探幼狮的方法。幼狮出生两三天后，母狮将其扔下山崖，看幼狮是否有爬上来的自信和勇气。若不能爬上来，则认为其没有作为狮子的价值而不屑一顾。从某种意义上来讲，天才是天生的，而不是艺术性地创造出来的。为师者的义务，就是为了培养弟子所拥有的最宝贵

禅与俳句

的天赋而给予他一切机会。真正形成其人格价值的就是这一点。禅的方法的确是很危险的，但若不冒险，就不会得到想要的东西。

宝藏院流派的人们使用一种长枪。这种枪是由该流派的始祖、归属华严宗的一个名叫胤荣（1521—1607）的和尚发明的。这种枪的枪尖中部有一个呈月牙状的分支。据说，这个和尚在枪尖添上这个多余附属物的想法是这样来的：每到夜晚，在寺庙的院子里用枪锻炼身体是这个和尚的习惯。近来最令他心烦的不是枪术的精湛，因为他已经是这方面的专家了。他心里想的是如何实现自己与枪、人与武器、主体与客体、行动者与行动、思想与行为的完全统一。这种统一被称为三昧，实现这种统一正是这个和尚——枪术家——日日锻炼的目的。在练枪期间的一天夜晚，胤荣忽然看到闪闪发光的枪尖与新月的倒影在池中交相辉映的情景。他由此获得了感悟，并终于能够打破自己的二元意识了。据传，在这次体验之后，他就在枪尖上附加了月牙状的分支。当然，我们想要指出的是他开悟的事实，而非他的创意。

宝藏院和尚的这种体验，令我想起了佛陀的体验。佛陀的开悟是他在一个清晨仰望拂晓时分的金星时发生的。他曾经长年沉浸于冥想，知识性的探求丝毫没给予他精神上的满足。他一心努力想要发现能够更深层地触及自己人格的根本性的东西。在看到金星的那一刹那，他意识到了一直在探求的一种自己内在的东西。就这样，他成了佛陀。

宝藏院和尚在他洞悉枪术的秘诀后成为了枪术的"名人"。名人，是指超越专家的人，是技法超越了最娴熟境界的人。他是一个创造性的天才。无论从事什么艺术，其独创的个性都能令他与众不同。这样的人，日语中称之为"名人"。世上没有天生的名人，只有历经无限辛苦的修炼之后方能成为名人。唯有这一系列体验才能使其通向艺术的秘密深处，即通向生命源泉的直觉。

加贺千代女（1703—1775）想要在俳句方面提高自己，就去拜访了当时偶然路过当地的有名的俳句宗匠。于是，宗匠给她出了"杜鹃鸟"这类她应能做出来的很普通的题目。杜鹃鸟是日本和歌诗人和俳句诗人特别喜爱的一种鸟，由于这种鸟的显著特点就是在晚上边飞边鸣，所以诗人很难听到它的啼叫声，也难以看到它的飞行。有一首吟咏杜鹃鸟的和歌就是这样写的：

> 子规声声啼，
> 放眼追寻去。
> 唯晓月悬空，
> 不见其踪迹。

禅与俳句

千代女以老师给她出的题目试着创作了几首俳句，但由于都是概念性的内容，缺乏真情实感而遭到老师的退回。千代女不知该怎么办，不知道如何才能更纯粹地表达自己。于是，她一整个晚上都在思考这个题目，甚至都没有注意到天已破晓，窗户也开始变亮，然而，就在这时，一首俳句已然在她脑海中成形：

苦吟杜鹃鸟，

漫漫长夜何时了，

蓦然已拂晓。

她将这首俳句拿给宗匠看，宗匠看了后当场给予了高度评价，说这是迄今为止吟咏杜鹃鸟俳句中的一首佳句。就像"无意识"与禅有联系一样，"无意识"好像与艺术作品也有着某种联系。这体现在禅宗给日本文化带来很大影响这一点上。

三

唐代杰出的禅师临济，曾在其师黄檗门下三年，但在禅的研究方面还是一无所获。这当然不是他才疏学浅，也不是他不认真钻研禅学。事实上，他心无旁骛地专注于研究禅的奥秘。对此，黄檗门下的最高僧睦州也看在眼里，于是他将临济推荐给师父黄檗，并拜托师父说，若这个追求真理的年轻人来请教的话还请特别关照。同时，他又对临济说，你去向师父黄檗请教吧。但临济却说："去问什么好呢？"临济的这一提问并无他意。但对一个对禅、对宗教信仰心理多少有些经验的人来说，当场就明白了临济当时正处于精神上的死胡同。也就是说，处于前途完全被阻塞而无法前行，同时由于身后的桥被烧毁而无法后退的境地。但是，因为这种状态并不是心理处于空白或者绝望的状态，所以一定是有什么东西在不断让他前进、跳入深渊，想要斩断尽管微弱却与自己相连的最后一条线，但那究竟是什么却不得而知。因此，就出现了"去问什么好呢？"这样的提问。这个提问成了禅宗历史上最有意义的一个提问。对此，作为临济最亲密友人的高僧睦州说道："那你就去问和尚何为佛法大意吧。"这其实是为临济确定心意指引了一个方向。

于是，临济接受了友人的指点去见黄檗，并问道："何为佛法大意？"没料到，话还没问完，就遭黄檗痛打了一顿。当然，临济是一脸茫然，不知何故。他去找睦州商量，睦州说再去一次，还问同样的问题。临济听从了忠告又出现在师父面前，结果又遭受到同样的对待，真是无情至极。临济非常沮丧，越发困在了死胡同。而睦州硬是要求他再去见黄檗，临济只好唯唯诺诺地第三次去见黄檗。但是，黄檗依旧是狠心的不热情的态度。睦州心想，"临济新的轮回时机来了"，于是请黄檗让他去向其他的和尚请教。黄檗对临济讲，你去大愚那儿吧。在大愚那儿，临济终于懂得了黄檗的"老婆心切"，并开了悟。临济在开悟的瞬间大声说道："原来黄檗的佛法并没有什么啊。"

就佛教的概念性知识而言，临济不逊于当时任何一个学者，却没有得到最后的满足。他内心追求着一种真正的、积极的终极真理，并想通过自己获得它。临济十分清楚，外界附加于己的绝不会真正属于自己，这种附加物只不过是纯粹的负担，负担加重，将会失去自己的自由和独立。他在黄檗门下的三年冥想并不是浪费时间，看上去徒劳的暗中摸索，在睦州、黄檗、大愚的深厚友情的指导下，最终获得正果。在临济深刻洞彻到的"无意识"境界，最终领悟到了"佛法之类并没有什么"。因为，"无意识"不是储蓄知识的宝库，而是不知干涸的生命源泉。知识不是被储藏于此，而是如参天大树是由一粒极其微小的种子开始生长一样，是由此生长起来的。

从前面的引述我们可以明白，对禅宗开悟方法的心理解释就是"人的极限即为神机"——用东方的哲学来讲，其根本即为"穷则变，变则通"这一真理。纵观一切伟大成就，都是抛却了有意识的以自我为中心的努力，任由"无意识"发挥作用而得以实现的。任何人的内部都隐藏着神秘的力量。唤醒这种力量，发挥其创造力，这就是参禅的目的。

经常有人说，人变得疯狂的时候，往往会成就伟大的事业。换句话说，人处于通常的意识层时，其思想和观念是合理化构成的，是受到道德的约束的。正因为如此，我们才都是普通的、俗套的、平平凡凡的俗人。也就是说，我们原本都是无害的市民，是合法行动的集团中的一员，从这一点来讲，是值得称赞的。但是，这种平凡的灵魂缺乏创造力，也没有想要偏离自己走习惯了的道路的冲动，也从未想要打破谦让和不犯罪的平庸标准。他到哪儿都不会犯错。若想要偏离日常陈腐的道路，则必定会被视为危险人物。这样的人千方百计使自己不脱离自己所在的地方。我们可以很好地了解那样的人。他是可以寄予厚望的人，就好像数学中的几何学一样，其全部意义都应该可以看到、推测到和得到说明。然而，伟大的灵魂却截然不同，不被人寄予厚望，而且很疯狂，想要见他时却无法挽留。他总是追求某种超越自己的东西。当他真挚而认真地面对自己时，这个某种超越自我的东西就会将他推向更高的意识层次，让他以更开阔的视野看待事物。若是能够知道自己真正的所在之地、自己可在而且是必在之地，那么为了实现附在自己身上的幻想，他

禅与俳句

将会变得疯狂。一切伟大的艺术就是这样被创造出来的。作为创作家，艺术家们不会像我们一样仅为常规事物所动，他们生存于高维层面。赋予这种更深刻的灵感源泉以闸门，是禅的特殊方法论的目的所在。

《圣经》里有这样一句话："叩门，就会为你开门。"人们通常不理解"叩"的意思，一般只会想到用拳头轻轻敲门之类的意思。然而，从精神上来讲，这里的"叩"绝不是普通意义的叩，而是指以构成其存在的肉体的、智慧的、道德的和精神的一切，向创造自我之门叩去。当人的全部所有被用尽全力投向这扇创造之门时，才会产生冲击，将他推向不可思议的领域。禅的修炼便可以使人到达这种体验。因此，禅与艺术都是点燃生命力的源泉，而"无意识"正属于不可思议的领域。

对"无意识"的形而上学的分析，会让我们陷入哲学家所说的同一性理论。当然，要到达这种程度固然需要大量的说明和限定，但是，如果观点仅限于个人意识的话，我们就会连所谓的"集体无意识"都到达不了。至于"普遍意识"或者"宇宙无意识"，倘若不超越担负着对人的意识进行分析性研究的科学所建立的一切桎梏，将绝无可能得到实现。"宇宙无意识"总给人一种过于抽象的感觉，但人的各种宗教性直觉却倾向于这种形而上学的假设，并由此解开了很多重要问题。例如，共鸣性想象的可能性、华严哲学主张的圆融无碍说、深入他人内部的感情移入理论等，都是在触及"宇宙无意识"时，才得到了根本性的解释。这一点，在本书后续部分将会有所触及。

四

正如前文所示，在禅宗教示的诸多内容中，与日本人的艺术和生活有关、值得注目的一件事就是强调悟的体验，通过这种悟的体验，"宇宙无意识"得到了具体性的表现。

悟，即为"痴狂"，是对普通意识标准的一种超越，前面也已经说过，悟是一种异常。然而，悟也有另外一面，那就是在正常中见异常，在平凡事物中感知神秘，获得对创造整体意义的顿悟，取一片草叶使其变身为丈六金身佛。如果这样的话，禅将变得极其普通、极其陈腐，如羊般温顺，泡在泥水里，随世俗之流沉浮，与世间其他人毫无二致。

从前，有一位对自己的师父不满的禅僧。由于觉得师父没有给予特别的指导，所以为了更深刻地理解禅，他就离开了师父，为了得到自己想知道的东西，而任性地奔赴其他地方。在不同禅师间辗转的过程中，他得知坊间流传着自己原来的那位师父是一流的禅

禅与俳句

师。自己离开师父一事深受同仁的谴责。师父见弟子在各个寺庙流浪后又返回自己身边，便问道："为何回来？"这个禅僧坦白了缘由，并热切地恳请师父，请他为年轻无知的自己指点迷津。于是，师父说道："禅不存在什么秘密。一切都是敞开的，一切都是原样呈现的。以前你在的时候也好，现在你回来的时候也好，你拥有的完全相同，什么都没有失去，你还要什么呢？"

弟子因为没懂师父所言，继续向他请教。师父说道："早晨起床后，你到我这儿向我道早安，我也回你早安。到吃早饭时，你为我端来粥，我吃了它，向你表示感谢。到午前斋食时，你为我添菜盛饭，我高兴地将它吃完。到就寝时刻，你又到我这儿向我道晚安，我也说一声晚安来回答你的问候。从清晨起与你相见的这些时刻，不都是向我学习禅的好机会吗？你到底想要知道什么禅的秘密呢？如果有秘密的话，那也只有你有，而我没有。"（《传灯录》）

像这样，禅的世界与包容五感、常识、陈腐的道德论，以及理论性辩论的普通世界别无两样。唯独不同的是，禅拥有形成这些基础原理或真理的直觉。原理或真理这类词语，也许对于我要表达的意思不是很恰当，但不管怎么说，禅与我们面对相同的宇宙、相同的大自然，而且对相同的对象和相同的特殊存在感兴趣。青蛙跳入水中，蜗牛沉睡于芭蕉叶上，蝴蝶于花丛中飞舞，月儿投映于水中，百合花在田野里开放，秋雨敲打茅屋屋顶……对富于季节变换的大自然的这一切，禅有着深刻的关注。当这些直觉以俳句这种诗歌形式表现出来时，就赋予了我们世界文学史中极其独特的东西。

对于俳句的形式，我想大家都很熟悉，所以在此我仅对其内涵意义稍作陈述，由此可以告诉大家俳句的诗性和哲学存在于什么地方。

也许大家会心存怀疑，如此之短的文字罗列，是如何表达那些打动诗人的优秀思想和情感的呢？俳句通常可能描写一些像加贺千代女的《牵牛花》和芭蕉的《古池》所表达的平凡琐碎的情感，然而，俳句为何能表达出诗人的创作冲动，能够成为对永恒的、超自然的、神秘事物的情感宣泄口呢？更进一步讲，是不是因为日语非常丰富，足以用来表达伟大的思想和深刻的情感呢？虽然这个问题偏离正题，不能在此加以论述，但要理解俳句就必须要了解与欧美人的心理形成鲜明对照的日本人的心理特性，这一点倒是可以讲讲。日本人的心理特长不在于通过理论和哲学对事物加以推理，也就是说，为了建设伟大的思想体系而对思想加以排列。关于这一点，可以通过日本人不习惯抽象化，以及他们在知识史上没有显示出思考的深刻性来加以说明。日本人的心理优势在于直觉地抓住最深刻的真理，借助表象将其清晰的实际表现出来。俳句就是实现这

禅与俳句

一目的的最恰当的工具。若用日语之外的其他语言，俳句也许会无法发展起来吧。因此，理解日本人就意味着理解俳句，理解俳句就意味着触及了禅宗的"悟"的体验。

五

在给予大家一些启蒙知识后，我想对打动千代女、芭蕉、芜村的情感作一点说明，并由此告诉大家禅与俳句的关系所在，以及禅与艺术和生活是如何密切融合到日本文化中的。

> 寂静古池旁，
> 青蛙跳入水中央，
> 扑通一声响。

据说，芭蕉（1644—1694）的这首俳句给17世纪日本俳句界敲响了最早的革新的警钟。在他之前的俳句仅仅是一种没有深意的、娱乐性的文字游戏而已。正是芭蕉以这首《古池》俳句，赋予了俳句界新的开端。据传，他创作这首俳句的动机是这样的。

芭蕉还在师匠佛顶和尚门下参禅的时候，有一天，和尚来拜访他并问道："今日作么生？"意思是问他最近怎么过的。芭蕉答道：

"雨后青苔湿。"佛顶又问道:"青苔未生时,佛法为何? "芭蕉答曰:"青蛙跳入水中之声。"

佛顶为了试探芭蕉禅机的深浅而发出的第二问"青苔未生时,佛法为何",其实相当于基督教中的"亚伯拉罕未生之前我已在"(《约翰传》,8:58)。禅师就是想要知道这个"我"是谁。对基督教信徒来说,也许只要一句"我在"就足够了,但是在禅宗那里,有问必有答,因为这是禅宗直觉的精髓。因此,佛顶问的是:"世界存在之前有何存在? "也就是说,"上帝在说'要有光'之前,上帝在何处? "而不是讲什么雨后生青苔。佛顶禅师所想要知道的是万物创造以前的宇宙风景。永恒之时是何时? 那只是空的概念吗? 若不是空的概念,我们一定能够设法向他人作出描述。芭蕉的回答是:"青蛙跳入水中之声。"

当时芭蕉的答句里并没有"寂静古池旁"这一发句,后来为了形成一首完整的十七字俳句而添加上去的。也许诸位会问,这首俳句有何革新之处,而体现了它是近代俳句的开端呢? 这首俳句的背后,其实显示的是芭蕉对生命本身性质的一种洞彻。他已经洞彻到了宇宙万物的深邃,并通过《古池》这一俳句将他的所见展现了出来。

为了让倾向于散文的近代人理解芭蕉,我想对此再作一点更

禅与俳句

浅显的说明。很多人往往认为，这首俳句描写的是寂寥或是闲寂的意境。他们往往会往这样的方向发挥想象："古池存在于被亭亭耸立的树木所环绕的古刹院内，池塘周围的老灌木丛和草丛，枝繁叶茂。这种环境加深了涟漪不起的池面的寂静。当这种寂静被跳入池中的青蛙所干扰时，这种干扰本身更体现了笼罩四周的寂静意境。青蛙跳入池中的声音产生回响，这种回响也让人意识到整个环境的寂静。但是，只有自身精神与世界精神真正相统一时，这种意识才会觉醒。这就需要芭蕉这位真正伟大的俳句诗人赋予这种直觉或灵感以声音。"认为禅只是闲寂之道的评论家们，往往会将禅与俳句这样联系起来思考。

然而，我个人认为，将禅理解为寂静主义（17世纪天主教教会内部的神秘主义运动）的福音，那根本是不得要领，同时，将芭蕉的俳句理解为对闲寂的体验也是不得要领。这里犯了两层错误。关于禅，我已在其他地方陈述了愚见，所以在此仅止于对芭蕉俳句的正确解释。

俳句原本是只表达反映直觉的表象，并不表现思想，这一点必须首先弄清楚。这些表象不是诗人脑中创作出来的修辞性表达，而是直接指向原始的直觉，其实就是直觉本身。获得了直觉，表象将变得透明，成为经验的直接表现。由于直觉过于内在、个性和直接，无法传达给他人，因此，它需要寻求表象，并以此为手段来向他人传达。然而，对于没有这种体验的人来说，想仅仅通过表象加以推论来获得事实，那是非常困难的，且几乎是不可能的。因为此时，表象将变身为观念或概念，人们往往想对此施以知识性的解释，正如某些评论家们对芭蕉的《古池》俳句所作的解释一样。这种想法完全破坏了蕴含于俳句中内在的真和美。

只要我们的心在意识的表层运动，就不可能离开推理。将古池理解为孤独和闲寂的表象，认为跳入其中的青蛙和之后出现的情景，更是衬托了笼罩四周的一般性的永恒和寂静感，是增加永恒和寂静感的准备道具。若是这样，作为诗人的芭蕉将不会像我们现在一样活着。他穿越了意识的外壳，进入了最深的不可思议的领域，进入了超越科学家们所谓的无意识的"无意识"中。芭蕉的古池横亘于拥有"永恒时间"的永恒的彼岸。没有比这更"古老"的古老了。无论多大规模的意识也不可能将它测量。那是万物出现之时的千差万别的世界之源，而其对自身却没有显示出任何差别。当超越"下雨"、"生青苔"的世界时，我们将可以到达这种无意识，当我们对其加以知识性的思考时，它将成为一种观念，成为这个千差万别世界之外的另一个存在，也将成为一种知识性的对象。唯有通过直觉方能真正掌握这种无意识世界的永恒性。当我们认为空的世界

禅与俳句

位于日常五感世界之外时，则是不可能获得实在的直觉的。感觉性和超感觉性的两个世界并不是分开的，而是融合在一起的。因此，诗人洞彻了自己的"无意识"，并不是在于古池的寂静，而是在于青蛙跳入池中的干扰的声音，在于倾听这种声音的耳朵。若没有这种声音，芭蕉也将失去对"无意识"的洞彻，这种"无意识"是创作活动的源泉，是所有真正的艺术家们获得灵感的地方。

与极化作用的停止相比，讲述极化作用开始产生时这种意识的瞬间要困难得多。因为如果将这些矛盾相反的用语用于其中，无论如何都会产生逻辑上的不妥。事实上，拥有这种体验的，不是诗人就是宗教天才，由于对这种体验的处理方法不同，有时成为芭蕉的俳句，有时成为禅宗语言。

可以说，人的精神是由几层意识——从二元构成的意识到无意识——构成的。第一层是人进行一般性活动的层次，在这一层次，一切都是二元构成，极化作用则是该层的原则。其下面的一层为半意识层，储存于该层的事物在必要时将随时出现于意识的表面，这是记忆层。第三层则是心理学家通常定义的无意识，丧失的记忆储存于此。当通常所说的心力异常高涨时，这种无意识将被唤醒，埋藏于此的记忆——是谁也不知道其期限的、无始劫以来的，将在它产生绝望或偶然性悲惨结局的同时出现于表面。但是，这种无意识层并不是最后的精神层，在真正更深的地方还存在着作为我们人格地盘的其他层，被称为"集体无意识"或者"普通无意识"，这有点相当于佛教的阿赖耶识思想的"藏识"、"无没识"。这个"藏识"即无意识的存在，虽然不能实验性地加以明示，但在说明意识的一般事实时，对其加以定义是有必要的。

从心理学的角度来讲，可以将这个阿赖耶识，即"集体无意识"，看作我们心灵生活的基础。但是，当我们希望掌握艺术或宗教生活的秘密时，就必须要有形成"宇宙无意识"的东西。"宇宙无意识"是创造性的源泉，是神的工作场所，那儿蕴藏了宇宙的原动力。所有的创造性艺术品、宗教人的生活和奋进心、推动哲学家的研究心，都是来自拥抱一切可能性的"宇宙无意识"之源泉。

芭蕉直觉到了这种"无意识"，并将这种体验以青蛙跳入古池的俳句表现出来。若只在社会生活的喧嚣表面之下，那么这首俳句就不是某些人所认为的对寂静的咏叹。与此同时，它还指在这个复杂的世界中所遇到的、唯有到达"宇宙无意识"时方可获得价值和意义的、位于更深处的某个东西。

因此，日本的俳句无须冗长、复杂、知识性的东西。事实上，俳句排斥观念性的结构。若诉诸观念，对无意识的直接指示或直觉性的把握则会被歪曲、受到破坏和阻碍，永远失去其新鲜性和生命力。其目的在于为他人带来最恰当的唤起原本直觉的表象。俳句中所出现的这种表象，对于那些没有经受过对其中蕴含的意义进行解读训练的人来说，也许根本不能懂得。通过芭蕉的俳句，很多没有接受过俳句鉴赏教育的人，能从古池、跳入池中的青蛙、水声这些最普通不过的现象罗列中看到什么呢？诚然，俳句中不仅仅是对这些现象的列举，其中也含有感叹词和"跳入"这样的动词等。但是，俳句只不过是区区十七个字，却表现了那么深刻的关于直觉的真理——即便使用不可小觑的堂堂观念的排列，也难以恰当表现的真理。

宗教的直觉通常使用简洁的语言，那是平易地陈述精神体验的语言。原本，禅宗语言经常会带有诗句的形式，从这一点来讲，可以说禅与俳句有着非常相近的地方。当这些平易的话语可以加以知识性的分析时，哲学家和神学家们则会相互竞争，写出好多卷有关该课题的书来。同样，若打动俳句诗人的诗歌直觉和诗歌创作的强烈愿望到了其他类型的诗人手中，也许会成为更长的、更复杂的诗歌。就原本的灵感而言，芭蕉不逊色于西方任何一位诗人。字数与诗人真正的资质并无关联。也许诗人所采用的方法完全是偶发的、富于变化的，但我们对人或事物的判断并不是偶发的，而是根据构成他们本质的东西进行判断的。

六

牵牛花自芳，

青青柔蔓绕井旁，

借水因怜花。

　　这首《牵牛花》俳句的作者是加贺千代女。正如散文性的评论家所述，这位女诗人也许不必因为看到牵牛花缠绕在汲水的吊桶上面就去借水。但是，从千代女的想法来看，清晨她想到附近的井去汲水而来到井旁，看到牵牛花时，那一定是美的体现。一个平安朝的女诗人将夏日的早晨作为日本一年中最爽快的时刻之一，而实际上也是如此。盛开的牵牛花更生动地表现出了夏天清晨的氛围，牵牛花的美丽只能维持一个上午，这也是非常合适的。因此，清晨看到牵牛花是看到美本身——如此新鲜，如此令人心醉，如此神圣以致难以接近，充满神秘，最初出自神手的作品。为何这位女诗人，仅仅凭借她在大地上生存相关的实用性理由，就能够触及它而被打动呢？吟咏牵牛花的诗句中还有这样一首诗：

禅与俳句

松树千年朽，

槿花一日歇。

毕竟共虚空，

何须夸岁月。

这是白乐天诗歌中的一段，事实上，时间问题与美毫无关系，美是与诗情、人相关的。

"宇宙无意识"是价值的宝库。一切已经被创造出来的，或者即将要创造出来的有价值之物都储存于此。要想穿越到其深处获得自己体验的珍珠，就需要他是真正的艺术家。每个人都可以是艺术家。千代女看到牵牛花时，她的内在告诉她，在这个世界不能认同的美，会直接化作从一切价值源泉开放出来的美，呈现于眼前。当然，在那之前，每个夏天都看到了牵牛花，只不过在那之前，她还没有领悟到这种至上的美。她被深深打动了，几乎忘却了出来的目的。我想，她一定是因为这个偶然映入眼帘的并非这个世界的梦幻而心醉了，并且在井旁稍稍伫立了片刻。她完全忘却了自己。当她回到日常意识时，她注意到了自己手中还提着水桶，于是向邻家走去。

当她的心理围绕不同的轴线转动时，那首俳句充分叙述了她那至上的幻影，显示了清楚的思想倾向。但是，在这种情况下，当然是十七个字的俳句，而非多行诗。千代女是日本人，是在祖先传承下来的文化环境中成长的，当然是用俳句来表达自己。因此，俳句赋予了日本天才们艺术冲动的宣泄口，是最自然、最适当、最有活力的诗歌形式。由于这个原因，日本人有必要充分了解俳句的价值。没有在日本气候风土中出生、没有接受过日本教育、感受性与日本人完全不同的外国评论家，是不可能进入到俳句精神里去的。

七

从物质、道德、审美、哲学等方面彻底地了解日本环境的相关知识，是非常必要的。对此，我用芜村的俳句为例来加以说明。芜村（1716—1783）同时也是江户末期的著名画家。

蝶儿为花忙，

轻轻飞落吊钟上，

悄然入梦乡。

若不能像日本人那样一提到钟与蝶就立即想到相应的情景，将很难理解这首俳句的意义。这首俳句，从季节来看，明显是初夏季

禅与俳句

节。蝴蝶一般在这个时候出来，作为诗歌联想的对象而引人注目。同时，说起蝴蝶，一般会联想到花，在有梵钟的寺院内，花儿正竞相开放。这个想象会将人引向远离都市的山中寺庙。寺庙中，禅僧们正沉浸于冥想。老树、野花、溪流的窃窃私语，这一切暗示了不为世间欲望和纷争所影响的尘世之外的意境。因为钟楼离地面不是很高，大钟能清楚地映入眼帘，也可以靠近它。大钟是青铜制的，里面是空的，形如圆筒，色调朴实而庄重。当它从横梁上悬挂下来时，就成为不动性的象征。以一根结实的粗圆木（直径四英寸，长六英尺）撞击吊钟时，发出水平流动的、悠长的、令人心绪宁静的声波。这种"铛"的声音是日本梵钟的特性。从钟楼发出的回声，有时会让人感到佛法精神的震撼。在小鸟们忙碌了一天后无忧无虑的归巢时分，尤为如此。

在这个象征自然的、历史性的和精神性的建筑中，小小的白色蝴蝶正停在硕大的吊钟上休息。这种反差顿时从各种角度打动了人心。蝴蝶是一种弱小的、无常的生灵，其生命只能维持一个夏季，但在活着时却极其快乐，时而飞舞在万花丛中，时而沐浴着和煦的阳光，而现在正心满意足地停落在象征永恒价值的庄严的大钟上休息。昆虫与大钟，在大小和威严上形成了强烈的对比。色彩上，在庄严的暗色的金属背景下，纤细、轻盈、优雅的小小白色生灵显得尤为突出。若仅从纯粹描写的角度来讲，芜村的俳句优美地描写了山中寺庙内的初夏风景，十分具有诗意。但若只是停留于景色的描写，那么俳句就会成为单纯的华辞丽藻。有些人认为，诗人芜村多少带有游戏的性质，他将沉睡的蝴蝶置于钟上，毫不知晓的僧人只要一敲钟，这个可爱天真的生命就一定会受到钟声的惊吓而展翅离去。对要发生的事情，无论好坏，毫无察觉，这也是人生的一个特点。我们在火山上跳着舞，却对火山的突然爆发毫无察觉，正如芜村笔下的蝴蝶。从这个意义上来讲，我想他的俳句也让人读出了蕴含其中的对人类轻佻的生活态度发出的道德上的警告。这种解释也不是不可能。命运的不确定总是伴随着我们人世的生活。如今，人们想要通过所谓的科学来加以避免，但人的贪欲却总是在那儿出现，而且多以粗暴的方式出现，使一切"科学的"预测都被推翻。即便自然不会毁灭，人类也将会毁灭自己。从这点来讲，人类采取的是一种比蝴蝶差得多的不良生活方式。人类引以为豪的小小的"科学"让我们意识到周围所有类型的不确定，并说服我们以观察、测量、实验、抽象、体系化的方法来驱散它们。但是，由于由"无明"而生的、创造出其他一切不确定的一个大的"不确定性"的存在，使"科学的"预测化为乌有。在这个"不确定性"面前，智慧人类等同于在寺院吊钟上入睡的蝴蝶。若能看出芜村的游戏性，那

禅与俳句

也是针对我们人类的。那是一种反省，指出了宗教意识的觉醒。

我认为，芜村的俳句还存在着另外一面，显示了其对人生的深刻洞彻。我这么讲的意思是，通过蝴蝶和吊钟这种表象体现了他对"无意识"的直觉。就芜村所见的蝴蝶的内在生命而言，蝴蝶并没有意识到吊钟与自己是不同的存在。事实上，它甚至连自己的存在都没有意识到。当蝴蝶栖身于吊钟上沉睡时，吊钟仿佛是万物之根基，万物将其作为自己最后的栖身之处，蝴蝶是不是与人一样事先发挥了这样的分别意识呢？僧人为正午报时而撞钟，蝴蝶由此感到了震动而飞离吊钟，此时，蝴蝶会因为不曾提防而感到后悔吗？或者，会对这"突如其来"的钟声大吃一惊吗？讲到这里，我们是不是过度地以人类的思维解读了蝴蝶的内在生命，不，应该是我们自身的内在生命，或更应该说是生命本身了呢？生命真的与占据表面意识的分析相关吗？难道我们每个人都不存在超越了智慧思考和辨别的更深刻、更巨大的生命，即"无意识"本身，也即我所讲的"宇宙无意识"的生命吗？只有与"无意识"这种根本性的东西相关联时，我们有意识的生命才会获得真正的意义。因此，在芜村的俳句中，蝴蝶所体现的相当于宗教生命的内在生命，对象征永恒性的吊钟的存在一无所知，而且根本不为"突如其来"的钟声所烦恼。蝴蝶在装点着山坡、散发着芬芳气息的花丛中翩翩起舞。这个被有分别意识的人类通常称为蝶的、作为一种生命形式的弱小躯体在辛勤移动后，现在，它累了，它渴望收起翅膀作短暂的休息。吊钟懒洋洋地垂着，蝶儿停在上面，因为疲倦而进入了梦乡。不久，它感到了钟的震动，这既不是有所思想准备，也不是没有思想准备的。当蝴蝶现实地感受到钟的震动时，它会和往常一样，不假思索地飞离而去，根本不会加以"分别"。因此，它是完全自由的，不会有担心、烦恼、疑惑、踌躇。换句话讲，它的生活充满着绝对的信仰和无畏。只有人类才会认为蝴蝶过着有"分别"的生活，认为它们生活的信仰是"小信"。芜村的俳句是真正蕴含了极其重要的宗教直觉的俳句。

《庄子》里有这样一段话："昔者庄周梦为蝴蝶，栩栩然蝴蝶也，自喻适志与！不知周也。俄然觉，则蘧蘧然周也。不知周之梦为蝴蝶与？蝴蝶之梦为周与？周与蝴蝶则必有分矣。此之谓物化。"

《庄子》的英译者莱昂内尔·吉尔斯博士将"分"与"物化"译为"barrier"和"metempsychosis"，但不管这是什么意思，庄子是庄子的期间就是庄子，蝴蝶是蝴蝶的期间就是蝴蝶。"barrier"和"metempsychosis"，那是人类的用语，根本不合适于芜村、庄子和蝴蝶的世界。

芜村的这种直觉，在芭蕉的《咏蝉》俳句里也能寻找到。

禅与俳句

寿数已将尽，

浑然不觉尽情鸣，

聒聒蝉声音！

对于这首俳句，很多评论家或俳句注解者大体作这样的理解：没有领悟到人生无常的人沉溺于各种享乐，就如同夏日之蝉以为自己永生不灭一样纵情地发出聒耳的鸣叫声。他们认为，芭蕉以具体而通俗易懂的例子，给予人们以道德和精神上的训诫。然而，就我个人的见解而言，这种解释完全忽略了芭蕉对"无意识"的直觉。开头两句的确是对人生无常的一种反省，但这种反省只不过是"聒聒蝉声音"这一结局的序言。这首俳句的重心在于"聒聒蝉声音"这一点上。"知——了，知——了"的鸣叫声，正是蝉表现自己的方法。也就是说，蝉的鸣叫声是向世人宣告自己的存在。在不断鸣叫期间，有一只完全满足于己、满足于世的蝉存在着，谁也不可否认这一事实。引入无常观，贬斥蝉不知宿命即将到来，那是人类的意识和反省。就蝉而言，它是不知道人的烦恼的。一旦天气转凉，自己的生命将随时终结，然而，蝉并没有为此感到焦虑。能鸣叫的期间就是活着，活着的期间就是生命的永恒。为生命之无常而烦恼又有何益呢？或许，蝉正在嘲笑人类总为尚未到来的明日之事而烦恼。蝉一定是在为我们而引用神的训示。"你们这小信的人哪！野地里的草今天还在，明天就丢入炉里，神还给它这样的妆饰，何况你们呢！"（《马太福音》，6：30）

信仰，是"无意识"的直觉的异名。观音菩萨是"无畏之心的施主"。相信观音的人们，将被赐予信仰和直觉的无畏之心。俳句诗人们都是观音的信者，拥有无畏之心，所以他们能够理解蝉和蝶不惧怕未来，不惧怕属于未来的一切事物的内在生命。

对于悟，即无分别的禅的体验与俳句诗人无意识的直觉之间的关联性，我想至此已经大致讲明了。俳句是只有用日本人的禅心和日语这种语言才能创作出来的一种诗歌形式，禅为俳句的发展作出了杰出的贡献。

八

茶道中所体现的"侘"和"寂"的审美观，将在后面一章加以论述，在此，我想对俳句中所体现的"侘"和"寂"的审美观作一点简单的介绍。

芭蕉是伟大的漂泊诗人，是热忱的自然爱好者，一位恋慕大自然的诗人。他的一生是在足迹遍布日本的旅程中度过的。所幸的是，当时没有铁路。现代化的便利与诗是格格不入的。现代科学分析的精神总是要解开神秘，而诗和俳句若缺少了神秘，将得不到繁荣发展。科学的棘手之处在于，它不留暗示的余地，一切暴露无遗，所看到的一切都是赤裸裸的。在科学支配的领域，想象力将望而却步。

我们每个人都面对生活的艰辛这一事实，心灵由此而骨化。由于心灵失去了柔软，诗自然离我们远去，正如青翠的植物无法根植于广漠的沙地。在芭蕉的那个时代，生活还不是那么平淡，也不是那么窘迫。在诗人的漂泊生活中，一顶斗笠，一根手杖，一副行囊就足够了。只要喜欢，无论何处，诗人可以暂时栖身于茅屋，去享受原始旅行的一切体验——大多是原始旅行的艰辛体验。我们必须记住，旅行过于容易而舒适，那就会失去其精神意义。或许有人会称其为感伤主义，但因旅行而产生的孤寂感，促使了人们对人生的意义进行反省。因为，毕竟人生就是从一个未知到另一个未知的旅途。人生赋予我们六十年、七十年、八十年这样的期限，并不是为了让我们去揭开神秘的面纱。若过于顺利地跑完这段行程的话，"永恒的孤绝"的意义将会远离我们而去。

芭蕉对旅行怀着难以抑制的渴望，这一点可以从他的纪行文的一段序言中得以窥见。

日月乃百代之过客，来往之年亦为旅人。浮其生涯于舟楫之上，或执马辔以迎老者，日日羁旅，以羁旅为家。古人之中，多有以旅而终者。余亦不知何年起，受风中片云之邀，漂泊之心难以平静，踯躅于海滨。去年秋，回到江上破屋，掸去蜘蛛尘网。未几岁暮，望春空云霞缭绕，心起越白川关之意。漂泊之神附身，令人神思狂乱；道祖神相邀，心难以平静。补缀绑腿之破绽，换好斗笠之袢绳，针灸于足三里穴位，松岛之月即现心头，遂将住所让与他人，移身于杉风别墅。草庵易新主，欢喜偶人家。（《奥州小路》）

芭蕉的先驱是镰仓时代的西行（1118—1190）。西行也是一位漂泊诗人。他辞去了相当于禁卫的武士公职后，将自己的生活奉献给了旅行和诗歌。他是一位僧侣。诸位一定在哪儿见过旅人装束的僧人独自一人眺望富士山的画吧。虽然我已记不清画这幅画的人是谁，但这幅画却暗示了很多思考，尤其是人生神秘的"孤绝感"。但这既不是孤独感，也不是压抑的寂寥感，而是对"绝对的神秘"的一种深刻体味。那时，西行创作的诗歌有：

富士山上的烟雾，
随风飘荡，

禅与俳句

消失在空中，

不知踪影，

如同我的思绪。

　　芭蕉虽不是僧侣，却一心修禅。秋冬之交的阵雨初来的晚秋时分，大自然就是"永恒的孤绝"的体现。树叶凋零，树木变得光秃秃的，群山开始呈现出萧瑟寂寥之貌，水流非常的澄净。在因辛勤劳作了一天而疲劳的小鸟的归巢时分，有一位孤独的旅者正思索着人生的宿命而变得心情沉重。他的心情与大自然的气息同时变化。芭蕉吟咏道：

　　飒飒暮秋雨，

　　唤我作旅人。

　　虽然并不一定每个人都是戒行者，但我想，每个人的心里一定对超越这种经验性的相对世界的另一个世界存在着永恒的憧憬。在那个世界里，人的灵魂可以静静地思考自己的命运。

　　枯木立清秋，

寒鸦寂寂栖枝头，

日暮西山后。

　　形式的单纯未必意味着内容的琐碎。栖身于枯枝上的乌鸦蕴含了很大的"超越"。万物皆来自未知而神秘的深渊。通过其中任何一个事物，人都可以窥视到这个深渊。要赋予由窥视这个深渊所唤醒的情感一个宣泄口，用不着创作一部数百行的宏伟诗篇。当情感到达最高点的时候，人通常会沉默不语，因为任何语言都不适于表达这种情感。也许就连区区十七个字也显得累赘。或多或少但凡受到禅的影响的日本艺术家们，他们都有这样的倾向，那就是无论何时，他们在表达自己的情感时，都是用尽可能少的语言、尽可能少的笔触来表达。当情感被暴露无遗地表现出来时，就失去了暗示的余地，而日本艺术的秘诀正在于暗示力。

　　在画家中，也有一些这么极端的人，他们不在乎看画的人对自己的笔触如何理解，事实上，即使被误解了，他们也表现出无所谓。他们觉得，笔触和墨块可以表示任何自然物，可以是鸟、山、人、花，也可以是其他任何事物，对自己而言，怎么都行。这的确是一种很极端的想法。若画中的点、线、块因不同的想法而得出不同的、有时甚至是与画家起初的意图完全背道而驰的判断，那么这

禅与俳句

种画即使画出来，又有何意义呢？对此，有些画家或许会补充说："只要能完全理解和体味到本人作品中散发出的精神就可以了。"由此，我们可以清楚地看到，东方的画家们对于形式漠不关心。他们想要通过作品来表达强烈打动他们内在的东西，而他们似乎也不知道该如何明确地表现出自己内在的情感活动。唯有发出感叹之声，或是奋笔疾"画"。或许，这不能称之为艺术。因为这种行为里不存在艺术，或者即使存在艺术，恐怕那也只不过是极其原始的。其实，即使我们在意味着人工性的"文明"中进步，我们也是在不断地努力追求"无技巧"。因为无技巧是一切技巧性努力的最终目标，是基础。在日本艺术的表面无技巧性的背后，隐藏着何其多的艺术啊！充满了意蕴和暗示力、完美的无技巧性。当"永恒的孤绝"的精神得以如此表现出来时，就显示出了水墨画和俳句的真髓。

用芭蕉的话来讲，这里所指的"永恒的孤绝"的精神就是"风雅"的精神。风雅一般是"生活的优雅"的意思，但并不是指现代意义的生活标准的提高。那是对生活和大自然纯洁的享乐，是对"寂"和"侘"的憧憬，而不是对物质和感觉主义的追求。当自身与大自然的创造性、艺术性精神融为一体时，风雅的精神就会出现。因而，风雅的人往往与花和鸟、岩和水、雨和月为友。在下面引用的芭蕉日记中的一段序言中，芭蕉将自己归类于西行、宗祇、利休等艺术家之列，他们都是热爱大自然的"风罗坊"（狂热者）。

　　百骸九窍之中有一物，可谓之风罗坊。风罗坊，即为容易被风吹破的薄衣一般脆弱之人。彼好俳谐之狂句久矣！亦以此为毕生之事业。有时，因倦怠而欲放弃；有时，奋发进取欲以此夸耀于他人，是非胸中相斗，因而不能安身。其间，有时想要立身处世却受其所阻，有时想要学佛以晓悟自愚却为其所破。最终无能无艺，唯专此一道。西行之于和歌、宗祇之于连歌、雪舟之于绘画、利休之于茶道，虽各有所能，然贯通其中之根本莫不相同。且于风雅中，顺随造化，以四时为友。所见之处，无不是花，所思之处，无不是月。思时无花，等同夷狄，心里无月，类于鸟兽。故应出夷狄，离鸟兽，顺随造化，回归造化。(《卯辰纪行文》或《芳野纪行》)

禅与俳句

第八章

禅与茶道（一）

一

禅与茶道的相通之处在于，两者都是努力使事物单纯化。在去除不必要的繁杂这一点上，禅是通过直觉地把握终极存在而实现的，而茶道则是通过在茶室内品茶所代表的生活方式而实现的。茶道是对原始单纯的洗练和美化。为了实现亲近自然的理想，寄身于茅屋，坐于只有四个半榻榻米大小但结构和日用器具却很讲究的狭小室内。禅的目的在于剥离一切人类为了粉饰自己而人为添加的覆盖物。禅之所以首先要与理性作斗争，是因为理性虽然有实用性，却妨碍我们深刻地挖掘自身的存在。哲学提供了一切问题并要求理性解决，却未必能让我们获得精神上的满足。无论是谁，精神上的满足是不可缺少的，即便他在理性上没有得到充分发展。哲学之道是专为那些具备理性倾向的人开辟的，因此它不能成为人们普遍欣赏的课题。禅，或者从更广泛意义上来讲，宗教，要求人们抛开自己所拥有的一切甚至生命，回归到存在的终极状态——"本住地"，或者是"父母未生前的本来面目"。这一点我们谁都可以做到，因为有了它，我们才有了现实之身，没有了它，我们就不会存在。之所以将其称为单纯的最后状态，是因为事物不能回归到比这更单纯的状态。茶道是通过古松之下一座不起眼的孤立茅屋来象征它的单纯，好像茅屋就是大自然的一部分，而且没有经过特别的人工修饰。既然其形态通过这样一座茅屋来象征，当然也就可以对它施以技巧性的处理，但不言而喻，处理的指导原则与产生它的独创性观念，即去除一切繁琐的观念，是完全一致的。

在日本，茶早在镰仓时代以前就广为人知了，将其普及推广的，据说是从中国将茶种带回日本并在禅院进行栽培的荣西禅师（1141—1215）。据说，荣西禅师将自己所写的与茶的栽培相关的书（《吃茶养生记》）献给了当时偶然有病在身的将军源实朝（1192—1219）。因此，荣西作为日本茶树栽培之祖而广为人知。他认为茶有药效，可治诸病。在中国禅院期间，他一定亲眼目睹过茶道，但他似乎并没有特别地传授过茶道。在禅寺，茶道是一种用来款待客人或者款待寺中自己人时的礼仪作法。将这带到日本的禅师，是大约比荣西晚半个世纪的大应国师（1236—1308）。大应之后，又有数位禅僧来到日本成为茶师，但最后由著名的大德寺一休和尚（1394—1481）将茶道传授给了其中一个弟子珠光（1422—1502）。珠光的艺术天才将其发扬光大，成功地融入了日本独特的情趣。珠光就这样成为茶道的创始者，并将茶道传授给艺术的极大爱护者、当时的将军足利义政（1435—1490）。后来，绍鸥（1503—1555）和千利休（1521—1591），尤其是千利休，对其进行了改良，加以完善，使现在的茶道得以闻名。原来在禅院进行的茶道，与现在街巷之间流行的茶道是独立而行的。

我经常结合蕴含茶道诸多特色的佛教生活，对茶道进行思考。茶可以使人神清气爽，却不让人陶醉其中。茶与生俱来就有供学者和僧侣品味的特质。茶被广泛用于佛教寺院，以及茶最初是由禅僧介绍到日本这一点上，都是极其自然的事。如果说茶象征着佛教的话，那么我们可以说葡萄酒就是基督教的象征吧。葡萄酒广为基督教徒所饮用，在教会中被当作基督血液的象征，用基督教学者的话来说，这是救世主为罪孽深重之人而流的血。也许是出于这个理由，中世纪的修道院都拥有酒窖。我们也经常会看到修道僧们兴高采烈地围着酒桶，手持酒杯的画面。葡萄酒起初让饮酒之人兴奋满怀，然后让他酩酊大醉。它在很多方面都与茶形成了鲜明的对照，而这种对照也正是佛教与基督教之间的对照。

我们知道，茶道不仅在实际的发展上与禅密切相关，茶道礼仪中所流露出来的对精神的尊崇，更是与禅有着密不可分的关系。这种精神如果用感情词来表达的话，那就是"和、敬、清、寂"。这

禅与茶道（一）

四要素贯穿茶道仪式始终，是缺一不可的，均为构成同胞相亲、井然有序的生活本质的成分。当然，这种生活正是禅寺生活。关于禅僧行为举止井然有序这一点，我们可以从曾经拜访定林寺的宋代儒学家程明道的一段话中得到说明。他说："果不其然，这儿如三代之古，自古以来的威仪随处可见。"所谓三代之古，是指中国的政治家们所向往的理想时代，是一个世情极其淳朴，人民安居乐业，享受太平安康之惠的时代。即使现在，无论是个人还是集体，禅僧在履行各种礼仪方面都得到了很好的训练。一般认为，小笠原流派的礼仪源自"百丈清规"禅院的各种规定（百丈是中国唐代伟大的禅师，720—814）。禅的教义是超越形态把握精神，但我们绝不可忘记我们自己所住世界是特殊形态的世界，以及精神只有以形态为媒介才能表现出来的这些事实。因此，禅是律法违背主义者，同时也是修行主义者。

二

调和的"和"也可以理解为和悦的"和"。我想，后者意义上的"和"似乎更好地表达了支配茶道全过程的精神。"调和"表示形态，而"和悦"表达了内在情感。茶室的整体氛围就是在周围营造出这种和悦的"和"——触感之和、香气之和、光线之和、声音之和。就拿茶碗来说吧，茶碗是手工制作的，形状不规则，而且上的釉好像也不均匀。这种不起眼的器皿虽然是如此的原始，却具备了"和、静、慎"等独特的美感。即便是燃香，味道也不是那么的强烈、刺激，而是淡淡地、柔和地飘荡在周围。窗户和拉门是弥漫在茶室里的柔和之美的另一种源泉。茶室内的光线总是很柔和、安详，催人进入冥思状态。风儿掠过庇护茶室的老松树的叶子，与炉上釜中之水沸腾翻滚之声相和鸣。像这样，茶室的整个环境反映出了创造这种环境的人的品格。

"以和为贵，不忤为宗。"这是宪法十七条中的第一句话。该宪法是圣德太子于 604 年制定的，它是太子赐予下臣们的一种关于道德和精神方面的训诫。这种训诫的政治因素另当别论，但在开篇就强调精神之和的特殊重要性这一点上是意义深远的。事实上，这是日本意识的最初表露，是人们经过了几个世纪的文明而开始觉悟到的意识。近来，日本被作为好战的民族而闻名，但这是对日本国民的错误认识，因为日本国民对于自己的性格所持的意识是，作为整体来说，他们是性格温和的国民。有这种意识也是理所当然的，因为包围日本全岛的自然环境不仅在气候上而且从气象学上来说也总体是温和的。这源于空气中丰富的水蒸气的存在。山岭、村落、森林等被水蒸气所包围，呈现出了柔和的外貌。花儿也一概是色彩不那么艳丽，而是带着些许的柔和和娇弱之美。春天青翠的嫩叶也很令人赏心悦目。在这种环境中培养出来的多愁善感的情感，毫无疑问是从环境中汲取了很多养分，形成了精神之"和"。但是，当我们每每遭遇社会、政治、经济以及民族性的种种难题时，往往会偏离这种构成日本民族性格基础的美德。我们必须要保护我们自己，远离这种破坏性的影响，而禅在这个时候就会来救助我们。

道元（1200—1253）在中国学了几年禅后回到日本时，有人问起了他在中国所学。他回答道："我只学到了柔顺之心。""柔顺之心"是指温和之心，在这里是指精神上的"和"。通常，人由于过度的利己思想而充满了偏执的反抗之心。因为过度的个人主义而不能诚实地接受事物。反抗意味着摩擦，而摩擦则是一切麻烦之源。无我则心柔，就不会对外力加以抗拒。但这并不意味着是一切感受性和情感的缺失。从精神的角度来看，基督教徒和佛教徒都同样知道体会道元的无我和柔顺之心的意义。茶道中的"和"与圣德太子训示中的"和"，性质是相同的。"精神之和"与"柔顺之心"就是我们在这个世界上生活的基础。如果说茶道的目的是在它的小团体中建立一方净土的话，那就必然要从"和"出发。为了进一步说明这一点，我们可以引用泽庵禅师的一段话。

17.《山水图》,雪舟,15世纪末

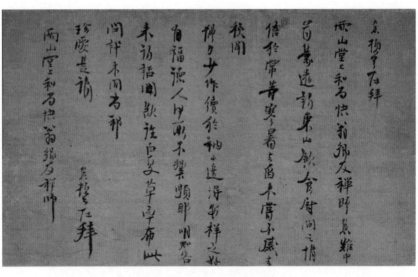

18. 虚堂智愚(1185—1269)

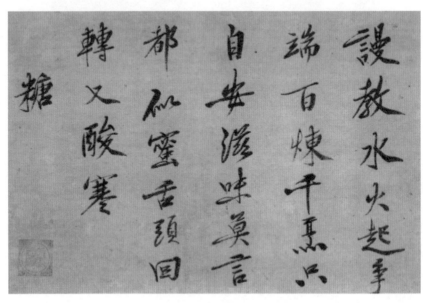

19. 虎关师炼(1278—1346)

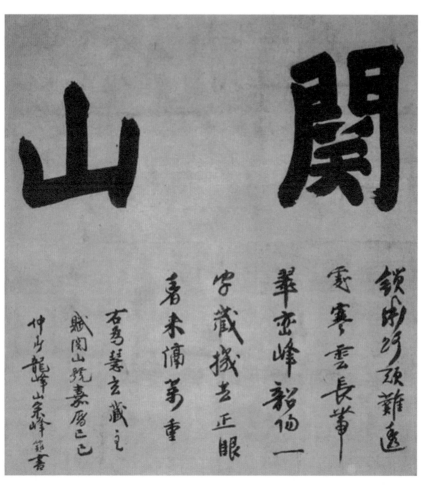

関山

鎖断行踪難遮
雲寒雲長筆
華密峰新伺一
看来償万重
字蔵拗去正眼
右為善玄蔵之
賦閣山院喜鹿巳
仲山龍峰山栄峰菴書

20. 宗峰妙超（1282—1338）

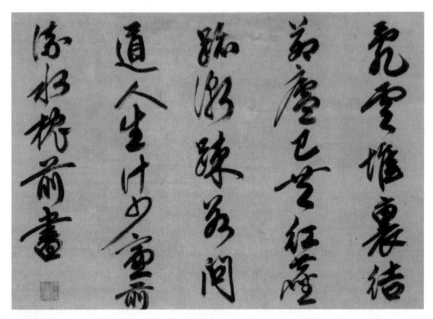

21. 雪村友梅（1290—1346）

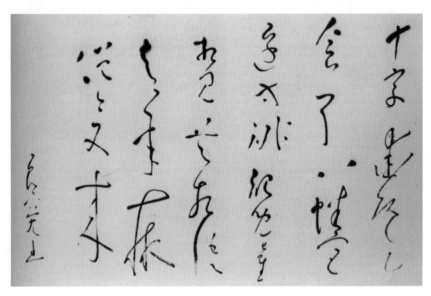

22. 大愚良宽（1758—1831）

23.《白隐慧鹤像》，作者为白隐慧鹤的门徒，18世纪初

24. 《大灯国师（宗峰妙超）像》，白隐慧鹤（1685—
1768）

25. 日本歌舞伎中的武士形象

26.《宫本武藏像》(局部),作者不详,17世纪初

27. 妙喜庵茶室（内景），日本京都

28. 如庵茶室(外景),日本爱知县犬山市

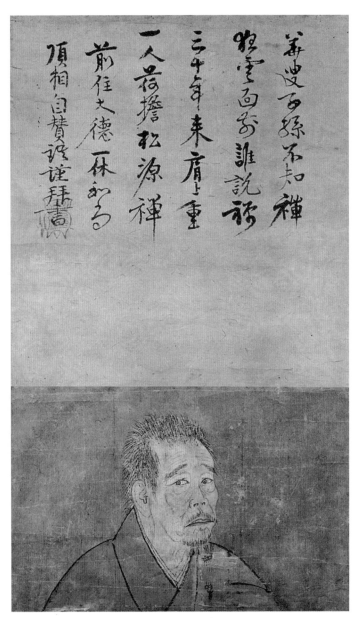

29.《一休和尚像》，作者不详，15世纪末

30.《千利休像》,作者不详,16世纪

31.《丰臣秀吉像》，作者不详，其子丰臣秀赖的题字（17世纪初）

32. 与谢芜村画作之一，18世纪

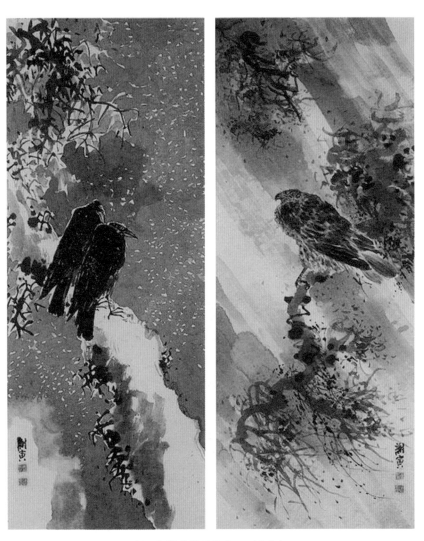

33. 与谢芜村画作之二, 18世纪

34. 《牵牛花图》，加贺千代女（1703—1775）

泽庵的茶亭之记

　　茶道以天地间之和气为本，可形成治世安泰之风俗。然当今之人，招待朋友，专以此为交谈之媒介，快饮食而助口腹。且茶室极尽奢美，珍器齐聚，彰显自己之巧，讥笑他人之拙，此皆非茶道之本意。于竹荫树下建陋室，蓄水石、种草木、备木炭、架茶釜、插新花、饰茶具，皆是将山川自然之水石移入一室之内，赏风花雪月四季之景，感草木荣枯之时。迎宾客而以礼敬。于茶釜中倾听松籁，忘却尘世思虑；倾茶釜而流出涓涓渭水，以洗涤心灵之尘埃。真可谓人间仙境。礼节以敬为本，其用即以和为贵。此乃孔子礼用之词，亦是茶道之心法。公子贵人来坐，则其交淡泊，不阿谀奉承；又或身份比自己低微之人来访，亦以敬相待，毫不怠慢。如此，空中有物，和而不流，久之犹敬。迦叶之微笑、曾子之一诺，皆真如玄妙之意不可言之理。自茶室建造至茶具准备、茶道礼法、宴席、衣物等，不繁琐、不奢美，以古朴而新心境，不忘四时风景、不谄、不贪、不奢、慎而不疏、纯朴真实，此乃谓茶道。赏天地自然之和气，移山川木石于炉边，五行俱备。汲天地之流，品自然之风味，可谓快哉。享天地间和气之乐，乃茶道之道。

（《结绳集》《古今茶话》）

也许，茶道和禅对日本社会生活中存在的某种民主精神作出了一些贡献。在封建时代，虽然等级制度森严，但人们心中却存在平等博爱的精神。在四张半榻榻米席大小的茶室内，各个阶层的人都得到平等的款待。在这儿，一切世俗的思虑将随风消逝。平民和贵族促膝而坐，恭敬地交谈着双方都感兴趣的话题。禅，当然是容不得世俗的区别的。禅僧自由地接近社会的任何阶层，与谁都能相处融洽。事实上，渴望抛却社会强加于我们身上的种种人为的羁绊，偶尔自由自在地相互敞开心灵与同类——包括动物、植物、无生物在内的同类——倾心交谈的愿望，已经深刻地浸染到了人性里。因此，人们总是欢迎获得这种解放的每次机会。泽庵的"享天地间和气之乐"一定也是这个意思，在那个世界里，所有的天使在一起和谐地歌唱。

"敬"，原本是一种宗教色彩的情感，是对高于我们可怜的生死之躯以上的存在物的一种情感。这种情感后来转移到了社会关系上，堕落为一种单纯的形式论。在现代所谓的民主社会，人人都是平等的，至少从社会的角度来看，没有什么人值得特别尊崇。然而，若追溯这种情感的本来意义并加以分析的话，这种情感是对自己的无价值的反省，即对肉体和智力、道德和精神方面有限性的一种自觉认识。这种认识使人在心中产生了想要超越自己，以及想要接触以一切可能的形式处于我们对立面的事物的欲望。这种热切的愿望通常会使我们的精神转向我们身外的事物，而一旦方向发生偏离朝向自己时，就成了自我否定、惭愧、谦让、罪恶感等情感。这一切都是消极的道德，但如果朝积极的方向发展就成为敬，即不轻视他人的情感。人是充满矛盾的存在：在某一方面觉得自己和他人完全相同，而同时内心又怀有一种复杂的自卑感——怀疑其他任何人都比自己优秀。在大乘佛教中，有个从不轻视他人的"常不轻菩萨"。当我们独自禁锢在自身存在的最深处时，将会产生谦恭地使自己转向他人的情感。不管这是什么，"敬"的情感之中存在着深刻的宗教性思想态度。为了在寒冷的冬夜里御寒，禅可以将寺中佛像全部烧毁。作为摒弃了一切虚饰的迷人外表的真理，禅可以摧毁包含珍贵遗产在内的一切文献以拯救其自身的存在。但是，禅绝不会忘记去尊崇一片被狂风撕裂、被泥泞包裹的微不足道的草叶；也绝不会对将一切纯朴的野花奉献给三千世界的佛陀之事产生懈怠之心。正因为知道如何轻视，禅也才会懂得如何尊敬。和其他任何事物一样，禅所需要的是内心的虔诚，而不是那种单纯的概念化、物理性的模仿。

丰臣秀吉（1537—1598）是当时茶道的大力庇护者，是现代茶道的实际创始者千利休的崇拜者。虽然他常喜欢哗众取宠、讲排场、好奢华，但最终好像多少理解了千利休一派所提倡的茶道精神。在千利休的一次茶会中，他为千利休作了下面一首短歌。

汲内心深泉，

煮一壶清茶，

方知为茶道。

秀吉在诸多方面是粗暴而残酷的专政者，但从喜欢茶道这点来讲，除了出于其政治目的之外，我想还存在某种纯粹的东西。他的"汲内心深泉"的短歌触及了"敬"的精神。

千利休教导道："应记住茶道仅为煮水、点茶、喝茶而已，别无其他。"这是极其简单的事。所谓人生，概括地说就是出生、饮食、劳作、睡眠、结婚、生子，最后在谁都不知道的地方消逝。这么想的话，似乎没有什么比度过自己的人生更简单的事情了。然而，到底又有几个人能够过上这种醉心于神明的生活呢？能够做到除了绝对相信神之外，不怀任何欲望、不留任何遗憾？人在活着的时候会想到死亡，在要死亡之时又心怀生的欲望。在成就一件事情时，很多其他不相干的没有预料到的事情会群聚脑中，从而分散了本来应该集中于手边之事的精力。将水注入钵中，注入钵中的不仅仅是水，还会伴随其他很多东西——种种善恶及纯与不纯的东西，必须拂弃的东西，除了自身的深层无意识之外无处可注的东西。若对点茶的水加以分析的话，其中包含了一切扰乱和污染我们的意识之流的污秽之物。只有在停止成为艺术品的时候，艺术才得以完成。此时，会看到一种纯朴的完美，人内心深处的虔诚就会自然显现，这就是茶道中"敬"的意义。因此，"敬"就是内心的诚实，或者说是内心的单纯。

构成茶道精神要素之一的"清"，可以说是日本民族心理的贡献。"清"就是清洁，有时可以说成是整洁，这一点可以从与茶道有关的一切事物、一切场合中窥探到。在被称为"露地"的茶室庭院里，可以自由使用清水，在无法利用自然的流水时，近旁就会有盛有水的石制洗手盆。茶室里就更不用说了，总是一尘不染。

茶道的"清"让我想起了道教的"清"。两者相通之处也许在于修炼的目的都是为了让心灵从被污染了的五官中解放出来。有一位精通茶道的人这样讲道：

　　茶道的本意在于使六根清净。眼观挂轴、插花，鼻嗅燃香，耳闻水沸之声，口品茶汤，手足端正，当五根清净之时，心灵也自然会清净。茶道的本意，最终在于使心灵清净。我终

日不离茶道之心，完全不是为了消遣解闷。另外，道具也只是一些与茶道本意相符合的东西。(《叶隐》第二卷闻书之二）

千利休有这样一首诗歌：

寂静茶庭露地，
超越浮世之道。
芸芸俗世之人，
洒落心头尘埃。

下面一首诗歌则描述了他自己在茶室静静地凭窗眺望外面时的心境。

庭前铺满松叶针，
根根洁净不沾尘。
皎皎月光洒檐头，
心胸坦荡一片明。

再如，下面一首诗歌则体现了一种纯粹而静寂的，不为各种情感所左右的，能够体味"绝对"孤独的心境。

> 山径覆白雪，
>
> 不见人踪迹。
>
> 独居茅屋中，
>
> 无客心自悠。

在茶道中最重要的，几乎被视为神圣教典之一的《南方录》中，有这样一段话，说茶道的目的是为了实现规模虽小却清净无垢的一方佛土，是为了创造一种人数虽少，欢聚也短暂却充满理想的社会。

> 闲寂的本意是表示清净无垢的佛土世界。到达露地、草庵之地，拂却各种尘埃，主客坦诚相交，则不必讲究规矩仪礼。唯生火、煮水、品茶，而无其他之事。此乃佛心所现之处。若拘于礼仪客套，则沦为种种尘世俗念，或客窥主之过而加以责备，或主见客之过而加以嘲讽。我无时无刻不在等待洞悉了悟此事之人。若以赵州为主，初祖大师为客，利休居士与本僧共拾露地尘埃，则定会达成一期一会吧。（《南方录·灭后》）

可以看出，出自千利休高徒之手的这篇文章里深深渗透了禅的精神。

作为茶道的第四个构成要素的"寂"和"侘"的概念，我将在下面另辟一节加以说明。事实上，这是构成茶道的最本质的要素，缺少了这一要素，就不可能成为茶道。而且，只有基于这个观念，才能深入理解禅和茶道之间更深层次的关系。

三

至于构成茶道精神的第四个要素，我在英语中通常使用"tranquility"（安静）这个词，但也许这种表达不适合表示汉字"寂"所包含的一切。"寂"比"安静"所包含的内容要广。与"寂"相当的梵语实际上包含了"安静"、"平和"、"安详"的意义，"寂"在佛典里时常用来表示"死亡"或"涅槃"之意，但在茶道里，它的意义接近于"贫乏"、"单纯化"、"孤绝"，这里，"寂"和"侘"是同义的。

为了体味贫乏，或者为了能够坦诚地接受一切，这需要一颗平静的心。但是，"寂"和"侘"，两者都具有对象性的暗示。为了产生"侘"这样的心境，一般需要某种对象物的存在。"侘"不单单是对某种类型的环境产生的心理性反应，其中还存在一种积极的美学原则，缺了这一点，贫乏将成为一般意义上的贫困，孤绝将成为放逐、厌世或孤僻。因此，"侘"和"寂"可以定义成一种对贫乏的积极的审美情趣。将此作为茶道艺术原理的时候，就是要创造或仿造出这样的环境，以唤醒我们"侘"和"寂"的情感。现如今，使用这两个词语时，"寂"通常适用于表示各个事物或环境，而"侘"则通常适用于贫乏、不富足或不完美的生活状态。

有一个中国诗人偶然间作了下面一首诗：

> 林前深雪里，
> 昨夜数枝开。

他将这首诗给他的一个朋友看，他的朋友对他说，若将"数枝"改为"一枝"如何？他听从了朋友的建议，并将他尊称为"一字之师"。深雪覆盖的树林里开放的一枝梅花，其中就蕴含着"侘"的观念。

据说，珠光还曾经这样讲道："见到茅屋里拴着有名的马是很不错的事情。同样，在普通的居室里发现稀有物品，那也是别有意趣的。"这让我想起了"破褴衫里盛清风"这句禅语。表面上毫不醒目，但内容却与外形截然相反，无论从哪一点来讲都是难以估量的"无价之宝"。因此,"侘"的生活可以作这样的定义:一种深藏在贫乏之下的难以言表的静静的喜悦。茶道正是想要艺术性地表现这种观念。

但是,若茶室里有什么事物露出不诚实的迹象,则一切都将毁灭。那里无价的日常用品,必须是极其纯朴的、毫不起眼的、偶然间发现的。起初,丝毫不会注意到它有某种特别之处,却被它吸引,再接近它,试着去细看它,于是意想不到地发现纯金的矿脉在闪烁着光芒。然而,不管黄金被发现与否,它都是存在于同一个地方。它不会失去真实性,即对自身的诚实,而与偶然性无关。"侘"意味着对自身的忠实。茶人恬静地居住于质朴的小小草庵,不速之客来访时,沏上茶,插上新花,而宾客则陶醉于主人的话语和款待,怡然地享受着恬静的午后时光。这就是真正的茶道吧。

也许有人会持有这样的疑问:"现代社会中,有几人能有那些茶师的境遇?奢谈什么悠闲的消遣,真是愚蠢。还是先给我面包,然后再缩短劳动时间吧。"实际上,我们这些所谓的现代人已经失去了闲暇。苦闷的内心已没有享受生的乐趣的空间,只不过是为了刺激而追求刺激,将内心的苦闷一时窒息而已。主要问题在于:生活是为了享受丰富的文化,还是为了追求快乐和感官的刺激。弄清了这个问题,我们甚至可以否定现代生活的整个结构,重新开始新的生活。我希望我们的目的并不总是使我们自己成为物质欲望和物质慰劳的奴隶。

另有一位茶士这样写道：

> 天下"侘"之根源始于天照大神、日本国的大主，若镶金银嵌珠宝而广造殿宇，亦无人敢诟病，然其身居茅屋、吃粗米淡饭，此外，待一切事物皆谦虚谨慎，毫不怠慢，实为盖世茶师。……（石州流：《秘事五条》）

这位作者将天照大神看作身居陋室的茶士代表，实在有趣。它显示了茶道是对原始纯朴的一种美的鉴赏，换言之，在人的生存条件所允许的范围内，我们很多人在内心深处都想回归自然，与自然融为一体，而茶道就是对这种憧憬的美的表现。

我想，通过上述引证，"侘"的概念应该渐渐明朗了。宗旦是千利休的孙子，可以说真正的"侘"的生活是由他而开始的。他认为"侘"是茶道的精髓，符合佛教徒的道德生活：

> "侘"一字，于茶道中获得重用而成为持戒。然俗辈之类表面容态装"侘"，而背地里却毫无"侘"意。因而，为建一

外形显"侘"之茶室而耗费莫大黄金，以田园换取珍奇磁器炫耀于宾客，却称之为风流，何其谬误。"侘"指物质不足，一切难尽己意而蹉跎生活之意。"侘傺"两字，据离骚注，侘为立，傺为住。意指忧思失意则住立而不能前。另，《释氏要览》中，狮子吼菩萨问：少欲和知足有何差别？佛言：少欲者不取，知足者得少不悔恨。综观以上"侘"之意义以及对"少欲知足"之解释，我们应领悟到：虽不自由却无不自由之念，虽不富足却无不富足之念，虽不完美却无不完美之念，方为"侘"。若因不自由而感觉不自由，因不富足而担忧不富足，因不完美而抱怨不完美，则不能称为"侘"，此为真正贫穷之人了。一切皆作如是观，坚守"侘"意，则与坚持助佛戒无异。（《茶禅同一味》，又见《禅茶录》）

因为在"侘"的概念中，美学与道德、精神性相融合在一起，所以茶士将茶道视作生活本身，无论多么高雅，也不会视其为单纯的娱乐消遣。像这样，禅与茶道有着直接的联系。事实上，古代的很多茶士都潜心修禅，并将禅中所悟应用于茶道的专业技艺之中。

宗教，有时候可以定义为一条逃避俗世单调无味生活的道路。也许会有学者反对这种说法，认为宗教为了到达"绝对境界"或

"无限"，不是逃避"生"，而是追求"生"的超越。但实际上，宗教是一种逃避，在那儿可以获得短暂的呼吸并得到恢复。禅作为精神修炼也会有这样的情况，但由于过于超越，一般的精神是不能到达的，所以修禅的茶士们就想出了以茶道的形式将禅中所悟付诸实际行动的方法。或许，在很大程度上，他们对美的渴望使他们坚持了自己的主张。

对"侘"作了以上说明，或许读者们会认为"侘"是或多或少带有消极性质的东西，是人生失意之人的喜好之事。从某种程度上来讲，这是事实。但是，又有多少人能够真正健壮得在有限的生涯中不需要一两副药剂呢？况且，不管是谁，注定了终将死亡。现代心理学中举过很多例子，说明了很多关于身心健康而充满活力的实业家们一旦隐退就急剧衰弱。什么原因呢？这是因为他们不知道储备自己的精力。也就是说，他们在最活跃的时候，没能够注意要退出来回头看看。动荡的战国时代的武士们奋然征战时，他们意识到自己不可能一直紧绷着高度紧张的神经，因此，他们觉悟到了必须于某时某地要有一条逃避之道。茶道正好给予了他们这种必要的途径。他们会暂时退居于寂静狭小的茶室所象征的"无意识"的一隅。走出茶室时，不仅会感觉神清气爽，而且记忆也好像焕然一新，因为比起一味的战争来，有的事情更具有永恒价值。

第九章

禅与茶道（二）

一

两位禅僧在论禅，名叫长庆棱（长庆慧棱，853—932）的和尚云："宁说阿罗汉有三毒，不说如来有二种语。不道如来无语，只是无二种语。"保福从展曰："作么生是如来语。"长庆棱曰："聋人争得闻。"保福从展曰："情知和尚向第二头道。"长庆却问："作么生是如来语。"保福从展曰："吃茶去。"（《景德传灯录》之卷十九）

喝茶一事本身非常简单，每个人（特别是东方人）天天都会喝。但于禅宗，喝茶就是大事，可让人直接进入自身佛性，证悟真理。一般人无法明白：为何在禅宗，喝茶就变成可让人开悟的话语？真相是：禅师们的世界与被俗事束缚的凡夫们的世界是不一样的。这不是在说此世界的树不是树，到了另一世界才是树，虽然在禅的世界里确也有"此地之树非树，他地之树才是树"的情况存在。在禅的世界中，此事物既是此事物，亦非此事物。你我前面的山既是山，也不是山；我手中的笔既是笔，也不是笔。禅人的视角就是如此。因此，对禅人而言，喝茶就不只是喝茶：喝茶直接来自

禅与茶道（二）

存在之源，又彻底地回归存在之源。按埃克哈特（德意志神学家，1260—1327）的话来说："在上帝眼中，虱子的地位高过天使。可见，在上帝看来，一切都是平等的，一切都是上帝。"

唐代的松山和尚一日请庞蕴居士吃茶。居士举起托子云："人人尽有分，因什么道不得。"师云："只为人人尽有。所以道不得。"居士云："阿兄为什么却道得。"师云："不可无言也。"居士云："灼然！灼然！"

对二位禅者而言，茶托子并不只是茶托子，其中之意远超常人的想象。

正是这样，日本人才如此看重喝茶，似乎喝茶就是一件可触及实在之本的神秘之事。或许，用"似乎"来形容喝茶一事并不恰当，喝茶其实就是实在。因为在茶道中，人们可体会东方文化的精神。

二

茶道不只是喝茶，而是包括与喝茶相关的事与物，如茶具、泡茶时的气氛，最重要的是，整个过程中不知不觉生起的心境。

因此，茶道并不只是普通的喝茶，而是一门培养"精神世界"的艺术，一门培养心理环境，或内在意识世界的艺术。与寻常的房间不同，用作茶道的房间很小，天花板低且没有样式，茶碗粗糙不平却尽显制造者的雅致风格。坐在这样的屋子里，拿起这样的茶碗喝茶，听着炭火上铁壶传出的开水声，一种内在的感觉便油然而生——就让时间暂时消逝吧。渐渐地，当你静下心来时，另一种声音便传入耳朵：它来自窗外，是竹管子从山上引下的泉水滴下来的声音。水声不疏不密，恰到好处地把心领至安静不动的状态。然而，心静并非心死，此时之心能明明了了地觉知屋内屋外的一切。

如此造就的心境或"精神世界"即是达到了"贫"的精神状态，不再有任何形式的二元对立：主体与客体、善与恶、对与错、荣与耻、身与心、得与失，等等。香严智闲是中国晚唐的禅师，在一首诗中，他对"贫"作了如此解释：

去年贫，未是贫，

今年贫，始是贫。

去年贫，犹有卓锥之地；

今年贫，锥也无。

此"贫"无物可立，哪怕是一根针，这即是般若的"空性"哲学。茶道的理念即基于此，因为，不管是"寂"或是"侘"，都不过是绝对贫的一种美学展示。

三

附带一提，埃克哈特对于"贫"的思想阐述，与上述香严智闲的诗歌完全一致。在一次布道中，埃克哈特提到了"神圣的贫者"："在此人身上，上帝实无用武之地"；"此人已恒时远离物质……世间上有两种物：一个是他物，一个是自我"。此人已从物上解脱出来，无有物我之分，就是一位"无处可住之人"，常处于空性之中。在埃克哈特看来，"真正的精神贫穷要求此人心中没有上帝和上帝所造之物的分别。这样，若上帝想在灵魂中有所行动，他就必须是灵魂自身"。

茶道的哲学与埃克哈特所崇尚的绝对贫穷非常相似。的确，在空性中不仅没有上帝创造的万物，连上帝也不存在，因为空即是上帝，上帝即是空。也就是说，耶稣、保福从展、庞蕴居士和其他禅师们无时无处不在喝茶。茶的精神即是"贫"的哲学，或是空性的哲学。明白了这一点，就知道日本人对茶道的欣赏与喜爱源于何处了。

四

在这一方面，藤原定家所写的一首古诗常为茶士们所看重而引为座右铭：

举目四顾，

不见花艳枫红。

滩上茅屋，

兀兀独立秋暮。

这种荒凉之境的描述，并不只是沙滩或是荒野，诗人并非以无边的汪洋大海为背景。在废弃的渔船上，在海边晾晒的破旧渔网里，已有春天苏醒的迹象：

深秋盼花人

且看雪中绿

对洞察力很强的人来说，晚秋的荒无人烟预示着春天已不远了，每片落叶，每片枯草（草下曾有许多昆虫啾啾吟唱），都在准备迎接新生命的到来。正如千利休所说，水壶中的水源于无底的心田，空的概念经常被人误解为一无所有，其实空蕴藏着无限可能。在晚秋的荒芜中，我们已约略觉察到了宋代禅诗人重显（雪窦重显，980—1052）所言："春山叠乱青，春水漾虚碧。"

独自坐于茶室中的茶士，即是雪窦重显禅诗中描述的这种人——"几人穷极到无心"。

茶道的基本精神是孤独的，犹如百丈所说，"独坐大雄峰顶"。酒与茶不同，它用于社交，大多在欢宴上出现，往往不离喧闹的气氛。茶是贵族，酒则是平民。茶不似酒那样具有广泛性和群体性。茶是内敛，是自省。唐时的李白沉醉于酒，没有酒，就写不出好诗。当茶士有了灵感时，他的作品一定是同心式或向心式的，充满了沉思。因此，酒最好和一群知心朋友同饮，而茶则是在一个六平方英尺的古屋中、一个安静的角落里独自饮啜。

<h2 style="text-align:center">五</h2>

拙作《文化的东方》（1945）中有一篇描绘日本茶室的文章：

> 茶室象征东方文化（特别是日本文化）的某些特性。进入茶室，日本思想中的静态因素便冲击着你的视觉，而动态的因素却不多见。在茶室，一举一动都有节制，这就使得原本很安静的气氛更加静谧。

> 房间很小，天花板也不高——相对普通日本人的身高而言，天花板也略显低了。屋子里没有任何装饰，除了壁龛——那里挂着一幅字（画），字（画）前面则有一个花瓶，

瓶中装着一支尚未完全盛开的花。环顾四周，尽管房子装修简单，却无处不折射出设计者的精心：窗户在墙壁上随意开设着，天花板的样式多变；装修的材料看起来简朴无华，但材质却不单调；房子中间立着一根柱子，把房间的功能一分为二：柱子一边放有茶具，另一边则用于烧水，烧水的壶是铁做的，很精致。

障子（窗户）上糊着纸，这样，透进来的光线就不会太亮，倘若茶士仍觉得光线不够柔和，则窗户外还有一个仿古帘子，可放下来挡光。我在火炉前静静地坐着，慢慢地，闻到了燃香的味道，香味令人神安；瓶中的花散发出的香气则可提神。主人告诉我，这香木来自热带之地，取自一棵长久泡在水里的古木。

心静下来了，我听到微风穿过松叶发出的沙沙声，还有水从竹管滴进石盆里的滴答声。水声风声相互照应，如同音乐，客人听闻后，心变得安详。确实，这样的声音能使茶士进入冥想状态，进而回归本原。

由此可见，茶道的精神深深地浸染着禅宗所教授的空性之般若哲学。或许对于端着手制茶碗、啜着绿色饮料的茶士而言，空性太

273

禅与茶道（二）

抽象了，但空性其实就是实实在在的客观现实，这取决于人们对事物本质的体认。如果一个人对世界的认识只停留在现实的表面中，他就无法超越现实；只会用眼看、用耳听的人，所看所闻就是事实的表象。若无法做到用眼去听、用耳去看，一个人只会被感官束缚；只有当他不再被感官所累时，他才可能进入空性的领域中，获得其妙用，因为空性中有着无数的可能。大灯国师是京都大德寺的创建人，他曾经就此说过："耳见目闻无疑处，檐前玉水目成滴。"（圣印法师译）

六

我们还可从茶道的发展史中清楚地看到茶道与禅宗的关系。12世纪末，一位禅门和尚把茶籽从中国带到日本。此禅师在中国对茶颇有研究，他带来日本的并不只是茶籽，还有中国禅师供奉其祖师达摩大师的供茶仪式。从此，茶就与禅紧密联系在一起了。其实，茶的味道总让人想起禅的超越性。如前所述，酒是社会活动的常用品，给人带来欢乐，甚至会导致乱性——让人如动物般释放出野性的能量。

在足利将军时代，喝茶作为一门艺术从禅院里传了出来，人们（主要是武士阶层）开始能够欣赏这一门艺术。当幕府政权失势时，织田信长（1534—1582）变得非常强大，就在他准备将日本国土纳入自己统治之下时，不幸遇难。后来，他最得力的助手丰臣秀吉继位，统一天下的大事就由丰臣秀吉来完成。丰臣秀吉和织田信长都极力提倡茶艺。茶艺在这阶段（特别是在丰臣秀吉时期）便有了很大的发展。对茶艺发展贡献最大的、被誉为茶艺之祖的，则是千利休。

也许有人会说，这只不过是历史上的偶然。但在我看来，千利休已证得甚深空性，其一生既有矛盾和悲剧，也写满了唯美主义与英雄主义，是荒谬与理性的统一体。大师的出生正值政治动乱、体制无序，处于战争中的封建领主意识到商人的重要性，于是，千利休（出生商人世家）以其艺术天才和非凡的人格秘密地登上了政治舞台，成为丰臣秀吉的一位重要朋友。丰臣秀吉用其高超的军事才能和政治天分获得了权力，他虽然是一介武夫，却能欣赏茶艺。奇妙之处在于，尽管在整个安土桃山时代，战争气氛极其紧张，武士们却喜欢上了品茶。他们不时会去茶室，使自己与世隔绝，而后若有所思地喝上一杯，呼吸安详的空气，体会心灵的升华，让心暂时进入空灵的境界。这一切似乎与茶道大师千利休有关：他唤起了这群好战武士对茶的兴趣，让这些大部分没有受过教育的武士乐意接受传统艺术的熏陶。另一方面，出生于商人阶层的千利休，也慢慢受到武士道精神的影响。因此，他成为安土桃山时代日本生活的一面镜子。

权力所在之地，若掌权者对手下的忠心稍有怀疑，便会即刻将之清除。当有人向丰臣秀吉密告（或真或假）千利休想要谋反，独裁者就作出了如下的裁决：千利休必须自杀——这是给尊贵武士的殊荣。冈仓觉三（1862—1913）在其《茶之书》中对千利休之死的场景作了戏剧化描述：

自我了结性命的日子来到了，千利休请其大弟子们喝最后一次茶。在约定的时间，弟子们悲哀地走到了门廊，他们看着院子里的花园小路，树在震颤，树叶婆娑声中似有孤魂野鬼低语。悬挂于大门上的灰色石灯像是冥府的肃肃哨兵。茶室开始飘出阵阵异香：来者可以进屋了。弟子们一个一个地走进去，坐在自己的位置上。壁龛挂着一幅字轴——这是古代一位大和尚警示尘世无常的精湛书法。炉上的水开了，发出声响，如同知了在对渐去的夏日悲歌。不久，主人（千利休）进来，给每位弟子都奉上茶。在弟子们默默地喝完后，大师也喝完了自己的那一份。按照既定的仪式，弟子们开始请求观看茶器。千利休把各式茶器和那幅字轴一起放在他们面前。所有弟子都对茶器之美表示赞叹，大师将这些器具一一赠予他们，茶碗则自己留着。他说："此碗已被不幸之唇染污，我不会再用了。"说完，就将茶碗摔碎。

仪式结束了。弟子们强忍着悲痛与大师告别，离开茶室。千利休大师只留下一位最亲近的弟子来目睹他的最后时刻：他脱下了茶衣，仔细叠好，放在席上，穿上了之前就放在席子下的白色长袍。他温和地望着即将取其性命的亮闪闪的短剑，对它吟唱道：

今汝来兮，

寒光犀犀。

佛法吾依，

烦恼劈熄。

面带微笑，千利休进入了涅槃。

这位茶道大师的悲剧命运是如何与茶道的避世精神连在一起的？人们又怎能想象这样的空性之剑飞上天，杀却佛陀和魔鬼、朋友和敌人、暴君和奴隶？曾经，秀吉想看看千利休的牵牛花，利休便砍下花园里所有的花。但当秀吉进入茶室后，却见到花瓶中只有一枝花——其他的都为这一枝牺牲了。如今，这唯一的一枝也将为扫杀成千上万枝花的人结束自己的生命。但是这枝花真的逝去了吗？它是不是真的从日本文化史上消失了呢？不，依然有把剑，它"毅立空中，寒光冽冽"。

七

如前所说，茶的精神是贫，是独，是绝对主义，它使空性的思想具体化。因此，当茶室有人时，哪怕人数很少，茶的精神也就不再单纯了。此时，茶室就开始"订规立矩"，正如老子所言："大道废，有仁义。"茶室其实只适合一人独处，其独坐时拥有的精神境界应如佛陀刚出生时所作的伟大宣言那样："天上天下，唯我独尊。"当茶室有第二个人时，一体的人就分裂成两个，由此产生了二元化的万物。于是，茶室就需要规矩来维护原先的平和。茶艺或是茶道已是空性的退化，但这却是战国时代（1467—1590）日本武士们得以一瞥心灵或是空性的方法。那时的茶室就是精神训练所，茶艺成了武士们必要的一项技术训练。

茶室规矩一般有四条：和、敬、清、寂。前两条是社会性的，属伦理范畴，第三条则是身体和心理上的规定，最后一条是精神上或玄学上的要求。

读完这四条规定后，可以发现，这四个规定实际上代表了东方哲学的四个宗派：前两条规定代表儒家，第三条代表道教和日本的神道教，第四条代表佛教和道教。

第一条之"和"也可看作与道教有关，因为道教的一个基本教言即是与自然保持和谐，即阴阳平衡。因为阴阳平衡，世界才得以生生不息。婴儿可能哭上一整天，但其声音并不会变沙哑。按老子的观点，这种哭泣并非不和之象。因此，"和"又称为永远，或是无限。(《道德经》第五十五章曰："终日号而不嗄，和之至也。")

在圣德太子颁布的十七条宪法中，"和"被认为是"最可贵、最有价值的"。当然，这种说法也有其政治目的，反映了其所在时代的社会环境。

第三条的"清"无疑是神道教的内容：洗手和漱口让人想起净身礼。若抛开表面现象，进一步察其深层意义，这一条也与道教有关——"天得一以清"。净心则是佛教的教言。然而，茶道这方面的教法更多指的是洗尘、整洁，旨在使心远离无谓的心理干扰。

茶道的第四条规则"寂"最为意味深长，因为没有这一条，茶道就全然失去其存在的意义。茶道的每一过程都要给人寂静的气氛，这才可称得上成功。随意堆放的石块、潺潺的流水声、草庵、高过屋顶的古松树、长了青苔的石灯笼、水壶里的嘶嘶水声、透过纸屏风的柔弱之光，所有这些都是要创造出一种能让心灵沉思的氛围。然而在现实中，寂的境界源于内心之自觉，这是茶道人士的独特理解，也是禅宗精神在茶道的反映。由此，茶道的一切便与探究万物本源——心——有密切的关系了。茶室是茶士借以表达自我的感官：茶士使茶室中的事事物物与自己的主观意志相呼应。人与室归一，却并不相互混淆。进入茶室的人瞬间即可感受到这种人茶一体的妙境。这就是茶的艺术。

基本上，茶士对环境中不调和的因素非常敏感，在这一方面，他的神经系统受过极好的训练。然而，要赏茶、享受喝茶的乐趣，也并非得吹毛求疵地去苛求外在的环境。茶士只需将心从细节中脱开，让心处于开放状态，这样，潺潺的流水声、松针叶的婆娑声便能入耳，从周围的一切外物便能感受到心之宁静。若论外表的一尘不染，人与物都可以达到，但内在的宁静或安祥却只能是精神上的境界。洗手、漱口、净身，这一切都做完后，茶士便具备了进入茶室的外在条件。然而，身之洁净并不代表茶士已达到心的安详状态。环境对人的性格和性情的塑造有很大的影响，但，人又是性格的缔造者和环境的创造者，因为人就是被造物和创造者的合一。因此，安详源于人之心，再从心辐射到外在环境。茶室、花园、石盆、小屋周围的常青树，甚至每一细节都极其精心地布置着，以创造出一种完全安详的效果，尽管如此，茶士还有可能心思外飘，心不在焉。若心无法专注，则茶艺只是一种摆设了。

八

茶道是足利将军时代（1338—1568）、安土桃山时代（1568—1615）和德川幕府时代（1615—1867）等时期多个哲学思潮的共同结晶。在德川幕府时代，茶道之艺达到了顶峰。

虽说日本缺少独立的本土哲学体系，但她却善于拮取儒家、道家和佛家的思想，将其运用于现实生活上，并使其成为精神升华和艺术欣赏的食粮。可以说，日本人并不是把印度传至中国的思想（佛教思想）全面发掘出来，以此来显示自己的学术能力。相反，他们将来自异国的思想融入到日常的工作和生活中，把工作和生活变成一种有较高艺术特质的愉悦之物。直到现在，日本的天才们还没有将其能力运用于知识和理性的层次上，而是更多地运用在生活艺术上。难道不是吗？在我看来，日本人之伟大，在于能把哲学变为艺术，把抽象的思维变成活生生的生活，变心灵之超越特质为内在的经验。因此，可以说茶室就是东方三大宗教哲学思想的结晶。中国人的思维模式与日本人迥然不同。当他们与佛教里的印度思维模式接触时，他们感触到了其哲学的深奥之处：一方面，创造出华严思想、天台思想、三论思想；另一方面，他们也创造了宋代的理

禅与茶道（二）

学（理学是中国哲学对基于大乘思想的禅宗、华严宗思想的反动）。虽然现在有很多迹象表明，或许理性哲学在日本有更好的前景，但日本思想家们并没有吸取异国思想的纯哲学内容。不幸的是，狭隘民族主义特性阻碍了日本原创性思想的发展。日本人不愿通过自由地探索生活、反省生活来表现自己，而是寻求歌舞、茶道、文学和其他社会艺术娱乐形式，使自己从封建思想压迫中解脱出来。我想，日本天才哲学家的"无能"或跛足发展，应该归因于其政治体制。

九

"寂"是佛教最典型的特性。汉字的"寂"一词在佛教中含义特殊。"寂"的原意及当代的意思为"安静"或"孤独"，但在佛教（特别是禅宗）里，它具有更深的精神层面上的意义：它导出一种超越纯粹世俗的生活，或是超越生死的领域，而那样的领域只有心志极利、定力极足的人才能居住。正如一大乘佛典后面所附之诗所说的：

诸行无常，

是生灭法。

生灭灭已，

寂灭为乐。

佛教里，"寂"总是与"灭"一起连用，"寂灭"意为绝对"寂"。一般人经常把寂灭当成完全的湮灭或是绝对的虚无，佛教也因此不断受到批评。不过，对佛学有较深了解的人都知道，这是由于批评家们不清楚佛教思想之精髓所致。然而，这一问题并不在本书的讨论范围内，对此我就不多做评论了。

我曾说过，日本人发现，茶道是人们逃避封建统治的一种手段。但，无论是生活在封建政治制度，还是自由民主的国家里，每个人的内心都有一种超越自我的欲望：无论政治和社会环境如何，我们总是在寻求某种未来的、隐隐呈现的新生活。在这种动机的驱策下，我们从未满足现状，总在寻求一个新的文化时代，并为创造这样的时代而不断努力。当寻到的新文化无法适应我们的精神需求，同时又看不到其未来的发展前景时，这样的文化就会消亡。

如果茶道只是停留在儒家和道家的层面上，那么它只会是某种消遣、某种有钱人用于静态娱乐的方法，我们也就无法从中找到帮助提升精神生活的东西了。这就需要茶士来为茶道注入一些佛教的哲学因素。于是，茶士便在佛法里找到了"寂"的思想。

"寂"不是环境特质，而是每一位想获取高远境界的茶士应该培植的理想品格。

因此，在茶道里，寂是一种超越生与死的精神特质，而非仅仅是身体因素或心理因素。一定要谨记：茶道将人们导向更高层次的精神追求，在那个精神领域里，我们既生活在这个世界，又仿佛不是生活在这个世界。下面是日本德川时代后期禅师诚拙（1746—1820）关于茶道的观点：

> 我的茶非茶，不是与茶相对立之非茶。这种非茶是什么样的？当人达到非茶之境时，他将意识到非茶即是道之本身。
>
> 如此，生与死、愚与慧、正与误、是与非，都不再有壁垒。达到这种无阻碍境界即是非茶之道。
>
> 有一个故事说道：一位禅僧远道而来，参见赵州禅师。禅师问："你来过这儿没有？"答："未曾来过。"禅师说："喝茶去。"之后，又来了一位禅僧。禅师又问道："你来过这儿没有？"答："来过"。禅师说："喝茶去。"
>
> 赵州禅师让两位禅僧都"喝茶去"，也不管他们之前来过与否。为什么？若我们能明白它的深奥意义，我们就进入了禅师内在的圣境，就可以欣赏用甜味之盐调出的茶之苦味了。

嗯，我听到某处响起了铃声。

十

诚拙的非茶是茶的神秘变体，他想通过否定的方式达到艺术的精神境界。这是禅师们所采用的般若哲学的逻辑法。只要我们用某个概念来规范、描绘"茶"，它必然会阻碍我们的视野，使我们无法深入茶的本来面目。这在茶之心理方面的表现尤为明显。若茶艺表演者一直非常在乎茶艺的演示，其意识就会妨碍其表演的每一步骤，结果是，他在人为地制造"壁垒"。他总是感觉自己一直面对着一个相互对立的世界：正与错、生与死、茶与非茶，等等。若茶士陷于这样二元对立的世界里，他就远离了道，永远无法进入"寂"的境界里。因为，茶道通向"大道"，茶道也即是"大道"本身。

茶的这种超越性概念不应被当成是某种超越日常生活中的东西。若这样理解茶道，就没有明白它的实质。茶士将茶叶从茶罐中取出，放在碗里，用竹制搅拌器搅动，此中的每一动作都有"寂"的特质存在。寂是动态的，否则，它就会把心一分为二，把茶士的心与身分开：茶士的意识与茶士泡茶的行为分裂开来，茶不再是非茶。只要意识到行为与行为者之间存在着间隙，这样的对立将产生矛盾，矛盾就会造就壁垒。般若大师们说："茶非茶时，茶才是茶。"只要存在着丝丝的壁垒，就不会有"自如的流淌"。构成茶道的寂的原则就被严重破坏了。

普罗提诺在表达这一思想时如此说道："观者即是被观者，他们并非两个不同的人；这并非是幻觉，而是一个统一体。这样与超我成为一体的人，在自身上展现了超我的形象：他们成为一体，除了超我，身内身外都不再有其他形象。那时，没有动作，没有激情，没有欲望；理性被搁置，所有的推理、思考，甚至自我也没有了，与上帝合而为一。在不动中他达到了寂静的境界：身心安详，不会左顾右盼，甚至不会向内在寻求什么；他完全正确地安住下来，他即是安住自身。"普罗提诺的"安住"，也就是茶士的"寂"。

《薄伽梵歌》在表达这一境界时，铿锵有力，散发着千利休生命最后时刻掷剑于天时所喻示的精神：

> 彼心不再执，
> 没有我与他。
> 彼虽杀千人，
> 却一人未杀。

客观而言，这可能让一些读者非常吃惊，但我们要记住，薄伽梵的观点，不是我们有限的智力所能理解的。爱默生在写其《梵天》时一定也受其影响，以下是《梵天》的一段：

染血的杀者认为杀了人，

被杀者以为已被杀，

唉，

他们都不得妙道，

我只继续、超越，然后回家。

我的眼前，

没有了过去与遗忘，

阴影与日光也没有两样，

消失的神祇为我而现，

荣耀与耻辱自成一体。

千利休自杀所用之剑也是一把杀向佛陀、主教、圣人和罪人、造物者和被造者之剑。当茶道达到了这样的悟境时，禅师的"非茶之茶"就实现了。

按照埃克哈特的说法：

"怎么样去亲近上帝呢？"

"爱上帝自己：非上帝、非神灵、非人，非形象；一位纯粹的天真的温驯之人，没有自他之别。让我们永远地依偎在这种非无的怀抱里。"

若要我再随意补充一些评论，那么，就像禅师诚拙所建议的以非茶之心来喝茶那样，其实就是"以亲近非上帝来爱上帝……永恒地倚在非无的怀里"。要知道，所谓的"寂静"的原则就是在这个意义上被理解的。

十一

一些读者们可能会说我小题大做："喝茶不过是小事一桩，把它描绘成人之灵性境界这种高度是完全不适合的。假如生活中每件小事都要从远离烦恼这样的角度去看待，那我们生活就没有什么乐趣可言。毕竟，喝茶与令人讨厌的玄学思辨有何联系？茶就是茶，还能是什么？渴了，就喝，这就足矣。把茶变成某种奇怪的艺术有什么意义呢？东方人太小题大做了。我们西方人实在没有时间去摆弄这些琐细之事。"

那么我问一下你们：与喝茶相比，葬礼一事是不是更大？与喝茶相比，婚礼的道德意义和精神意义是不是更深？从事物本来面目的角度来看，有生必有死，死亡无可避免，那死亡还有什么不吉祥的呢？婚庆也是如此。那么，为什么我们要小题大做呢？若我们愿意的话，可以把二者视作吃顿早饭和上个班那样简单。但我们却把它们视为庄重之事，为之举行隆重仪式，只是因为我们想这样做。当我们认为生活太单调时，我们就把它分成一个个场景，有些场景让人激动，有些让人沮丧。我们都喜欢轰然大事，大起大落的那种。禅宗有一则公案说道，僧问大隋："劫火洞然大千俱坏，未审这个坏不坏？"隋云："坏。"僧云："恁么则随他去也。"隋云："随他去。"后有僧问修山主："劫火洞然大千俱坏，未审这个坏不坏？"山主云："不坏。"僧云："为什么不坏？"主云："为同于大千。"（《碧严录》第二十九则）一样的问题，相反的答案，哪一位是对的？都对。禅宗的回答就是这样：按自己的方式去庆祝或是悼念这一结束的时刻，或对事物的成住坏空持超然态度。

就生命自身而言，时间和空间对其产生不了多大影响，尽管从人类的角度而言，生命需要通过时空来阐释：人类的感官和智力的构造需要借用时空观来理解外部世界。在此意义上，我们所感兴趣的，其实就是对数量的估计。我们认为，超越我们的感官量度能力即是永恒之物。但从生命的内在意义而言，一分钟、一秒钟和一千年，其实都一样长、一样重要。夏日上午的阳光只持续数小时，但它和傲立风雪中的古松树有着一样重要的意义。显微镜下的生物和大象、狮子有同样的生命意义。其实，这些微生物具有更强的活力。即使是其他形式的生命从地球上消亡了，微生物的生命仍在繁衍、持续不断。那么，当我坐在茶室中喝茶时，我是在把整个宇宙喝进肚子里，我举起茶杯之刻即是超越时空的永恒。谁说不是呢？茶道所要告诉我们的，远比保持万物的平衡，使它们远离污染，或是单纯地陷入宁静深思的状态要多得多。

第十章

利休与其他茶士

这一章，我们要简单地讲一讲千利休的生活，他是当今日本茶道的祖师。其实，现在的每位茶师都从千利休这一系的弟子手中获得茶道的资格证书。如今，茶道传递的精神并不一定和当年的一样，也不会像利休时代的茶道那样富有禅意。这或许是无法避免的。

千利休出生于大阪府界市的一富商之家。界市位于大阪，是当时一个繁忙的对外贸易港口，似乎茶艺也最先就在这些富商当中传开。对他们而言，喝茶是种娱乐方式，因为他们有的是钱，拥有来自朝鲜、中国、南亚等国家的各种精致陶制品，他们把这些陶制品用在了茶艺上。很有可能，茶士们对稀有艺术品的偏爱是从界市的商人开始的。在这方面，他们也体现了审美家幕府将军足利义政的审美观。后面我们会讲述几则茶道史上的轶事，从中可见，茶道与茶器具有不寻常的关系。这种现象不仅在茶士中可见，在当时大大小小的封建领主中也是如此：这些人时刻准备花大价钱收藏稀有的茶碗或茶叶罐，而此类茶具的拥有者则成了领主、商人和文化人士羡慕的对象。

利休从小开始学习茶艺，五十岁时声名鹊起，成了公认的成就最大的茶道大师之一。广为世人熟知的利休之名，是当时的正亲町天皇授予的。织田信长极其喜欢茶道，特别偏爱利休。织田信长逝后，千利休亲近丰臣秀吉。作为织田信长的追随者，丰臣秀吉最终获取了至高无上的地位，成了当时政治上、军事上力量最强的人。利休成为秀吉的茶侍者，报酬是三千石大米。无数次的战争中，秀吉总是带着利休。在那动乱的年代，喝茶是封建领主们最喜欢的消遣方式，即使是军事活动也离不开茶。"茶会"经常是一种政治伪装。从那些将军们所在的四个半榻榻米见方的茶屋中，人们可猜测正在进行的重要政治交易。利休那时肯定扮演了一个无言的角色，这方面他是很擅长的。

利休在大德寺学习禅法。他深知茶艺中的"侘"之理念出自禅宗，因此，没有禅修的经验，就无法抓住茶道的根本精神。然而，现实中的利休并不是一位生活有缺之人，他不贫穷，而是富裕，有相当的政治权力和极高的艺术天分。所以，他只能在内心深处渴望着清贫的生活。然而，环境总是出人意料：他总是不由自主地被卷入世间杂事。不知什么原因，他惹怒了他那专制的主人丰臣秀吉，被命自杀。致其死罪的原因其实很微小，一般人都认为，在表面原因的背后，应该还有更严重的因素，比如政治因素。

利休那时已年过七十。他收到命令后，回到屋中，沏下了人生最后一道茶，静静地品尝，之后分别用日文和中文写下了辞世诗，中文诗如下：

人世七十，
只求命拙。
吾此宝剑，
祖佛共斫。

日文诗如下：

吾此剑兮，
一生未离。
寂灭现前，
扔向苍天。

利休惨死，一个全身心奉献给茶艺及"侘"之理念的杰出生命，从此就这么消失了，他死于 1591 年 2 月 28 日。

以下有关利休的故事，不管真实还是虚构，都很有意思，从中

利休与其他茶士

可见其人之性格。

1

当秀吉听说利休家庭院里的牵牛花盛开了，非常美丽，就想去看看。第二天早上，秀吉来到了利休的院子里，却一朵花都没有见到，连影子都没有。他觉得奇怪，却一声不吭。他踏进茶室——啊，一枝牵牛花盛开其中！

2

一日，秀吉想智胜利休，就取出一个装满水的金盆，上面漂着一株梅花，花儿盛开，他要利休重新整理这些梅花。利休二话没说，双手捧起树枝，摘下梅花，让花瓣从指间纷纷落入盆里。只见一片金色中，花苞和花瓣呈现出极美的图画。

3

一个春日，利休给秀吉侍茶。利休请秀吉进入不足六平方英尺的小屋。秀吉进门时，注意到天花板上垂挂着一只瓶子，几枝盛开的樱花从里伸出，遍布整个屋子，一直延伸到入口处。这让秀吉很高兴，因为，尽管他喜欢喝清茶，但心中更向往奢华。于是，他就在屋外停留一会，欣赏屋中樱花盛开的壮丽之景。

4

当利休还在学习茶道时，他的师父让他打扫茶室的院子。其实，师父之前已把院子打扫干净。利休出来后，发现地上一尘不染，但利休读懂了师父的心。他摇动树干，让叶子掉落地上，这让师父很高兴。

5

利休对"侘"或"寂"之美有着极其敏锐之觉。再小的事，只要与"侘"之理念不符，他都能立即觉察。利休第一次受邀参加某地的冬季茶会，与其女婿一同前往。他们踏进院子时，注意到大门前有一个古色古香的小门。女婿说它具有很浓的韵味，而利休则有点讽刺地说："孩子，这根本称不上是'贫'；相反，这样的工艺很昂贵。仔细看看，这附近肯定找不到做这种门的店。此门一定是来自某个远离人烟的山上寺院。想想将此物运到此地的人工费用，主人一定花了不少钱呢。若主人知道什么是真正的贫，他就会寻找一个已做好的合适的门，或是在附近的商户那订做，或是从其屋子附近找一块旧木板拼贴而成。这样的门才会有贫的味道。我们眼前之

利休与其他茶士

物不是真正的贫。"通过这样的方法，女婿在实践中获知了茶道的清贫艺术。

6

利休参加大儿子举办的一个茶会。当他站在茶室前的院子时，他对与他一起前来的朋友说："这些垫脚石，有一块比其他的稍高了一点。我儿子似乎没有注意到。"父亲的话偶然被儿子听到了，儿子心想：我本来也一直在想这事，没料到父亲的感觉这么敏锐！喝完第一遍茶后，客人们稍做休息，利休的儿子迅速溜出门到院子去。他搬开有问题的石头，把下面的土挖深，再把石头放回原位，使它与其他石子高度一样。为掩盖搬动过的痕迹，他又在四周洒了点水。过后，利休出门准备回家，又踏上了那些垫脚石。他注意到这一小小的变化，因为他说："哎，道安（他儿子的名字）一定是听到我的批评了。不过，他倒是有心，能在我们离开前纠错。"

7

有一次，有人请利休喝茶，他就与一些朋友前往。他们发现院子里种有许多柏树，过道上布满厚厚的落叶，走在上面有走在山道上的感觉。利休说："真不错啊！"然而，他想了想，又说："恐怕主人会将这些落叶打扫干净，因为他不知道何为自然之美。"果然，喝完第一遍茶出来后，他们发现通道上的落叶已被扫得一干二净了。利休于是向朋友解释在这种场合里该如何布置环境。后来，在指导一位弟子整理茶室院子时，他引用西行法师的两行诗来表达他的思想：

> 山中夏叶未及红，
> 寺前路上已凋零。

（日本花园里，特别是茶屋附近之处，经常能看到石头、青苔和地衣，这些东西很值得注意，因为它们使人想起禅僧在山中的生活和自然之理念，后者支配着茶道的一切。茶室前的院子，到处都会用上石头。这些石头来自山里、峡谷、河床及其他地方，给院子增加了一些深沉、孤独和古旧之气氛。石头上和地上都长满了苔藓，一种远离城市生活的山中气氛就此而生，这对茶室而言是必要的，因为客人喝茶的主要目的在于忘掉商业社会和一切与之相关的东西。）

8

利休是"侘"之理念的权威，还可从下面一则故事看出。

利休与其他茶士

在界市这个地方，有一茶士拥有一个名为"云山肩冲"的茶罐，形状特别。由于此物在茶士中很有名，因而深获大家的青睐。主人自然以此为豪。一日，他邀请利休来喝茶，用上了这个茶罐。然而，利休对它似乎并未特别关注，离开时也没有说什么。这位茶士非常难过，叹息道："继续留着利休不看重的东西，有什么用？"就把它摔在三脚架上，茶罐裂成碎片。

后来，这位茶士的一位朋友把碎片收集了起来，仔细粘好，使它们恢复了原来的形状。这项工作需要很高的技巧，这位朋友也认为修补好的茶罐怎么也算得上是一件良品。他突然想到要请利休喝茶，看看利休对此物会发表什么高见。

正在喝茶时，利休那敏锐双眼一下看到了那件粘好的旧茶罐，就说："这不就是我之前在某地看到过的茶罐？如今修补成这个样子，当真成了一件朴素之物了。"朋友听了很高兴，就把它物归原主。

在多次易主后，这个曾被摔碎又修好的茶罐落入了一领主手中。当时，京都一位很有名的茶士京极安知对此茶罐非常向往。他的一位医生朋友听说了，就前往拜访这位领主，然后故意漫不经心地转达了他朋友的愿望。领主听了觉得很有意思，就随口开玩笑道："如果他愿拿出两块黄金来买，我可以给他。"

医生当真了，就把这事说给安知听，后者说道："如果是这样，我给你两块黄金，请帮忙把茶罐换过来。"

领主得知安知愿意出金购买，大吃一惊，说："不管价钱多大，我从未有过出售此物的想法啊。"这就让事情复杂了。原先自愿充当中间人的医生不知怎么办才好，只得不断地往返于安知和领主之家中；而双方都以捍卫自家荣誉为由，以越来越强硬的态度对待此事。慢慢地，所有茶士都对此事感兴趣，他们纷纷表达良好愿望，愿意尽力缓解事情的复杂性。尝试了种种方法后，他们最后决定如下：由第三方付给领主两块黄金，但不作为支付茶罐的价格，而是把它用作救济当地穷人的基金。同时，领主则把茶罐当成一件免费的礼物送给安知。"两块黄金的价值差不多相当于现在的十万日元。

尽管这无疑意味着其金库丢了一大笔金币，安知对解决事情的方式却很满意。不过，拿到茶罐后，他并不满意，认为茶罐的粘合之处还有可改进的地方，就与另一位茶道权威小堀远州商榷，想换掉其中一些碎片。然而，小堀远州很有智慧，说："正是这些缺陷吸引了利休，使它在茶士中名声极高。所以，你最好保持原状，不要动它。"

9

在日本建筑里，壁龛有许多重要的用途。壁龛源于禅宗：禅寺的出家人在寺院大殿的墙上凿出一个凹处，用来摆放圣人的画像或雕像。如今各式壁龛随处可见。然而，壁龛里的花瓶和香炉还是能让人想起历史。在所有的物件中，摆放花瓶是壁龛不可或缺的一个用处：没有它，茶屋就不完整了。秀吉在攻打北条统帅的小田原城时，遇到后者的顽强抵抗，几个月过去了，进展还是不大。秀吉于是就为他的将军们举行茶会，来娱乐和放松。但茶屋缺少花瓶，他叫利休寻找一个。利休就想到了竹子——这样的想法肯定是独一无二的，因为那时还没有人用竹子做花瓶，茶屋更是从未摆放竹制花瓶。他到附近的竹林里寻找合适的材料，找到后，就亲自动手制作。但竹子干后，瓶身裂开了个缝，这个缝隙就成了花瓶独有的特色，从此被称为"三井瓶"：三井寺是琵琶湖边一个历史上有名的佛教寺院，寺院中的大钟因上面有一缝隙而出名。由于这个巧合，利休的那个竹花瓶就被称为"三井瓶"。

利休那其貌不扬的花瓶在茶士中成了一件圣物，不仅仅因为其艺术价值，更在于它的历史意义，而拥有此瓶者也成了茶士们羡慕的对象。后来花瓶辗转传到了一位名为家原自仙的人手里。他的朋友野村宗二得知后，特地来到京都，要亲眼看看花瓶。然而，自仙婉拒了，让朋友一年后再来。与此同时，自仙赶紧建造新茶室。建造茶室的材料没有任何竹料，壁龛的花瓶是唯一可见的竹制品。而后自仙邀请宗二前来，在最恰当的时候向朋友展示了这件花瓶。一年前当宗二的请求被拒绝时，他很懊恼。现在他明白了自仙心中所想，也十分感恩，十分欣赏朋友对利休及其花瓶的敬畏的艺术态度。

冬木是江户深川的一位富商。他想在自己的茶室里摆放那件竹瓶，但自仙却不愿意将它给人。后来，自仙处境困难，他想起了冬木：那时冬木愿出五百两购买此瓶。于是，自仙派人去伊豆，告诉冬木愿以四百五十两的价格将花瓶卖给他。冬木没有立即做出回应。他一面把自仙派来的人打发回去，一面让人带上五百两，跟其身后。最后，冬木的人恭恭敬敬地拿着竹瓶回到了伊豆。这其中的意义是：这样的宝物，无论何时都不应有丝毫的轻视，除了给予其等量的商业价值外，还应给予其应有的艺术敬意。

后来，竹瓶易主，新主人不昧（1751—1819）是德川区的封建领主，平常喜欢茶艺，对缺陷理念也有甚深的理解。当他用此瓶招待朋友时，侍者发现，瓶中的水从缝隙中流出来，弄湿了瓶下的垫子，就问主人要不要在瓶里放一个圆柱形的容器。然而，不昧说："竹瓶的缺陷正是在此滴漏之中。"

10

喜欢日本艺术的人对狩野探幽（1602—1674）这位画家的名字

都不会陌生。因此，我在这里介绍一下这位画家也不会不适合，毕竟，画家本人也十分喜欢茶艺。探幽的茶艺师承于利休的孙子宗旦。宗旦也是侘之美的积极提倡者，在这方面他或许还胜过了利休。探幽开始学习茶艺时年纪尚小，不超过二十岁。他看到宗旦新建茶屋里的屏风是空白的，什么都没有，就忍不住想在上面画点东西。但老师没有同意，因为他认为这位学生经验不足，无法承担这样的工作。探幽就没有继续请求。

不久后，探幽偶然进入了这个新茶室。主人不在，屏风依然空白如故。他又生起作画的想法，认为机会难得——其实，这一段时间他一直在思考着画点什么才能展示他的画技——就立即拿出画笔，开始画一幅"八位茶圣图"。他越画越投入，快画完时听到远处传来脚步声，他知道这是主人回来了，若当场被抓住那一定很尴尬，就想赶快画完。脚步声越来越近，可画上还少了一位茶圣的手。不管怎样，他总算在主人进屋前把手画完了。宗旦看到如此精美的画竟然出自一位如此年轻画家之手——他从未想到这位学员的绘画水平会有这么高。然而，仔细看过后，宗旦发现其中一人的手画错了——左手画成右手，右手则成左手了。但他没有多说。这幅画就一直放在那里，直到现在也没有人纠正。

后来，探幽的绘画变得很有名，被认为是当时最优秀的画家。

德川家康将军也喜欢，其名声在国内越传越广，艺术爱好者们又开始讨论起他那幅"错手之画"。

探幽自己拥有一个名为"种村肩冲"的茶罐，在茶士中有着很高的声誉。他自己也非常珍惜，当成是生命的全部。然而，明历年间（1657）的一场大火将探幽的房子烧成废墟。火烧起来时，他让一位仆人从火中抢出茶罐。可是火越烧越大，危及生命。仆人尽管忠厚老实，但为了活命，把宝物一扔，转身逃走了。大火过后，一位送货员在路边偶然撞见了这件宝物。他捡了起来，回到京都时，把它卖给一位艺商。市长牧野亲成听说此事，就从艺商那里把茶罐买回来，查看后，证实这就是"种村肩冲"。

不久后，亲成邀请探幽到家中喝茶，其间不经意地说起这件茶罐。探幽告诉市长他已失去了茶罐，懊恼之情难以言表，希望市长不要再提及此事。市长就让仆人拿出茶罐，放在探幽前，一脸无辜的样子，说道："这不过是件复制品。"探幽高兴坏了，一时口拙，不知如何表达谢意。市长就很豪爽地以购入价转让给探幽，但同时又说，为报答他的好意，探幽必须亲自画出十二幅不一样的富士山图。探幽当然答应。不过，这个任务着实不易，他耗费了不少心思，用了不少绘画技巧才得以完成。这些费尽心思的画作后来也成了其代表作的一部分。

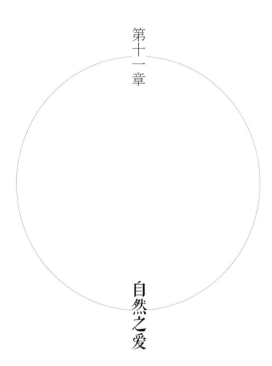

第十一章

自然之爱

I

一

日本人喜爱大自然，我想主要缘于日本岛中有座富士山。每次我乘坐东海道新干线路过富士山脚下时，只要天气晴朗，都能清清楚楚地看到此山：轮廓美丽、终年白雪覆盖的山顶，就像"白扇倒悬东海天"——德川家康时期诗人石川丈山（1583—1672）的诗句。其实，它唤醒人们的，并非只是艺术上的审美情趣，还有精神上的净化和提升。

下面是日本万叶时期的诗人山部赤人（？—736）吟唱富士山的诗歌：

> 来到田子湾，举目富士山。
>
> 高洁入云天，白雪落山巅。

自然之爱

相比奈良时代的赤人，另一位诗人（匿名，也为奈良时代人）则有着较深的宗教情怀，他在《万叶集》中吟颂富士山时这样写道：

骏河富士山，

高耸入云天。

飞鸟无法越，

行云不敢攀。

圣神富士山，

俯视大和族。

圣藏与荣耀，

皆归日出土。

骏河富士山，

百看不厌烦。

广为引用的西行吟唱"富士山"的诗则带有神秘的色彩。诗人生活于 12 世纪，那时的富士山应该还会不时地喷发出烟雾，此种景象总是让人浮想联翩。那高高山顶上飘过的一片孤云，能把人的思想带离俗世。

并非只有诗人们对富士山情有独钟，武士们对其也怀有浓厚的兴趣。有一位武士就写道：

每望富士山，
屡屡多变幻。
观之又想之，
情如初相见。

于那未睹者，
如何把山夸？
风姿不二同，
言说无一法。

吟诵此诗的伊达政宗是秀吉和家康时代一位有名的将军。将军英勇善战，在其所参与的战争中获胜无数，后成为仙台地区（日本东北部）的封建领主。谁能想到，16、17 世纪的战争年代，欣赏自然并对其赋诗吟唱，在好战武士的脑海里竟也占有一席之地？

自然之爱

但事实确实如此。由此可见，在日本人的心中，大自然是多么亲切，他们是多么喜爱她。即使是农奴出身（那个时代的农奴处于最卑贱、最愚昧的阶层）的丰臣秀吉也会吟诗作对，支持艺术创作。在日本艺术史上，丰臣秀吉的时代又称为桃山时代，广为人知。

富士山完完全全是日本的象征。每次人们说起日本或是描写日本，总是少不了这座山。这也无可非议，因为倘若把此山从地图上抹去，那么这个日出之国的美丽就逊色不少了。所以，想对日本有更深的印象，一定得亲临此山。照片与绘画，无论多么精美，均无法全面、准确反映富士山的真面目。正如伊达政宗诗中所言，此山的外观没有一刻相同，由于气候条件不同，看待它的角度、距离等地形条件不一样，它显得变幻莫测。对那些从未亲眼目睹过的人来说，就算是歌川广重（1797—1858）再世，也无法让他们真切地感受到富士山的艺术价值。山冈铁舟也描绘过富士山的艺术价值，但角度与伊达政宗不同：

晴天雨天，

富士之巅，

貌若原先。

美哉！

当今时代，生活缺乏诗意，日本年轻人中有种疯狂的追求：为爬山而爬富士山，并称之为"征服高山"。这是对自然何等的亵渎！显然，这样的时尚源于西方。与此同时，日本还从西方舶来了许多没有学习价值的东西。我想，所谓的"征服自然"来自希腊文化：希腊文化认为，地球是人类的仆人，因而，风和海都必须遵从人类的号令。希伯来文化也持同样的观点。然而在东方国家，把自然界置于人类的掌控和服务于人类自私欲望的想法从未得到人们的认同，因为，大自然对人类从来不乏善意，不是人类要征服的敌人。我们东方人从未把自然界当成一种敌对的力量。相反，自然界一直是人类永远的朋友和伴侣。尽管在这块大地上，不时会有地震等灾害的发生，但这样的朋友和伴侣可以绝对信赖，征服的想法是很可怕的。假如我们成功登上某座高山，我们为什么不说"现在我们终于与山成为朋友了"？四处寻求征服的对象，这不是东方人对自然界的态度。

是的，我们也攀登富士山，但目的不是为了"征服"，而是为了对其美丽、壮观和高贵有更深刻的认识，为了目睹朝阳庄严地、宏伟地从绚丽多彩的云层后面升起。这不一定非得是某种太阳崇拜之举，尽管崇拜太阳也并不代表精神堕落。不管太阳是否有生命，它是地球上所有生命的最大施利者，人类再怎么感恩和赞叹这样一位施利者都不为过，因为唯有人类才有此种微妙的情感，低等动物

自然之爱

似乎不具有。如今在日本，一些有名的高山都有观光缆车到达，游客们不用费力就可直达山顶。物质化和功利化的现代生活需要这些发明物，也许这些东西到处都有，所以我们无处躲避，我自己也常使用这些便利工具，比如在京都登比睿山时乘坐了缆车。不过，人虽在车上，心里的感觉却是与其格格不入。夜晚，轨道上的灯闪闪发亮，映射的是现代社会贪婪的物欲和寻欢作乐的时代精神。比睿山位于日本古代首都的东北部，曾是天台宗开创者最澄（亦称传教大师）在日本创立第一座天台宗寺院及天台教规的圣地。现在，它无情地被商业化了，许多虔诚的乡里人为此痛惜。人们在崇拜大自然时总会夹杂着某种深深的宗教情感。我希望，这种情感也能存在于现代的科学、经济和战争领域中。

二

尽管当代的日本人已接受了征服自然的思想，但他们同时也在山中、林中建造学馆、书屋、禅室，从中还是可以看到其对于大自然的热爱。这样的建筑，面积只有四五个榻榻米大小（十五平方米左右），以西方的标准来衡量，不能称作建筑物。屋顶是茅草做的，边上可能有一棵大松树，枝叶在屋顶上伸展，似乎时刻都在佑护着茅屋。从远处看，小小的茅屋在大山中显得微不足道，却与周围景色融为一体，因此，一点都不显突兀，而是成了整个山景的一部分。屋中没有凌乱的家具，只有一张桌子，一个坐垫，一只花瓶和一个香炉，主人坐在这简陋的屋子中，发现他和周遭的一切——家具、茅屋和大自然——融合在一起。在一扇形状奇特的窗边，长着几簇车前树，宽大的树叶刚被最近的一场暴雨肆意地撕裂，呈无规则的破碎状，看起来像是布满补丁的出家人的衣服。如此，这些叶子一下子就让人想起寒山大师的禅诗。不仅是叶子的形状富有诗情，叶子的生长方式也充满画意。当这些叶子随树木从地而生时，观者似乎也有一种与叶子共呼吸的感觉了。禅修室铺垫的地板略高过地面，可防湿气侵入，同时又能感受到来自地下的生命气息。

　　如此建造的茅屋既是自然界的有机组成部分，屋中之人也是自然界之物，与歌唱的鸟儿、嗡嗡叫的昆虫、摇摆的树叶、潺潺的水声无异，甚至和河岸对面高高耸立的富士山一样。在这里，人和大自然及其创造物完全地融为一体。说到富士山，我又想起了日本15 世纪的一位将军太田道灌（1432—1486）写的一首诗。当后土御门天皇问起其住处时，他用诗来回答道：

> 小屋在海边，
> 相邻有松林。

自然之爱

富士之峰巅，

赫然压飞檐。

　　天皇住在京都，从未去过富士山，所以这位武士诗人特意提及此山。他将其住处描绘成一个小屋，这真有趣，不是吗？在德川家康建造宏大的城堡之前，道灌是第一位把帅府盖在东京的将军。道灌之府一定很奢华，可他却称之为"小屋"，这总会让人想到那位于偏僻处的简陋茅屋——那才是"小屋"。他的诗化精神洋溢着对自然之爱，是对任何带有明显人造格调之物的反动。因此，他的"小屋"自然建在松林之中，边上有海浪冲刷的沙滩，可远眺白雪覆盖的富士山。在这方面，道灌真实地反映了日本性格中占主导地位的自然之爱。

　　富丽堂皇的建筑太过突兀，无法融入周围的自然环境。从实用主义的角度而言，富丽堂皇的建筑有其存在的意义，却少了一份诗意。任何的人造之物，只要太过醒目，就会失去其艺术价值。只有当它处于一堆废墟中，不再具有最初建造时的功能，它才会成为一件自然物，被人像观赏大自然一样观赏着，尽管人们观赏它往往是因为它所在的那堆废墟具有某种历史价值。

　　再回到刚才的话题。后土御门天皇一定听说过武藏野，那是道灌建造其宫殿之地。日本是多山之国，平原资源极少，如今东京所在地的武藏野平原，是日本最大的平原之一。天皇大概从未离开过京都这座四面环山的城市，十分好奇，想知道武藏野有多宽，就向武将问起，道灌又以一首诗来回答道：

> 夏雨从天降，
> 露水却难敛。
> 武藏野平原，
> 宽广更胜天。

天皇听了很是高兴，他也对这位来自野蛮东部的天才将军诗人做了回答：

> 曾思武藏野，
> 唯有茅萱显。
> 今朝闻汝诗，
> 方知百花妍。

道灌是日本人很喜欢的英雄，可惜他所生活的时代正是足利幕

自然之爱

府将要结束的时代，国家濒于大乱无序。后来，他被背信弃义的小人用卑鄙的手段杀害。他告别人世的诗是：

> 昨日迷妄身，
>
> 犹如破漏袋。
>
> 今朝袋将毁，
>
> 妄毒复不再？

三

太田道灌这位将军诗人的运气不错，能看到白雪覆盖的富士山和山下波浪涌动的蓝色大海，尽情享受自然，但"雨月"这一故事中的男女主人公却没有那么幸运。他们住在一破旧小屋，他们的心在月亮和秋雨中纠结，不知所措。但从这不知所措的心境中，我们也感受到他们同道灌相似的诗意，也许他们比道灌更富诗意。在此，日本人的自然之爱得以生动地体现。以下简单讲讲"雨月"这个故事。

"雨月"改编自西行法师在云游途中亲历的一件事。西行法师（1118—1190）是日本镰仓时代初期的诗僧。一晚，他走到了一孤零零的屋前求宿。小屋里住着一对老夫妻，房子看起来很破旧。男主人拒绝僧人的请求，说屋子太小，不够住；而女主人见来者是出家人，便动了留宿念头。但这并不能改变屋子的客观情况：屋子太破，不适宜接待陌生人。屋子破旧的主要原因是：女主人喜欢月光，所以尽管屋顶破了，女主人还是不让修补，说这样月光才能进屋；但老先生喜欢听雨水打在屋顶上的声音，屋顶不补，他就听不到了。已是秋天了，马上就可欣赏到一年最好的秋月；同时，静静地独坐屋中倾听秋雨声，也是一件莫大的乐事。屋顶到底要不要修补呢？只要这一问题没有解决，那么让陌生人住进来就很不礼貌，他们这么想：

> 茅屋破漏难宿客，
> 葺之搁之搅心肠。

西行叹道："看，这就是已做了一半的好诗啊！"老先生和老太太一听，就说："若您懂诗，那么就请您续完，我们将借宿与您。"西行当下吟道：

> 月行苍穹雨打屋，
> 赏之听之可同享。

自然之爱

诗僧被邀住进了小屋。夜深了，月光越发的明亮，照亮了远处的田野、山峦，也照进了屋内。但是——听，下雨了！树枝摇动，沙沙作响！不对，这是枯叶落在屋顶上的声音，听起来仿佛是雨声。起风了，但天空依然清朗——原来是月色中下了一场"叶雨"：

> 夜坐小屋里，
> 秋叶落纷纷。
> 疑是甘霖洒，
> 不辨风雨音。

秋天的落叶总是能唤醒热爱自然的日本人的诗情画意。这样的场景让人缅怀孤寂，使人沉思。西行也深有体会。当一人独自住在这山中的简陋屋子中，他被一阵打在屋顶和"雨门"上的暴雨般的落叶唤醒了，落叶声无疑使得孤寂之心更加孤寂，这就是秋日自然界的精灵。下面这首诗不仅描述了秋天景象，更是诗人秋日心情的反映：

> 疑是屋外雨，
> 惊扰床上客。
> 却是秋风过，

来把秋叶落。

　　现实中，下雨是很不方便的，但日本和中国的许多诗歌都会提到雨，特别在日本能经常看到的那种细雨，仿佛是在向我们低语着真理的秘密。再来看看西行的诗：

　　　绵绵春雨把我拘，
　　　寂寂小屋无人语。

　　要想读懂这首诗，想了解春雨的哲学，就必须住在日本的小茅屋里。这样的小屋，屋前有一片草地，一个小池塘，也即，"不为人所知"，却与自然合而为一。这样，就能如诗人般地深刻理解自然。
　　道元是日本佛教曹洞宗创始人。以下这首诗应是他所有诗中最有名的，对人与自然关系的描述尤其深刻。

　　　生死茫茫如云驹，
　　　迷途觉路梦中游。
　　　梦醒萦怀唯一事，
　　　深草闲居夜雨滴。

梭罗在《瓦尔登湖》第五章的"寂寞"篇中数次提到，听雨之时，就会唤起心中的宇宙意识或宇宙情感：

我从不觉寂寞，也未曾有过孤独之感，但有一次除外——那是我来到森林几个星期后的事了。那时，有一个钟头的时间，我思绪不定：宁静而健康的生活是否离不开近邻？独处，并非愉快之事。同时，我觉察到我有些情绪失常了，不过我也不恐慌，似乎能预知这种失常很快就会消失。在这样的思绪中，一阵微雨从天而降，我突然感受到：身处大自然，是如此的甜美、如此的善妙；在淅沥的雨声中，在我屋子四周，每一个声响、每一处景象，都在演说着无穷无尽的友爱。之前所想的近邻优势变得不再重要了，我也从此将它忘却。我眼前的每一枝小小的松叶膨胀开来，叶子上满满都是大爱，与我成为朋友。虽然身处世人所谓的凄惨荒凉之地，我却分明感觉到有物与我同体，于我最有血亲关系、最具人性的，竟然不是某个人或某位村民。世界于我，从此也不再会有陌生之处了。

四

说到这里，让我们来看看东方思想和情感是如何于 19 世纪浸入美国人的心里的。由新罕布什尔州康科德诗人和哲学家发起的超验运动至今依然流行全美。虽说美国在远东及全世界的商业和工业扩张是 20 世纪的一件大事，但同时我们也得承认，东方对西方（包括美国和欧洲国家）的精神财富累积也作了相应贡献。

1844 年，爱默生在回应卡莱尔指责其陷入理想主义时，讲了这段著名的话："您责备我，说我陷入一种犹如碧蓝的天空那样虚无缥缈、毫无意义的理想主义之中。但是，如果说这是由于偏执所致，那我实际上比您所考虑的更严重，陷得更深，我所抱有的令人愉悦的梦想，是纸墨难以表达的，更何况易地去实践了。我毫不认为陷入这种冥想有什么不好。这理想尚未占据我的家和储藏室……我只是在梵天的隐居之处，参拜久远的佛陀。"

爱默生提及的"如天空般的理想"很有意思。显然，他是指佛教的空性理论。尽管不清楚爱默生到底对这一理论理解有多深，因为空性是所有佛教理论的基础，也是禅宗"神秘自然观"的源泉。但是，看到以超验主义者为代表的美国人开始尝试着探索深不可测的东方想象力之未知区域，这实在奇妙。现在，我也开始理解自己在大学时代阅读爱默生著作时为什么会留下深深的印象。那时，我虽然在做美国哲学思想的研究，但一直在寻找自己内心深处的东方思想——自从东方意识苏醒之后，寻找东方思想的想法就未曾停止过。这就是我之所以在读爱默生作品时有一见如故的感觉——其实我是和自己一见如故。梭罗的作品也一样。很显然，梭罗的自然观和西行、芭蕉等诗人的非常接近，他的自然观其实源于东方，这一点或许梭罗自己都未曾意识到。

在结束这部分前，让我介绍一位禅师，他关于"雨"的语录广为其弟子所知。一日，天下着雨，越州镜清寺顺德禅师问僧："门外是什么声？"僧云："雨声。"回答其实没有错，大师也知道是雨声。然而，他却说道："众生颠倒，迷己逐物。"这样的教法是一记棒喝：若外面的滴答声不是雨声，那是什么？他说的"迷己逐物"是什么意思？雪窦颂曰："虚堂雨滴声，作者难应酬。"

美国超验主义哲学的自然观显然带有很大的一层神秘主义色彩，但禅师的自然观则更加神秘，的确很难理解。但是现在让我们暂时忘却雨声，来看看禅宗的教法。

II

一

欲明白日本人方方面面的文化生活，包括刚提到的对大自然的炽爱之情，关键就是要深入了解佛教禅宗的奥秘，这一点我已反复提及。没有禅宗知识，就无法理解日本人的性格。当然，这并不是说禅宗是塑造日本性格和日本文化的唯一因素。我的意思是，若能把握禅宗的思想，则能比较容易地深入日本人多姿多彩的精神生活。

无论是学者还是百姓，都有意无意地承认这一事实。学者以其职业的角度来分析评判禅宗与日本文化的关系，而百姓则将禅法引入日常生活中，他们喜听那些与禅门相关的故事与传说。

禅宗深深地影响了日本人的性格及其文化的形成，这一点研究日本文化的外国学者也已指出，兹举二例说明。

其一就是刚刚过世的查尔斯·艾略特先生（还没有来得及亲自校订其宝贵著作《日本佛教》，就不幸去世）。艾略特先生在《日本佛教》一书中写道："在东方人的艺术领域、知识界甚至政治生活中，都可感受到禅宗巨大的影响。在某种程度上，禅宗造就了日本人的性格，也代言了日本人的性格。佛门之中，再没有其他教派像禅宗那样具有日本人的个性。"这里的重要之处在于，禅是日本性格的代言。历史上，禅宗于一千五百年前发源于中国，一直到宋代后期，即 13 世纪初，禅宗才传到日本。因此，日本的禅宗史远比中国的短，但它却如此地适应日本人的个性，特别是在道德理念和审美观方面，从而深深地影响到日本人的生活。禅对日本人的影响

自然之爱

在深度和广度上都超过了对中国人的影响。由此可见，《日本佛教》的作者所言并无夸张成分。

其二是乔治·桑索姆先生，是另一位有名的研究日本文化的英国作者，他在其著作《日本文化简史》中谈到了禅宗与日本的关系："此派（禅宗）对日本的影响，是如此的微妙、如此的无所不在，从而成了日本精英文化的核心。若要追溯禅宗对日本人的思想、情感、艺术、文学、行为等方面的影响，就得专门撰写一部'日本心灵史'。此部书将非常难以下笔，让人费尽心思，但必定会引人入胜，让人着迷……"尽管我后来批评了乔治·桑索姆先生看待日本人的自然之爱的观点，然则，他此处所说的却是正确的，我完全同意。

禅宗与佛教其他宗派的差别在哪里？在进一步谈论禅宗与日本人的自然之爱之前，得先了解禅宗的特点。不过，我们不去详细地讲述禅宗的内容、精髓，前面的章节已直接或间接地讨论了许多与这一方面相关的内容，所以，下面这一部分我们会简要地从宗教、道德、美学、认识论等方面来讲述禅宗的教法和理念。

二

首先，我得声明，禅宗不是一门只有禁欲苦行的宗派。当我们看到一位出家人独自住简陋的茅屋，日常所食只有米饭、腌菜和土豆，却心满意足，我们也许会把他当成避世的隐士，其生活理念就是克己。没错，他生活的一面确是如此，因为禅宗教法之一即是不执着、自律。但若认为除此之外，禅宗便一无所有了，这样的见解未免太过肤浅。禅宗的教法在于直视生命本源——这是它能成为宗教的原因。我这样说的意思是，禅宗是与万物真相紧密相联的：确实，禅师紧紧地把握实在，住于实在，这使得禅宗具有了宗教的特质。

那些只接触过基督教或印度某种虔诚宗教的西方人也许会很好奇：禅宗的哪个教法相当于他们心目中"上帝"的理念和对"上帝"的虔诚？真相对他们而言似乎太过概念化、太过玄虚，也不够虔诚。其实，在佛教里，还有比"实在"听起来更抽象的词，如"本然"、"空"、"终极"等。这也是为什么基督教徒，甚至日本学者自己有时也会批评禅宗，认为它在教授某种寂静冥想的生活。但对于禅门人士，这些词汇一点也不抽象，相反，它们非常真实、直接、活泼、充满活力——因为在实在（又名本然、空）里，有着宇宙具体的、活生生的当下现实，宇宙的现实生命并不因这些概念而变得抽象。

禅宗从未远离现实世界，总是生活在当下的现实生活中。远离一大堆名词和形式，这并不是禅的风格。若世上存在着上帝，不

327

自然之爱

管他（它）是人格化的还是非人格化的，那么他（它）一定与禅不二，活在禅中。不管从宗教还是哲学或是诗学的角度来看，只要这个物质世界依然存在着不利于人类的威胁、毁灭的力量，此时就不存在禅。因为在禅那里，"一小片草叶即等同于佛陀的丈六金身，反之亦然"。禅把握着世界的本来面目，这即是禅的宗教。

往往有人认为禅是一种泛神教，当然，这也不无道理，佛教徒们有时也会错误地认同这种观点。但若把"泛神"当成禅宗的真实特性，那就错了。因为就如基督教一样，禅宗绝对不是什么泛神教。我们不妨来看一下云门和尚（864—949）与其弟子的一段对话。

僧问云门："如何是清净法身？"门云："花药栏。"僧云："便怎么去时如何？"门云："金毛狮子。"

我们可能会认为，若上帝是花药栏，将寺院与周围田野分开，不免会令人产生泛神论的联想。但我们又如何看待金毛狮之说？此种动物并不是其他东西的化身，它是至高无上的、自治的，是百兽之王，他全然完整、完美无缺。金毛狮之说让人无法联想这种动物是何物之象征。

在那些不熟悉禅宗话语体系的人看来，即使我插入这小段注解，云门和尚的"金毛狮"之说可能还是很费解。那么，我再引用一段禅门对话，也许会有帮助。

僧问老宿云："狮子捉兔子亦全其力，捉象亦全力其力。未审全个什么力？"老宿云："不欺之力。"

"不欺"，即"直心"、"全身心投入"，在临济禅师看来即是"直心道场"，没有任何保留、不造作、不啰唆。一个人若如此生活着，那他便是金毛狮，刚强雄浑、真诚、全心全意，是圣人。他不是化身，自身即是实在，因为他"不遗一物"，他就是实在、当下。

我们必须明白禅门这一生命观和世界观，这很重要，因为后面我们要用事实说明：日本人对于大自然的热爱是没有任何象征性的。

若一定要把禅归为某一类别，那么可以说禅是一种多神论，但必须理解，这里所谓的"多"，是像"恒河沙子"那样多，不是几千个神，而是有无穷尽之数的神。在禅门，每个人都是绝对的个体，又与周围的人密切联系着：空性使这种无限的相互联系成为可能，因为在重重联系中他们找到了自我。对于不熟悉佛教思维模式的人来说，这很难理解。但现在没有时间停下来从头解释佛教的理论体系，我得赶紧讲完这个主题。

简而言之，禅宗有其独特的把握实在的方式，日本人的自然之爱就建立在这样的方式上。因而，我们无法按照常规去理解日本人的自然之爱，这一点随着我们讨论的不断推进会变得更加清楚。

自然之爱

三

当禅扮演了道德说教的角色时，它就是禁欲、苦行，因为此时它的宗旨在于简化所有的外在形式，这有点像当年日本武士阶层所树立的禁欲主义。13 世纪北条统治时期的镰仓生活方式是简单、节俭的，显然，这样的生活方式最初是受了禅宗的影响。而且，北条时宗的道德、勇气、百折不挠的精神均堪称典范，而他的这些精神特质是在中国禅宗大师向其传授禅学时培植起来的——这些大师受北条政府的邀请来到日本生活。没有北条时宗，日本的历史恐怕得改写，北条时宗的父亲北条时赖也是一位虔诚的禅宗信徒，正是在他的影响下，北条时宗去了禅宗寺院。在那里，他接受了持戒修定，使自己成为日本史上最伟大的人物之一。

在禅宗里，我们可以发现，中国人的实用主义和来自印度的玄学及其他甚深的思想紧密结合在一起。若无这两个来自东方文化最高思想的完美结合，禅宗很可能就无法在日本这块宜人的沃土上生长。禅宗也在最恰当的时候来到了日本，因为那时奈良和京都的旧式佛教宗派已无法开创新的精神领域。禅宗一进入日本，就遇上了像北条时赖和北条时宗这样伟大的信徒，这也是其大幸之一。直到现在，人们还未能完全理解北条家族在日本的文化、政治、经济发展史上所起的作用。其中主要的原因在于军国主义者的偏见：他们总是从自己偏颇的眼光去阐释历史。但近年来由于日本遭遇了不幸，悲剧的现实使日本学者终于愿意从新的角度来研究北条家族对日本的贡献，届时他们一定会意识到镰仓时代的重要性，而北条泰时、北条时赖和北条时宗正是该时代的代表。他们也会明白塑造日本性格的主要力量之一——禅宗——在这一时代所扮演的重要角色。

禅宗的禁欲主义与日本人的自然之爱密切相关，其最突出的具体表现是什么？那就是：最大程度地尊重自然。换言之，我们不应把自然界当成征服的对象，蛮横地将其变成人类的奴仆，而是应当把它当成朋友，与我们无别、具有佛性、将来成佛的朋友。禅宗要我们把自然界当作一位友善的同仁，其心与我们没有丝毫差别，时刻与我们的合法要求互动。大自然从来不是恐吓我们的敌人，也不是某种我们若不摧毁它或奴役它就会反过来摧毁我们的力量。

禅宗的禁欲主义并不一定指克制、断除欲望和本能，而在于尊重自然，不违背自己的内在本性和客观世界的自然属性。"克己"并非我们对自己的态度，"以合理为借口，行自私之事"也不应当是我们对待自然的态度。因此，禅宗的禁欲主义与全球流行的物质思潮完全没有相似之处，也与科学、工业、商业主义和其他许多思

自然之爱

潮不一样。

禅宗的宗旨在于尊重自然、热爱自然、"自然"地生活；禅宗意识到我们的本质和外在的自然界是一体的，这并不是数学意义上的相等，而是自然在我们心中，我们在自然之中。因此，禅宗的禁欲主义提倡简单、节俭、直心、刚强有力，不利用自然为其私利服务。

有人担心禁欲主义会降低生活标准。然而，坦诚地说，失去灵魂的可怕甚于获取整个世界。我们现在经常战争般地四处做准备，不就是为了提升或是保持所谓的宝贵生活水平吗？若这种状况持续下去，最终，则不仅人与人之间，国与国之间也会相互杀戮、相互摧毁。因此，提升生活的平等互惠，不是远比提升所谓的生活水准要好得多吗？这就是实在。现在，我们的世界里，贪婪、嫉妒、不公正等现象前所未有地严重，这就急需我们大声去呼吁人们认识这样的实在。我们禅宗信众一定要坚持禅宗所教授的禁欲主义立场。

四

禅宗的美学取向与其禁欲主义理念密切相联：无我、主客合一。因为绝对的空性里不存在自私的特性，主体与客体也会融成一体。这种说法听起来很怪，但在禅宗文献中，这样的教言是最根本的教言，随处可见。进一步解释这个教言，会带来很多常识方面的困惑，因为这是哲学上一项浩大的课题，不仅需要我们努力地、持续地思考，而且这样的思考也容易让人对禅宗的真实体验产生较大的误解。因此，就像前面说过的那样，在禅宗，既没有抽象不实的说教，也没有概念化的推理，其文献资料没有别的，只有数不清的公案、偈子。对那些还没有入门之人，这些公案看起来杂乱无序，就像是一片原始的、无法接近的荆棘地。然而，禅师们并不就此放弃。相反，他们总是寻求恰当的方法去表达自己的体悟。在这方面，只有他们最明白，也最正确，因为就其沟通或是表达的方法而言，他们实践的本质就具有明确的意义。以下我引用一个公案来解释禅宗的美学取向，希望大家不要误认为我是在故意把观点神秘化。

陆亘是唐代的一位高官，一日他向禅师南泉请教佛理，陆亘问南泉："肇法师说'天地与我同根，万物与我一体'，实在是精当之极。"南泉叫唤："大夫！"陆亘抬头一看，南泉手指着院中的牡丹花说："世上的人就是看到了这株花，也只像是在梦中看到的一样。"

这些公案有力地描绘了禅人关于客观世界的美学态度。大多数人不知道如何去看花，因为他们与花隔绝，从不知道花的精神所

自然之爱

在，因此，看花时就像在梦中一样：观者与被观者分开，二者之间有不可逾越的鸿沟。如此，观者无法从心上去看待眼中之物。我们看着眼前之物，却不了知其根本实质。若天地与万事万物以及你我皆是同根所生，我们就必须牢牢地把握这一本源，才会对本源有实际的体验。也就是在这样的经验中，南泉的花以其自然之美吸引着南泉，他的美学感觉油然而生。当我们有了这种鉴赏自然的经验，就能明白禅宗是如何影响日本人的自然之爱的：活在自然之中。

这里我们要记住，单纯地与自然融为一体的经验，还不是真正地认识自然。但，这无疑是日本人的自然之爱的哲学基础，由此他们进入了美学意识的深奥之处。或许有人会说，那样的情感主义已是净化的结果。但爱的感觉在多元化的世界中是可能的，南泉之言只是存在于物我一体的境界中。世人生活在梦中，这确实没有错，因为他们没有看到世界的本源。若要从美学角度理解自然界，则必须做到《华严经》所说的那种境界：一体与多元平衡，或者，最好是自我与外界成为一体。

丁尼生曾写过：

墙上一朵花，

连根来拔起。

但愿知晓你，

得与神一体。

墙缝里的小花之美只能从万物之源的角度来理解。当然，这不能用纯哲学或是纯概念的方法来理解，而应用禅宗所倡导的方法来完成。不是用泛神的方法，也不是用寂静主义的方法，而是用"活在其中"的方法，就像南泉与其弟子们那样。要做到这一点，要真正理解南泉，就一定要先面对陆亘，并与其友好相处，这样人们才能感觉到南泉所说之言的力量。他眼中所见到的花之真美，就首先在人的心灵镜子中反映出来。

对自然的审美总是含有宗教性的东西。我所说的"宗教的"，是"超世界的"，超越相对的世界，在这样的世界中，我们总面临着各种对立与局限。对立与局限总是伴随着我们的身体、思想，伴随我们的一举一动，当然也同时阻碍了我们对万物自如流动之美的感受——美感只呈现于自如流动与自然表现之中。美并非在于形式，而在于其所表达的意义，只有当观察者全身心地与投入到意义的承载者并与其共存时，他才能感觉到美的真意。而要达到这种境界，观察者须生活在无二元对立的"超世界"中。或者，进一步而言，只有当我们彻底消灭了复杂多样的无所不在的对立因素，进入

自然之爱

某种更高层面时，这样的境界才会出现。其时，美学终于与宗教合而为一了。

乔治·桑索姆先生在《日本文化简史》一书中就禅的自然之爱评述道："然而，禅宗艺术家和诗人们（他们的诗歌和绘画何时开始、何时结束，不得而知）并不觉得人与自然是对立的，他们意识到的不仅是人对自然的亲切感，而且是人与自然的一体性。激起他们兴趣的，不是生命表层上无休止的运动，而是（正如姊崎正治教授所指出的那样）透过变化看到永恒的宁静。"这根本就不是禅。二位教授其实都没有真正理解禅宗对自然界的态度：既不是角色认同的经验，也不是他们梦寐以求的"永恒的宁静"。若诗人和艺术家们依然停留于"变化之中、变化背后"的感觉，他们就与陆亘和僧肇的程度一样，无法入南泉门内。真正地融入花中，诗人艺术家才能真正地体会其美，那时，角色的认同感将不复存在，更不用说看那"永恒的宁静"了。

如此，我想强调的是，禅宗并不会去观察"生命表层无休止的运动"。因为，生命就是一个不可分割的整体，无表层与深层之分，更没有所谓的"无休止的运动"之说，因为这样的运动可能与一体的生命相分离。我在云门的"金毛狮"公案里提到，无论在你眼中，生命的存在是无休止运动的动态还是永恒宁静的静态，生命只能是以整体的形态存在，不依人的解释而改变。禅师理解了生命的意义，无时不以动态和静态的方式与生命共存。任何有生命迹象的地方，就有禅。可是，当我们把"永恒的宁静"与"生命表层无休止的运动"分割开来，它就成了死亡，也就不再有"表层"之说了。禅之宁静就在"沸油"当中，在波浪汹涌中，在不动金刚明王的火焰中。（依佛教，不动金刚明王能入火光三昧，摧灭罪障，焚烧秽垢。）

禅门中经常出现"诗痴"，寒山即是唐代最有名的"诗痴"之一。他写过这么一首诗："吾心似秋月，碧潭清皎洁。无物堪比伦，教我如何说。"

表面上，这首诗让人联想到平静与安详。秋月之光静静地洒满了田野、河流、山峦，让人感觉到万物是一体的。但寒山在此并没有急急地去比较自己的感情和世事，原因是世人往往会把指月之手当成月亮。其实，诗中丝毫没有说到平静或是安宁，也没有谈到自然与人类的一体性。若说这首诗有所暗示，那就是诗人所觉察到的绝对的透明。他全然地从其身体中（包括躯体与思想）脱离了，无内无外，完全净化。在净化或是透明的境界中，他观察着多彩多姿的世界。他看到花朵、山峦和成千上万之物，而后感慨道，它们的美是难以言表的。他同时感受到了"无休止的运动"和"永恒的宁

自然之爱

静"。若认为日本禅门诗人和艺术家们避开现实世界的运动性，只是为了进入抽象世界的宁静，就有违禅宗的精神及日本人的自然之爱的理念。尽管已不再持二元对立的看法，我们还得先要有"透明"的经历，才能爱上自然及其万物。只要我们还执着于主体与客体对立的概念妄想中，并以此为实在，那么，我们就不会有透明的经验，我们的自然之爱就被二元论和诡辩论所染污。

再来读读另一位禅僧的诗。这次我们要读的诗是日本禅人寂室元光（1290—1367）所作。寂室元光是滋贺县东近江市永源寺的奠基人，其诗如下：

> 风搅飞泉送清音，
> 月上前峰落竹影。
> 老来只心向山中，
> 埋身岩下骨依清。

一些读者可能会认为此诗描绘的是某种孤独或安静的境界，但对于真正理解禅的人来说，这样的理解显然没有抓住诗的要点。除非禅宗艺术家饱含寂室元光形象描绘的自然情感，否则他无法明白自然，也无法真正地爱上自然。"透明无碍"是禅宗自然观的主调，也是禅宗热爱自然之源。当人们说，日本人的自然之爱以禅宗的哲学和宗教理念作为基础时，他们就得先彻底了解禅宗的自然观。当乔治·桑塞姆先生推论说，"他们（贵族、僧人、艺术家们）被一种信念所感动，认为所有的自然都渗透着一种精神"，又说，"特别是对禅门人士而言，他们的目标就是清除心理上的自我中心主义的喧嚣以达到宁静，于直觉上将自我与宇宙合一"时，他忽视了禅宗在日本自然美学上的影响。他总是无法摆脱"永恒的平静"或是"精神上主体与客体合一"的思想。

"精神上主体与客体合一"的思想，基于心理上的自我中心主义的喧嚣得到清除，从而体会到了永恒的宁静，这一理念很有吸引力。对多数有东方文化背景和哲学背景的学生而言，只要给予他们一把理解东方民族神妙莫测心理的钥匙，他们都会接受。然而，此处这位西方学者所言，只不过是西方人解答日本人热爱大自然奥秘的一种思维模式而已——他们也实在没有其他办法了。就我们日本人而言，在接受西方人的这些观点前，我们得谈谈自己的观点。简单来说，禅宗并不承认宇宙中有"一种精神"，也不会通过清除心理上的自我中心主义的喧嚣去实现自我与自然的合一。按照此作者的观点，抓住"一种精神"和心理上的自我中心主义的清除，就能实现主体与客体合一这一目标。要令人信服地反驳这样的观点并不

自然之爱

容易，因为我们的讨论都没有脱离逻辑上的是与非，但在下一节我会尽力让大家明白我的观点。

五

现在有必要谈谈禅宗的认识论。这个词听起来可能太哲学化，但我的目的在于用几句简单平白的话语来解释禅宗的直觉认识。禅门首要是远离任何概念化的媒介。因为在禅者看来，若是通过第三方来观察世界，那么就永远无法洞悉世界的真实性。第三方的存在只会使世界复杂化，阻碍思维能力，使我们无法清楚简单地观察世界。禅门因此拒绝第三方的介入，学人须直接与外在的事物接触。在禅宗，我们也经常谈到"融为一体"，但这个词并不准确。"融为一体"的前提是存在着相互对立的两个概念：主体和客体。但事实上，在禅门看来，世界从来就没有相互对立的主客体之分，更没有"融为一体"之说。不过，我们可以换个角度来谈：虽然从未有过时间的概念，也没有主体与客体的分离，但我们确实存在着偏见和分别，这些偏见和分别不是先天的，而是后天的。禅门的目标因此就是使人回归到原来的统一状态，即，回到原本的洁净和透明状态中。这就是为什么禅门摒弃概念分别，对于那些认为有一个"融为一体"和"永恒宁静"状态的学人，禅师们会这样忠告他们：他们已被概念所驾驭，应该摆脱概念，直面现实，活在当下。

唐代时，一日，长沙景岑禅师游山归。首座问："和尚甚处去来？"师曰："游山来。"座曰："到甚么处？"师曰："始从芳草去，又逐落花回。"座曰："大似春意。"师曰："也胜秋露滴芙蕖。"

这里有没有类似"变化背后的宁静"的说法？或者禅师与游山时所见的花花草草融为一体之说？

又一晚，长沙景岑与朋友仰山玩月次赏月之际，仰山指月云："人人尽有这个，只是用不得。"（是否这就是意味着"遍布万物之灵"和"宁静"？）

长沙云："恰是，便倩尔用那。"（只要你的眼仍被"一体"和"宁静"所迷，又如何能起"用"？）

仰山云："尔试用看。"（他有没有进入永恒的宁静涅槃？）

长沙一脚踢倒仰山，仰山起云："师叔一似个大虫。"后来人号为"岑大虫"。（当大虫像金毛狮那样吼叫时，评论家心目中那个重要的"精神"就消失了，"宁静"也不复存在。）

这二位禅僧的言谈奇怪又活泼，在旁人看来，可能是禅宗诗人们正在享受着月夜的宁静，但它却让我们停下来并去思考禅对于日本人的自然之爱的意义。是什么东西唤起了这两位善于深思和热爱自然的禅僧做出这些举动？

自然之爱

因此，禅的认识论并不是要借助概念这一媒介。若想理解禅宗，就得当下契入，不能左顾右盼，四处寻找——在你顾盼之际，你所寻找的东西就已消失了。"当下把握"是禅的特色。如果说希腊哲学教人如何推理，基督教教人应该信仰什么，禅宗则教人如何超越逻辑，甚至当我们意外地"见不到那些东西"，也不要逗留。禅的观点是找到一个没有任何形式的二元对立的绝对点。逻辑把主体与客体割开，信仰使所见与未见分离，西方人的思维模式永远无法脱离这一永远的悖论：这个或那个，理性或信仰，人或上帝，等等。而禅宗将这些都抛开，认为它们是一层面纱，使我们无法看清生命与现实的本质。禅宗所作，是引导我们进入没有概念存在的空性领域，在那样的领域中，无根之树生长，清爽之风吹遍了大地。

上述文字简短地描述了禅宗之特质，从中可见禅宗的自然观：热爱自然，既不是基于人与自然一体的同一性，也不是因为自然世界处于永恒宁静的缘故。大自然永远在运动，从未停止过；若我们要热爱大自然，就一定要在动态中把握它，对禅宗美学观的把握应建立在这一方法上。寻求平静就等于杀死自然，停止其脉动，最后可拥抱的只是一具死尸。实际上，鼓吹平静理念的人都是抽象主义和死亡的崇拜者——平静之物有什么可爱的呢？同一性也是静止的一种状态，与死亡有绝对的联系。人死归尘，与地球融为一体。因此，同一性不应成为一个高度渴望的东西，应把我们设立的自然与人的阻碍抛到一边，唯有如此，我们才能洞察到大自然那活泼的心脏，感受它的跳动——这是爱的真谛。因此，清除所有的概念壁垒是必要的。禅宗的透明之意即是彻底清扫、彻底擦拭心灵的镜面。然而，若从究竟之意来说，镜子其实从未脏过，没有必要去擦拭，但由于我们有了同一性、宁静、一种精神、自我中心主义等概念，我们不得不给予心灵大扫除。

解释了这么多，有些人可能会认为禅宗就是某种自然神秘论，一种哲学直觉主义，一种强调恬淡寡欲的、朴素苦行的宗教。不管如何形容它，禅宗观待世界的视角是最宽广、最彻底的，因为它的视野充满了甚至超越了劫海刹尘。禅对实在的认识最透彻，因为它唱出了所有生命最内在的声音。禅宗知道最彻底的认知真美的方法，因为它就处于真美中，有着佛陀三十二相八十种好的金身。当接触自然万物时，日本人的自然之爱也就此展开。

III

一

日本人的自然之爱无疑源于内心对美好事物的感受，但其审

自然之爱

美观则基于宗教，因为没有宗教情结，就无法觉察并享受真正美妙的东西。不可否认，禅宗将它的审美情趣提升到至高，赋予其玄学和宗教背景，极大地刺激了日本人对自然界的热爱。最初，日本人可能只是被所见之美物所吸引，也许那只是一种最原始的感觉。当然，正如原始人类从万物有灵论的视角看待客观世界一样，他们可能也认为自然界的一切都与生命和平共存。然而，当他们接受了禅门教法后，他们的审美和宗教情感得到进一步的滋养，这种滋养的表现就是高尚的道德准则和高度的精神直觉。

也就是说，白雪皑皑的富士山之峰顶应被视为从空性中升起，寺院里栽种的松树永远青翠，因为它们"无根"、"无影"，打在茅屋顶上的雨点传送着昔日的回声：当年，镜清和雪窦，西行和道元对此声各有说法。今晚，"漏进"寒山空屋和老夫妻雨月之屋的月光，将以其现代的形式也照亮你我下榻的旅馆。也许你会说，不管禅宗是否存在，宇宙仍然以其固有的方式运行。但我可以郑重地告诉你：当禅者从其四平方米半的山屋往外看时，一个新的宇宙便诞生了。这听起来过于神秘，但日本人若没有对禅宗的充分领会，日本的诗史、艺术史和手工艺史就不能翻开崭新的一页。不仅仅艺术史是这样，若偏离了禅宗对生命和世界的解释，日本人的道德生活史和精神生活史也会失去其深层的意义，日本人也就不可能从容地面对史无前例的现代科学、机器和商业工业的围攻。

我再用良宽的生活世界来解释一下禅宗精神。良宽（1758—1831）是一位出家僧人，于19世纪前期在越后省度过了朴素的一生。或许有人认为，他的出家生活削弱了我关于禅宗已深入日本人生活的观点。但，正好相反，接触过他的人，和他生活在同一个地区的人，都赞叹他的生活方式，并从中找到了具有永恒价值的东西。片叶知秋，知道日本人对一位良宽的看法，即可知道成千上万的良宽在日本人心目中的位置。

二

良宽是曹洞宗一系的禅僧，他的小屋盖在面朝日本海的北部乡村。在常人看来，他是一个"大傻瓜"，一个"疯子"——他没有我们世间人所谓的正常思维。但邻居们却十分喜欢他，十分尊重他。若邻居有吵架或是其他不愉快的事发生，只要他出现了，不愉快的事情就会烟消云散。他在汉语诗歌和日语诗歌的造诣上炉火纯青，也是一位伟大的书法家。城里人和乡村人都争着找他要签名，他发现很难拒绝他们，因为他们总能想出各种办法来获得自己想要的东西。

刚才我说过他是"疯子"和"大傻瓜"——后者其实是他的自

自然之爱

称。然而，他对人和自然之物都极富爱心。没错，他是爱的化身，是观音菩萨的化身。曾经（一次？二次？）有窃贼闯入他那远离村庄的山居小屋。这位窃贼一定是外乡人，否则他无论如何都不会去选择这个和尚的陋室来作案。自然，窃贼发现屋中一无所有，非常失望。窃贼的失望表情让良宽生起了同情心，他脱下身上穿的衣服送给了窃贼。窃贼匆忙离开。屋外的雨门打开着，天上一轮明月在屋中洒下了皎洁的光亮。诗人就此写道：

> 偷儿离去月未得，
> 只见皎光透窗来。

另一首诗：

> 夜黑雨骤天冰冷，
> 行者孑然如何过？

另有一种说法，这首诗是这位富有爱心的隐士在一位不受欢迎的陌生者到访之后写的。在那寒冷的夜晚，被访者在孤独的茅屋中一定也冻坏了，因为他第二天早上来到父母家时，鼻涕直流，浑身发抖，急急地要上床取暖。

良宽也善待乞丐。每次在托钵回家的路上，只要遇到不幸之人，他总是会把身上的所有施与他们。以下这首诗一定是此场合写的：

愿我玄衣宽又厚，

庇尽天下之寒士。

就他自己本人，并没有什么欲望。一天，他邻区的一位领主来拜访他，想带他去城里住，也许还要为他盖寺院，使他居有定所，也有可从事宗教活动之地，可这位诗僧一直保持沉默。当领主礼貌地要他做出回答时，他写了这么一首诗：

柴薪不曾缺，

风送落叶来。

如此幸福地沉浸清贫里，这位禅僧是一位伟大的吟颂清贫的诗人。在他的诗歌里，特别是中文诗，赞美这种境界的句子处处可见。良宽一定是唐代寒山大师的崇拜者，因为他的诗能立即让人感受到寒山大师那高度超脱的精神基调。以下是一首歌颂贫穷的诗：

自然之爱

自从出家后，

衲衣终生伴，

茅庵清贫住，

野草也当餐，

月夜把禅坐，

花中不知返。

三

良宽从佛门的博爱中学到了什么？看这些诗：

过去过去矣，

未来未来兮，

现在何曾在？

辗转无可依。

旧见无需执，

新知不必追。

名相混乱生，

逐之有何益？

一心向内观，

思之复思之，

直到无可思，

才知从前非。

　　这首诗告诉我们，良宽在永恒的业力之流开始过着"原始生活"之前，是多么积极地投身于佛法的学习中：

生前何处来？

身后何处往？

独坐茅屋中，

细细来思量。

思量未得源，

亦不见其终，

当下亦复然，

无常总是空。

空中时有我，

自然之爱

是非在其中。

不知如何处，

随缘也从容。

　　"什么也不知道"和摆脱习气的实际哲学效果是什么？简而言之，良宽绝对被动的、依赖的或是空性的生活是什么样的？他的茅屋是最平常的那种，只够一人独住。因此，他说到"五合"一词，意思是不到一夸特的大米，正好够一个成年人一日生活所需。

寂寂五合庵，

形同一悬磬。

庵外杉千株，

庵内偈数篇。

锅里时有尘，

灶中常无烟。

唯有东村叟，

偶敲月下门。

秋夜不能眠，

执杖出柴扉。

秋虫鸣古砾，

老叶辞寒枝。

溪远水淙淙，

山高月姗姗。

久久长沉吟，

白露衣已沾。

四

  这位清贫和孤独的倡导者——或称之为伟大的自然神秘家更合适——对自然界，以及包括动植物在内的万物有着温暖的情怀。他在诗中提及屋子周围的小竹林，那里一定长着许多竹笋。我想，他一定很喜欢这些竹笋，可以食用，但更主要的是喜欢它们的挺拔、长年青翠。竹根牢牢地扎于地，竹枝中间是空的，象征着空性。良宽喜欢竹子的空质。据说，曾经有一次，一根竹笋从其小房间的地板上破土而出，迷住了他。后来，当他发现小房间的竹子长得太高，就决定拆除屋顶，好让竹子继续往上长。他想用烛火将屋顶烧

自然之爱

掉——也许他认为这是最简单的拆除屋顶的方法吧。或者，他并没有这样想过，只是想给竹子生长的空间，所以当他发现最方便的办法就是蜡烛，就用上了蜡烛。不幸的是，屋顶燃了起来，火势出乎意料地大，最后，整个屋子，包括那根竹子，都烧成灰了。在常人看来，这愚蠢行为的亮点在于为一根竹子而烧毁整个屋顶。然而，我却不觉得他的行为有什么不对，甚至欣赏他这种愚蠢的行为。可以这么说，他那喜爱竹子的情怀，有着非常纯真的、非常神圣的情感因素。在每一个纯真之爱的举动中，都有这样类似的东西存在。人类一直在考虑各种得失，不断把自己变成利益的奴隶，因此无法感受到友善情感的每一次脉动。有多少次我们故意去压制这种脉动？我们内心的脉动可能无法总是像我们这位诗僧那样纯洁无瑕，这也许就是我们有意压制脉动的原因。倘若如此，在批评良宽前，我们应该先净化生活中的不纯杂质。

良宽的松树情怀也出现在其诗中。他不像是一位擅长说话或写东西的人，但任何浮现心中的情感，他都没有放过，而是在诗中将其表现出来，依其当下心情，或者用中文作诗，或用日本传统的三十一字和歌，或十七字俳句，或民歌，或用许多诗节的万叶体进行创作。上述种种风格的诗歌，他都创作得很好，但他经常无视传统的文学规则，不受这些规则束缚。另一种他喜欢用来表达内心世界的方式是书法。在这里，我们主要讨论他的文学作品，因为它们能更好地引导我们进入他的内心世界。他曾歌咏过一棵位于久我山上的孤独老松树：

> 久我山上一孤松，
> 高贵神圣历千年。
> 朝起夜宿汝之下，
> 千凝百视不厌倦。

这棵古松一定有某种特别强烈的迷人之处。其实，任何一棵古树都能激起旁观者的好奇心，使他进入一个无时间概念的永恒世界。

岩室还有另一棵松树深深地激发了他的同情心。这棵松树一定树龄还不大，还没有挺拔伸展的枝干。那时正下着大雨，良宽看到这棵松树被淋得湿透：

> 岩室田里孤松立，
> 大雨浇洒不能躲。

自然之爱

只愿汝为人之子，

吾可递汝一衣裳。

日本是一个适合松树和杉树生长的国家。杉树最美的景观是成排成列地生长，而松树则以傲然独立为美。日本种的松树是白松，其枝叶向外无规则地开伸，树干粗糙多节。对学者或和尚而言，自家屋前一棵成长多年的松树是位给能人带来慰藉的朋友。良宽对被雨水浇透的松树生起了同情心，但在西行看来，则不然。毕竟，西行是不同性格的人，至少情怀不一。下面是西行的诗：

千年孤松吾相伴，

繁茂如初人不知。

吾将远行长别离，

从此松哥又归一。

五

良宽是树的爱好者，也是虱子、跳蚤、蚊子等虫子的朋友，他以人类的温情之心对待所有的生物。这里讲述一则他爱护虱子的故事。故事虽然并不十分迷人，却很有趣，可视为他对待其他生物的基本态度。人们经常看到，在冬天温暖的早上，他给虱子太阳浴，让它们在空气中运动。他把它们一只只从内衣中抓出来放到纸上，让它们晒太阳。下午天变冷时，他又会把它们抓回到他的衣服里，正如他所写的：

> 秋天田野上，
>
> 虱子把歌唱。
>
> 贫僧胸堂前，
>
> 虱子来入眠。

　　这个主题也许并没有很大的启迪意义，但这种对如此低等生物的真心和纯爱本身就十分温情感人。现代人讲究卫生清洁，经常会消灭这类东西，但不久前，我听说英国上层的绅士和淑女们身上也有体外寄生虫，这些体外寄生虫部分潜藏于他们所戴的假发中，更有甚者，在这些假发里，幼虱成群。

　　一位科学家说："在18世纪相当长一段时间里，人们把虱子看成是必需品。"他还说道，乔治·华盛顿在十四岁时抄录了一段"文明规则"，上面有一句引人注目的话："不要当着其他人的面杀死跳蚤、虱子、蝇子等体外寄生虫；若见地上有污物或痰，快速将

自然之爱

脚置于其上；若污物在你同伴衣服上，私下将其去掉；若在你衣服上，则要感谢帮你去掉之人。"

　　良宽很喜欢孩子，像他这种孩子般性格的人喜欢孩子一点也不奇怪。他喜欢和孩子们玩耍，捉迷藏，打手球，等等。一天傍晚，轮到他躲藏了，他就把自己严严实实地藏在田里的草堆下。天越来越黑，孩子们没有找到他就各自回家了。第二天早上，一位到田里劳动的农民移开草堆，发现良宽藏在里面，于是他吃惊地叫了起来："大师在这里做什么？"这位诗痴说："小声！不要大叫！孩子们会找到我的。"他是不是整晚都在等孩子们来找？他有没有想过儿童有时也会像大人那样骗人？但，只有这个不真实世界的俗人才会这样思考，良宽的思维也许是另一种模式。他当年火烧屋顶拯救竹子便是一个明显的例证。他非常纯真，为了让他那些年轻的、朴实的、偶尔也调皮的朋友们找不到，就整晚藏身草堆里。这个故事有点极端，真实性让人怀疑，但却传遍了当地，证明了大师的行为经常反映了其独特的思维模式。

　　如今人们依照各种各样的习惯来生活。现代社会，我们的确是各种思想观念、传统、时髦的奴隶，而这些东西构成了现代人的心理背景，或者通俗地说，这些东西成为现代人的意识形态。我们无法接受美国诗人惠特曼的忠告。尽管我们没有意识到，或者，更确切地说，不愿意承认，然而我们仍然是彻头彻尾的奴隶。当我们看到良宽完全跟着自己已经净化的自然而然的、自由自在的感觉走，而不是追随以自我为导向的传统世俗的做法时，我们有一种全然清新的感觉，像是进入到另一个世界里。从他对孩子们的慈爱中，我们感受到他之于古松树和屋内破土而出的竹子的心理品质：完全的自由、完全的自在。他与孩子们尽情玩小游戏也说明了他自如的玩性。这样的玩性每人都有，却不愿尽情地享受，因为我们认为这种玩性不是尊贵的人所应具有的。

在玩游戏时，赢家应高唱一通俗小曲。拍球、拍掌、哼歌，这些小小的游戏，无论多么简单，都有助于展现出良宽单纯的心。还有一个故事，讲的是他在节日时跳了一曲原始的乡村舞。有一日，人们发现他扮成年轻女子与村人们一起跳舞。一位舞者认出了他，就说他舞跳得特别棒，故意说得很大声好让大师听到。据说，良宽后来兴高采烈地把这件事告诉了他的朋友们。

六

所有的人心中都有个愿望：回归较为简单的生活方式，包括简单地表达情感、学习知识。所谓的"惟神之道"正说明了这点。尽管我不能确切解释"惟神之道"这个词的意义，但我想，"惟神之

自然之爱

道"之意应该在于回归/保持/复兴人类未出现在地球前的诸神的生活方式——自由、自然、自发的生活方式。但我们是如何偏离这种生活方式的呢？这是一个大问题，一个宗教的根本问题。解决的办法在于理解佛教禅宗的思想和日本人的自然之爱。当我们说起要"保持自然"时，其首要的意思是表达情感应该自如、自发，面对外界一切，我们的反应是直接的，而不是预先计划好的，要以做事不计较个人得失、价值、利益或是后果的心态去生活。因此，自然地生活，就是生活得像孩童一般，这并不是说智力要和孩子一样简单，或者情感像孩子一样粗浅。某种程度上，孩子是一群自我本位的冲动者，但在表达动机、行为时，孩子们完全是"自然的"，没有顾忌，没有造作，不计较得失。在这方面，孩子们像天使，甚至像神。他无视成人世界中所谓的体面、惯例、守法等各种社会技巧，他的生活世界中没有人为的、人造的束缚。这种行为的实际结果也许并不为受过教育的、高雅的、精明的世俗人所接受。但此处的问题并不是要考虑实际后果，而是动机的纯正，无偏见的感觉，以及自然的反应。心直，则人就会自然，就像孩童一般。这中间就有着极高的宗教性。这就是为什么长着翅膀的孩童代表天使，这也是为什么禅宗艺术家们特别喜欢把寒山和拾得画于一群孩童当中。

因此，回归自然并不意味着要过着原始人或史前人的生活方式。回归自然的意思是过自由、解脱的生活。妨碍我们的现代生活、让其变复杂的，是目的论这一概念，而我们每个人都被迫在生活中的每一方面去感受它。就我们的道德、经济、知识和世俗生存而言，这个概念本身并没有问题，但我们生存所需并不只是这些——其实，这些东西从未真正地让我们完全满足过，比如，我们总是在寻求某种超越纯粹道德和纯粹知识的东西。只要我们生活在目的论的生存方式层面上，我们就不可能获得自由。没有自由，是世上所有焦虑、悲苦、冲突之源。

因此，从条件化的规则或概念解脱出来是宗教生活的本质。只要行为具有目的性，就不会有自由。自由意味着非目的，当然并不是说要放荡、不受拘束。目的这一思想是人类的智慧在某种举止中发现的。当目的论进入了我们的生活，我们就不再具宗教性，我们就成了道德人。艺术也是一样。当一件作品的目的性太强，这样的作品就不再是艺术品，它成了机器和广告。丑陋的人为之迹太过明显，美已远逝。艺术的真实性就在于它是非艺术的，即，没有目的。如此，艺术便近于宗教。自然界是一件完美的艺术品，因为从无始劫来，海洋中波浪的涌动并不具有特别的目的，覆盖着远古白雪的富士山，在蓝天里高洁地屹立着。有功利思想的人看花，看到的是花将结果，在种子中蕴藏着来年的生命。但按宗教的审美观，红色的花朵就是红色的，黄色的就是黄色的，而叶子就应是绿色的，没有任何实用主义，没有目的论或是生物领域的概念。

我们会赞叹一台机器，说它非常精致、灵巧、工作效率极高，但我们并没有与它一起生活的想法，因为它是物体，和我们完全不一样，只会听从我们的命令。不仅如此，我们了解它的每一个机械部件，它的工作原理。它的整体构造没有神秘之处，没有秘密，也没有自发的创造力，每一个过程都可以解释，可以用物理学和动力学，或是化学，或是其他学科的原理来解释。然而，艺术家的几笔画——哪怕非常粗糙——就可唤醒我们心中最深切的情感，吸引我们的全部注意力。同样，当我们面对自然时，我们会全身心投入，感受着它的脉动，与其融为一体。若说这是我们对自然的认同感，即是亵渎，因为认同感是一个机械的、逻辑性的概念，与我们这方面的生活格格不入。禅宗的世界便在此处，像良宽那样的人便是从这一隅眺望着整个世界。

七

在这方面，我不禁要提一下佛陀的涅槃图。也许在这里谈及这个话题不太合适。或许有人会问：涅槃图与日本人的自然情结有什么关系？与禅宗有何联系？然而，我觉得日本人所画的涅槃图，在一定程度上，承载了佛教重要的自然主义理念。涅槃图不仅与日本禅院关系密切，该图也深深地吸引了日本大众，我想就佛陀涅槃图谈点看法。

至今我依然无法追溯所知道的涅槃图的历史渊源。传统上认为，首倡涅槃图者或是涅槃图首画者应归于吴道子。吴是中国唐代著名画家，因此涅槃图可能源于中国。迄今为止，我仍没有办法确定涅槃图对中国人的想象力影响有多深远。但在日本，很显然，它已深入他们的宗教意识中。涅槃图与日本的佛教徒生活紧密联系，特别是禅宗的生活。因此，涅槃图里一定有极具震撼力的元素深深地吸引了日本人。

当然，涅槃图最突出的特点是中心人物佛陀。此图所表现的是，在弟子环绕中，佛陀平静安然地进入涅槃的场景。若将这幅图与十字架上鲜血淋漓的基督受难图对照：图上的基督双臂平直，双手向天，表情极其痛苦，而佛陀形象则是安详入眠，面部没有丝毫的忧伤之情。基督之立代表猛烈的战斗精神，而佛陀之卧则象征着心情上的宁静内敛。这样的涅槃图让我们不再想起任何与精神安宁相背的东西。

佛陀神情安详地卧着，不仅自我身心合一，还与世界、与一切

自然之爱

有情与无情融为一体。看！动物们，神祇们，还有树林，都在为其逝去而低泣。在我看来，这样的情景具有十分重要的意义。它不正有力地说明，佛教徒们不与自然为敌，而是与自然一体，一起共存于法性之中吗？

在法性之中共处的思想和真实感觉，让佛教徒们能以自然和周遭一切为家。当他们听到山鸟啼鸣时，就想到这是父母的声音；当他们看到池塘的莲花时，就看到了无法言表的荣耀和佛界的庄严；当他们遭遇敌人，为了更伟大的事业而不得不取其性命时，他们也会为了让敌人来世能得到解脱，在取其性命的同时，将功德回给他。更甚的是，当铲除牵牛花给所谓的高级之花腾出空间时，当为帮助人类而杀害动物时，当画家们用坏了为他们画出各种风格、杰作的画笔时，日本人都会举行某种安魂仪式，其原因也是如此。日本人的自然情结就是这样带有浓厚的宗教色彩和情感。在这一意义上，涅槃图极具启示意义，在很大程度上诠释了日本人热爱自然的心理。

据说，把佛陀和菩萨们与动植物画在一起，这是宋代禅宗艺术家们的天才所至。在那之前，佛陀与菩萨象征着超越人类情感的生命，如同超人那样。然而，当禅宗的思想主导了中国和日本人的宗教意识时，它就扫去了佛教信众心目中佛、菩萨之超然淡漠、不可接近的形象。佛、菩萨们从超越的莲花宝座上走了下来，与凡人生活在一起，与动物、植物、山川、岩石生活在一起。他们讲话时，石头也点头，植物也竖起了耳朵，这即是在涅槃图中能看到各种各样的生命形态的原因。

京都东福寺著名的涅槃图乃寺院一位僧人吉山明兆（1352—1431）所画，他也是日本著名画家。在同类挂式画中，这幅画算是最大的，高三十九英尺，宽二十六英尺。据说，在16世纪的战争年代，战争摧毁了京都大部分地区，细川家族的军队用此画遮挡吹向营区的寒风。这幅画的诞生还有一个故事，具有佛教人生观的色彩。

明兆着手这个伟大事业时，一只猫出现了。它常坐在其身边看他作画。一日，大师需要某深蓝色颜料，就开玩笑地对猫说道："若你能把我要的东西'拿'来，我就把你也画进去。"不知为何，在那以前，涅槃图里是没有猫的，所以大师才开了这么个玩笑。但是，神奇的是，第二天，猫把大师要的颜料"拿"来了，不但如此，还带他去了一个地方，那里藏有许多大师用得上的颜料。大师的兴奋自不待言，就信守诺言地把猫也画到涅槃图里了。从此，猫的名声就在全国传开。很奇怪的故事，对吗？这故事表明了佛教看待动物的观点，同时反映的也是日本人的动物观。

自然之爱

八

其实，日本文学里富含此类故事，但我不想多加引用了。我将从日本的文化史上举些例子，说明日本诗人、艺术家们对自然界之物的强烈情感。重要的是，这些物品并不限于常人眼中美丽的东西或超越短暂的、瞬息万变世界的象征物。变化本身也经常是被欣赏的对象。因为变化意味着运动、进步、永远年轻。变化一词在佛教中称为"无常"。"无常"和"不执着"两个词经常连在一起用，成为佛教一大特色，也是日本性格的一方面。

牵牛花是日本最常见的开花植物。按自己的审美情趣栽培这种植物，这对园艺家们来说也是一门艺术。在日本各地，每年初夏都会举办相关的花展比赛。想在蔓藤上养出又大又漂亮的花，需要考虑许多因素。但在夏天，牵牛花通常会大批开放，乡间的篱笆上、墙壁上、树篱上，到处可见。奇妙的是，这种花大都朝开午谢，第二天再开出新花。无论早上开的花多么鲜艳，必在午前开始谢去。这种短暂之美对日本人的想象力是一种刺激。

日本人心理上的短暂性倾向是天生的还是与佛教的世界观有关，这个我不知道。但现实中，美丽的东西总是短暂、易逝。若不在其充满生机时欣赏，它就成了记忆，而其可爱之处则完全失去。

这在牵牛花中表现得特别明显：

夕颜朝阳容光艳，

花开纷纷不曾亡，

攀爬缠绕无时尽，

谁说美人命不长？

美总是永远存在的，因为对美而言，没有过去，没有将来，只有当下。在犹豫、回头间，美就消失了。因此，一定要在太阳刚刚升起时，欣赏牵牛花，此时它竞相开放。莲花也是如此。日本人就是这样从禅宗教法中学到如何热爱大自然，如何与包括人在内的一切有情、无情相处。

另一首诗这样写道：

朝颜开一日，

青松活千年，

二者皆圆满。

这里没有宿命论调。每一刻都与生命共呼吸，在松树间，在牵

自然之爱

牛花中。当下的价值无法用千年或是某一日来衡量，只能以当下来衡量，因为每个当下都是绝对的。因此，美不会被宿命论或是瞬息性等思想所破坏。

当加贺千代女（我们在前面提到过）看到墙上开满了牵牛花时，她的心被花之美深深地感动了，生起了神圣之心，决心不为任何所谓的实际用途去打扰这些花朵。把这种植物从所缠绕的绳子或柱子上拿掉很容易，但她从没有想过要除去这些植物。美感和神圣性是不能被世俗之手玷污的。因此她写了这首诗：

> 牵牛花自芳，
> 青青柔蔓绕井旁，
> 借水因怜花。

有时我们看到某一自然之物而在心中引发了"神圣启示"，这一自然之物并不一定美丽，也许从常人的眼光来看，是丑陋的。可当"神圣启示"出现后，我们瞬间从俗务中彻底清醒过来，如此的清楚，若仅仅将之归为经验体会，也许听起来太奇怪、太平白了，甚至亵渎了神明。只有当我们都达到同样的精神高度时，我们才能真正明白诗中含义，看见藏在诗人自然之爱中的所有秘密。

一般人并不认为青蛙是美丽的动物，但当它蹲在一朵莲花上或是带有露珠的芭蕉叶上，它就激起了俳句诗人的想象力：

寂静古池旁，
青蛙跳入水中央，
扑通一声响。

一幅宁静的夏季风景被这绿背的两栖动物形象表现出来了。对有些人来说，这样的小事太微不足道了，谈不上有什么诗情，但对日本人来说，特别是日本的佛教信徒，世上的一事一物都有其重要的意义。青蛙与老鹰或老虎一样重要，青蛙的一举一动与生命本源有着直接联系。从青蛙一举一动中，我们看到了最庄重的宗教真理。因此，禅僧芭蕉写了上面这首青蛙跳进他家古池塘的诗。这种跳跃与亚当的堕落一样有分量，因为其中也揭示了造物之真实的秘密。

虫儿无惧慢慢走，
猫儿边上把鼻抽。

这首诗富含玩笑和甜蜜之意。日本文学里经常提到这种自然场

自然之爱

景，但在俳句中，这样的场景在德川家康时代被精妙地发挥了。俳句异常关注小生物，如各种飞虫、虱子、跳蚤、臭虫、嗡嗡叫的小昆虫、鸟儿、青蛙、小猫、小狗、鱼儿、乌龟，等等。俳句同时也以蔬菜、植物、岩石、山峦和河流等为主题。大家知道，俳句是日本人表达他们哲学直觉性和欣赏自然的最常用的方法。情感被压缩在短短几行诗中，但我们却清楚地看到了日本人的透明灵魂，那么富有诗意，本能地拥抱着自然及其一切。

显然，俳句包含着其现代奠基者芭蕉的精神。芭蕉的精神即是体现在十七个字里的禅宗精神。这在俳句和禅这一节里已详细阐释过了。

九

要解释日本人的自然情结与禅宗思想的关系，最好的方法也许是分析与茶室建筑相关的一些概念。在茶室里，茶师按规则演示着茶道。这些规则并非有人制订，而是在茶师的艺术训练过程中不知不觉产生的。这些思想的形成让人觉得，无论是在伦理观方面，或是审美观、知性观方面，日本人对自然的本能喜爱完全受到了禅宗哲学的熏陶。可以说，若我们知道茶道的历史、操作、存在因素、精神背景及其映射的道德氛围，我们也就理解了日本人的心理奥秘。这个话题很有趣，但说来话长，以后在别的场合里再谈吧。

现在来描绘大德寺边上某一寺院里的茶室。大德寺是禅寺，也是一个茶道中心。在一段石板路无规则延伸处的尽头，有一个不显眼的低矮茅屋，没有丝毫装饰。入口处没有门，而是一个狭小的孔洞。要经过此处，来者须放下所有随身携带的累赘物，即长剑、短剑，这些是封建时代武士必带之物。里边是一个约十平方英尺的小屋，灯光不亮；天花板低矮，形状和高度并不均匀。屋中柱子取自天然木材，表面没有推平和抛光。在里面坐上一会儿，当眼睛习惯了室内的环境后，就渐渐地看清屋内的一切：壁龛里摆放着一古色古香的长轴，上有书法或烟灰墨画。香炉不时散发出一阵清香，让人心宁神安。花瓶里只有一枝花，这枝花并不艳丽，也不显眼，非常普通，就像树林中某一石头下面盛开着的白色小百合那样。在如此环境中，这种寻常之花变美了，吸引了茶客的注意力。

现在来听听水壶里开水发出的声音。水壶放在三足鼎上，三足鼎则置于火炉上，所谓的火炉，是在地上挖出的方形小洞里点上火。响声其实并非水烧开的声音，而是从那把铁制水壶传出来的，将它比喻成微风穿过松林之声再合适不过了。这更增加了屋中的宁静，因为在此坐着，就觉得好比是独坐于山中小屋，白云和松声是唯一可慰藉的伙伴。

在这种环境中与朋友一起喝茶，一面谈论壁龛里的烟灰墨画或

自然之爱

是与茶具相关的艺术，此时的心便从世俗烦恼中解脱开来。武士们不再想着每日的打斗，商人们不再想着如何赚钱。的确，在这充满了战争和虚荣的世界中，有这么一个小小的角落，哪怕非常的普通，但可让人克服相对性的局限，甚至瞥见永恒，这应该很有价值吧？

IV

以下是我随意从日本诗歌中选的几首吟咏樱花之诗，以此说明日本人对花儿所怀有的强烈情感。实际上，日本人对所有自然之物都具强烈情感。这种情感不一定与禅宗教法有关，但正如我在其他地方所说，禅宗对日本人的审美观有很深的影响，且将其定格于宗教性的直觉中，这种直觉源于对自然的神秘理解。

与前面一样，我基本是按照字面意思翻译的，我的阐述只够英语读者理解原来的意思。和其他语言的诗歌一样，我们也无法将日本诗原汁原味地译成另一种外语，诗中的蕴意、艺术风格无法得到全部传递。我顺便说明一下，就像烟灰墨画一样，日本人可用最少的字数来表达他们的诗情画意，三十一个字的和歌变成了十七个字的俳句。有人认为，日本人没有将哲学从生活中完全区分开来，也没有将思想从现实的经历中分离出来，即，日本人的智性并没有达到最高境界，因此才会满足于和歌和俳句这种最简短的诗歌形式。这种短诗，既没有思想方面的结集，也不能理智地表达甚深的情感。还有一些人说日本语的词汇贫乏、不足，因此不能产生伟大的诗作。这样的评论也许有道理，但并不完全正确，日本诗歌特点的成因还有待于人们从各方面来对其进行合理的分析，如心理、哲学，以及诗歌所处的历史背景。

我对日本诗歌的一个看法就是，因为简短，诗歌里不会特别提到某种思想、经历，或是创作的环境，以及可让人进一步研究之处。这些缺失的东西需要读者来填充，因此，读者一定要熟悉诗人的创作背景。天才诗人会选择一些重要的参照点，让读者通过这些参照点在脑海里浮现出与其十七个字的俳句相关的联想。但需要记住的是，俳句之秘密并不只在于它的联想性。

举些例子。18 世纪的诗人亮太写过一首表达月亮情感的俳句。那时春雨连绵，连续几个晚上天上没有月亮。有一天，他突然透过松叶看到了月亮，月光柔和。他惊喜交集。对喜欢春季月色的日本人而言，日本的雨季总是折磨人，让人心情低落，那时，月影落在朦胧的、雾状的大地，柔和而不失甜蜜。

仲夏夜雨中，

自然之爱

月亮潜入松。

大部分英语读者肯定无法理解日本的俳句诗，然而将它译成中文的四行五言诗，可能较容易理解：

仲夏茅屋煎，
雨声伴我眠。
皎月现苍穹，
院中落松影。

博爱主义情怀让天德写下了这首俳句，如今已成了一句谚语：

初雪落纷纷，
童子夹酒桶。
无别我与彼，
皆是人之子。

从字面上看，这似乎没有什么意思。然而，对那些了解下第一场雪的含义和什么是封建时代的"酒桶夹"的日本人来说，这首俳句充满了伤感。下第一场雪的那天也许就是冬季开始寒冷之时，然而这一天也正是有闲阶层在城郊带有漂亮花园的饭馆里举办小酒会的时候。诗人可能此时正是在前往这样的酒会路上，遇到了一穷孩子，正在夹别人扔在大街上的小酒桶。小男孩衣衫单薄破烂，赤着双脚。这一切让诗人生起了同情心：他也是人类的孩子，许多同龄人在享受着富有、闲散的生活，为什么他要如此痛苦？一股正义感油然而生。我想，若他是一个服装制作者，他一定会写下"衬衫之歌"。

　　和歌相比俳句，能表达的内容较多。但是，在诗中经常需要用一些评论之语来连接想要表达的思想。和歌后来没有扩展出更多的字，其中一个原因是当诗人想要更充分地表达思想时，他就得用上"散文诗"，日本的散文诗则形式多样。

　　以下这些吟咏樱花的诗歌可分为四组：第一组，描写风雨，它们把花儿摧得七零八落，这些花往往不能恒久，只开放一星期左右。每年的四月，这些花突然盛开，那时，山峦、河岸之上，到处可见其竞相绽放之态。当大多数的枝头还是光秃秃的时候，这样的景象特别引人注目。第二组，赞颂樱花消逝时的悲壮之景。这样的场景真是非常壮观，比如，吉野山上开满了美丽的樱花，大多数是粉红的。温暖的阳光透过薄雾照在这些花儿上，京都所有的人将会一起沉迷于花海中。第三组，指的是诗人心目中的花的精神。最后

自然之爱

一组，描绘了他们希望看到樱花盛放的殷切之情。日本人之所以非常关注樱花，是因为它们就是春天的象征。樱花盛开时，正是仲春之时，白天开始越来越长，大家都很高兴：冬天终于远去了。

第一组：

花落随风去，风来自有方。
谁能告诉我，当往责其狂。**素性法师（10 世纪）**

疆上城门厚，风儿也难过。
未料山道上，花儿处处落。**源义家（1051—1108）**

花去太匆忙，朝颜实可怜。
美人不理春，独自逍遥闲。**藤原俊成（1114—1204）**

无需怪东风，摧花太残忍。
实乃彼心意，逝前先离人。**慈圆僧正（1155—1255）**

举目不见春，无怪风与人。
遥遥吉野山，亦不得朝颜。**藤原定家（1162—1241）**

第二组：

吾虽年已老，老矣也无妨。
今见花开盛，愁思已尽忘。藤原良房（804—872）

弯弯山道上，走来拾柴人。
请您告诉我，顶上花或云。源赖政（1104—1180）

吉野朝颜好，吾心常相念。
一年复一年，今日始满愿。丰臣秀吉（1536—1598）

春日多明媚，安详又悠闲。
春之精气里，樱花开正艳。贺茂真渊（1697—1796）

但愿天下人，皆到吾国来，
吉野山上行，花儿正盛开。作者同上

春日绵绵长，恰好把花赏。
花开正妖娆，古仙自逍遥。石川依平（1791—1859）

自然之爱

薄雾笼吉野，吾不知其详。

极目远望之，花开已成洋。八田知纪（1799—1874）

身穿红盔甲，手持古时剑。

山花开正艳，人景两相嵌。落合直文（1861—1903）

本书经常提到的西行法师不仅在日本文学史上具有不可磨灭的名声，其佛学素养对日本文化的影响也是功不可没的。西行属于前禅时代，但他的心、对自然的领悟，以及他想生活在自然中并与自然融为一体的热切愿望，把他与雪舟、利休、芭蕉还有许多其他诗人紧紧联系在一起。西行如此热爱樱花，而写下了这么一首诗：

但愿此身后，葬在樱花前。

春夜花盛开，苍穹月正圆。

在日本和中国，佛陀圆寂的时间是农历第二个圆月的第十五天（农历二月十五）。因此，西行也想在这一时间左右圆寂，那时正好樱花都已开始开放。农历二月十五通常在公历的 3 月下旬或是 4 月上旬。西行的愿望得以实现，因为他圆寂于建久年（1190）的第二个圆月的第十六天。然而，他对樱花的执着依然，并不随之逝去而消失。他说：

> 若汝忆念我，
> 樱花供奉佛。

在所有的关于樱花的诗歌中，西行以下的诗句最能反映他对樱花和自然万物的热诚之爱：

> 吾生于此世，
> 知心无一人。
> 樱花绝情逝，
> 伤了看花眼。

> 春日渐渐长，
> 花儿未曾忘，
> 即将把苞放。
> 悠闲树下望：
> 哪山花先开？
> 愿先入目来。

自然之爱

就像大多数日本人那样，他也非常喜爱月亮。单单月光就能激起日本人的想象力，任何想要创作和歌或是俳句的日本人总是不能不提及月亮。这可能和日本这个国家的气象情况有莫大关系。日本人喜欢柔软、温和、微亮以及能引起微妙联想的东西。虽然岛上会发生地震，他们会感到震惊，但他们并无激情，也不奔放。他们依然喜欢静坐于月光中，沐浴在蓝白色的安详的光线里。他们反感那些太耀眼、太刺激、太突出的亮光。月光本身够亮，但由于大气的原因，月光下的一切东西并不是很清楚地突显，而是弥漫着一层朦胧的神秘，日本人喜欢这种氛围。西行一人独自隐居在山中，与月神进行精神对话，即使死后，他依然会思念月神。尽管他也许没有其他执着，但说不定会因为月神的存在，而不愿意离开此生。其实，净土无非也就是这一美学精神取向的世外投射。

> 茅屋寂静无客访，
> 月上树梢常来望。
> 吾生虽然有穷时，
> 此心向月无尽期。

第三组：

春夜到山村，梵宇钟声扬。

但见路边樱，花开花亦亡。能因法师（10 世纪）

旧时滋贺城，崩颓不复见。

却是山中樱，花开依然艳。平忠度（1144—1184）

樱花在彼处，暮色已四合。

结床花树下，成了花儿客。作者同上

花开花又落，漂泊随风雨。

花儿已不在，魂儿未曾离。伊达千广（1803—1877）

第四组：

"花开必知我"，山人未曾忘。

我听得彼来，快快把鞍上。源赖政

一日复一日，吉野花要开。

白云把山笼，我心也唉唉。佐川田昌俊（1580—1643）

自然之爱